国家社会科学基金"《春秋》经传历史书写之史学理论研究"
(项目编号：19BZS001)阶段性成果

中西古代史学比较的实践与探索丛书

丛书主编／王成军

历史记载中的张力

比较视野下的《春秋》经传及早期史学与思想研究

骆 扬／著

科学出版社
北京

内 容 简 介

本书旨在对《春秋》经传等早期经典的历史书写从史学理论的角度加以思考和探讨,主要对《春秋》经传的书写者(史官)、文本(史书)和历史事实三个方面之间的关系进行分析,充分体现出历史的客观事实、作者的主观意识,以及两者结合所形成的历史记载之间存在的张力,展示了中国古代早期史学萌芽时期人们历史意识和历史书写的初步形态,并进而说明《春秋》经传等经典给后世中国史学书写所带来的深远影响。

本书可供先秦史、史学理论及史学史研究等专业的师生阅读和参考。

图书在版编目(CIP)数据

历史记载中的张力:比较视野下的《春秋》经传及早期史学与思想研究/骆扬著. —北京:科学出版社,2019.12
ISBN 978-7-03-063923-3

Ⅰ.①历… Ⅱ.①骆… Ⅲ.①中国历史-春秋时代-编年体 ②《左传》-研究 Ⅳ.①K225.04

中国版本图书馆 CIP 数据核字(2019)第 299405 号

责任编辑:任晓刚 / 责任校对:韩　扬
责任印制:张　伟 / 封面设计:黄华斌

科 学 出 版 社 出版
北京东黄城根北街 16 号
邮政编码:100717
http://www.sciencep.com

北京建宏印刷有限公司 印刷
科学出版社发行　各地新华书店经销

*

2019 年 12 月第 一 版　开本:720×1000　1/16
2019 年 12 月第一次印刷　印张:17 1/2
字数:300 000
定价:96.00 元
(如有印装质量问题,我社负责调换)

丛 书 总 序

中西史学比较研究魅力无穷。这样作不仅可以为认识中国历史提供蓝本和参照，在阐释某些疑难现象时获得灵感和启发，更重要的是，只有把中国放在世界大背景下观察，才能定准坐标，判明是非，剥离假象，找到方向。因此，中西史学比较不单是个方法问题，更是一个学理问题。

陕西师范大学为西北学术重镇。中华人民共和国成立以后，朱本源先生曾长期执教于此。他不仅著有专书，对史学比较在理论上作过系统分析和归纳，而且非常善于用比较的眼光审视中国古代，在西周社会性质等热点问题上发表过重要文章，其见解之独到，早为世所公认，这又在实践层面为我们树立了进行比较研究的典范。如今，朱先生虽已仙逝，但他的影响却十分深远。近些年来，一批青年才俊先后从北京大学、清华大学、北京师范大学、中国人民大学、南开大学、南京大学等老大哥院校获得博士学位后到西安任职，既壮大了我们的队伍，也带来了重理论、重融通的学术风尚，陕西师范大学由朱先生开创的史学比较老传统后继有人。

也许正是基于这样的考量，一向对西部地区关爱有加、大力扶持的北京师范大学资深教授刘家和先生建议我们成立中西史学比较研究中心，得到了学校的批准，并拟定就聘刘先生作主任，但他坚辞不就，只答应以名誉主任的身份作坚强后盾，而把我和他的弟子王成军教授推到前台。刘先生的设想是以中心为平台，团聚队伍，凝炼方向，形成特色，扩大影响。作为具体措施，则有招收研究生、在中西比较的总体框架下相对集中确定科研选题、编辑出版丛书，等等。他的主张得到了大家一致赞同。2012年中心正式挂牌时，刘先生不顾年高体弱，亲临西安，向全院师生阐扬中西比较的意义，又分头与相关年轻教师谈话，用耳提面命的方式循循善诱。2013年招收的中西史学比较方向的博士生也在王成军教授的带领下赶赴北京，向刘先生当面问安和请益。

  时光流逝，如白驹过隙，2012年至今，转眼三年有余，宋、刘诸先生播撒的种子初见收获，我们将已杀青的书稿编在一起，算作丛书的第一辑。从内容上看，既涉及具体历史事件，也涉及中西早期社会规范、发展道路、史学观念、哲学思想的异与同。我们深知，刚刚摸着门径的作者还远不能得心应手，加之从专业背景看，中心成员又以教中国古代史的老师居多，对于世界历史还有一个重新再学习的过程，所以，这第一批成果并不光鲜甜美，甚至有些青涩，与其说是比较研究，不如说是仅仅有了一点比较意识。但驽马十驾，不舍千里，只要坚持、坚持、再坚持，刘先生为中心设定的目标就一定能实现，并会有更多的人加入到我们的队伍中。

  我们诚挚欢迎史学界对丛书提出批评，并对为丛书出版付出大量心血的院领导和科学出版社的编辑深表谢忱。

赵世超
2015年11月10日

目 录

丛书总序

上编 《春秋》记载中的张力

引言 ·· 3

第一章 对孟子《春秋》说的分析 ································ 8
  第一节 "《诗》亡然后《春秋》作"的史学意义 ········ 9
  第二节 《春秋》事、文、义的三重内涵 ···················· 19

第二章 《春秋》历史书写中的张力 ···························· 29
  第一节 《春秋》对客观史事的表现 ·························· 29
    一、作为编年史的《春秋》书写 ·························· 29
    二、《春秋》的记事之简 ······································ 38
    三、《春秋》记载的客观可信性与阙疑精神 ············ 42
  第二节 论《春秋》书写中主观意识的客观真实性 ······ 47
    一、由春秋笔法引出的问题 ································· 47
    二、从两种"弑君"书写看史官主观意识之客观性 ···· 49
    三、"鲁君见弑"书法中的隐与显 ························· 53
    四、结语 ·· 59

中编 《左传》《公羊传》对《春秋》记载中张力的发展

引言 ·· 63

第三章 《左传》对张力的发展 ································ 65
第一节 《左传》是否为《春秋》之传 ······················ 65
第二节 《左传》对《春秋》的解释方式 ···················· 70
第三节 《左传》的历史叙事 ······························ 77
  一、联系史实，知其相因 ······························ 77
  二、从编年史到历史叙事 ······························ 79
  三、道德的历史？因果解释与历史理性——兼
     与《伯罗奔尼撒战争史》相比较 ···················· 83
  四、言事相兼，说理与叙事——与《国语》的比较 ········ 92
  五、史事与想象：《左传》叙事的一种张力 ··············· 98

第四章 《公羊传》对张力的发展 ···························· 107
第一节 《公羊传》的口传与问答形式 ····················· 107
第二节 《公羊传》对《春秋》的解释 ····················· 110
  一、书与不书 ·· 110
  二、讳而不隐 ·· 114
  三、实与而文不与 ···································· 116

第五章 《春秋》泓之战记载之三传比析 ······················ 121
第一节 《左传》记载所体现的史学特点与历史理性 ········· 121
第二节 《公羊传》《穀梁传》对宋襄公之评价体现了
        二传着眼点不同 ·································· 125

第六章 《春秋》昭公十二年"伯于阳"考异 ·················· 134
第一节 问题的提出 ···································· 134
第二节 《公羊传》解释的自身合理性 ····················· 135
第三节 《左传》记载前后一贯，可成一说 ················· 138
第四节 对《史记》与《左传》中不同记载的分析 ··········· 140
第五节 结语 ·· 143

第七章 《春秋》经传基本问题研究讨论 ······················ 147
第一节 《春秋》是什么样的书，和孔子的关系又如何？ ····· 147

第二节　春秋笔法相关问题研究综述 ·················· 155

下编　中国早期史学与思想考论

第八章　《周本纪》《鲁周公世家》所载周公史事引《书序》考论——兼谈司马迁的撰史理念 ··· 165
第一节　《周本纪》所载周公史事引诸篇《书序》考论 ······· 166
一、《周本纪》引《微子之命》《归禾》《嘉禾》《康诰》《酒诰》《梓材》诸《序》次第 ·················· 167
二、《周本纪》引《君奭序》考论 ·················· 171
第二节　《周本纪》与《鲁周公世家》引《书序》之异同比析 ·················· 173
一、引《召诰》《洛诰》的位置问题 ·················· 173
二、司马迁引《多士》《无佚》之"疏失"辨疑 ······· 174
三、《史记》引《周官》《立政》篇《书序》相关问题考论 ·················· 175
第三节　结语 ·················· 181

第九章　原"孝"——从"孝"看西周的时代背景 ······· 183
第一节　西周时"孝"字的用法 ·················· 183
第二节　西周时"孝"字的使用对象 ·················· 189
第三节　"孝"的起源、演变及其所反映的时代背景 ······ 192

第十章　孔子忠恕思想考论 ·················· 198
第一节　孔子之前的"忠""恕"词义考原 ·················· 199
一、"忠"渊源之考原 ·················· 199
二、"恕"渊源之考原 ·················· 205
第二节　孔子的"忠""恕"观念研究 ·················· 208
一、《论语》中"忠"的含义 ·················· 209
二、《论语》中"恕"的含义 ·················· 214
三、"一以贯之"与"忠恕" ·················· 215

四、"忠"与"恕"的关系 …………………………… 221
　第三节　"忠恕"与"仁"的关系 …………………………… 224
　第四节　余论 …………………………………………… 229

参考文献 ………………………………………………………… 232

附录　授人以鱼不如授人以渔——读《陈垣史源学杂文》随札 ……… 259

上编

《春秋》记载中的张力

引　言

《春秋》，作为先秦时期一部重要的儒家经典，古往今来，其影响之大，研究之夥，自不待多言。然而，对由《春秋》经传而衍生出的诸多问题，历代学者无不殚精竭虑，关于《春秋》的研究甚至形成一种"《春秋》学"。前人从各个角度对《春秋》经传进行探讨和思考，但得出的种种结论却往往又成为新疑问产生之开始，有关《春秋》的诸多问题直到如今仍然聚讼纷纭，令人欲罢不能，这恰恰也体现了《春秋》价值之历久弥新。然而，如今对《春秋》的研究和认识在取得一定进展的同时却又很难摆脱前人之藩篱，还多在一些基本问题上纠缠不清。这里并无意否认学者们对《春秋》经传孜孜以求的探索精神和甚为可观的研究成果，也不是说这些问题不重要，恰恰相反，这些问题每一个都是相关研究根本之所在。但由于各种客观条件的限制，仅固守旧路，除非有更多有价值的新史料发现，否则对这些基本问题的认识，恐怕还是各执一词，难成定谳，很难出现质的突破。关于《春秋》学的研究，怎样寻找并尝试一些有价值的新路径，无疑是一个亟待认真思考的问题。

近现代以来，随着史学理论研究的发展，人们对于历史学本身也有了更多的反思。其中一个重要的问题，就是"史"的多重内涵之间的张力。"史"，一方面可指客观发生的历史；一方面可指主观的历史学家

（史官）；一方面又可指历史学家所书写的历史学著作。①如何认识和处理三者之间的关系，其实正是史学理论中的根本问题之所在。古人对于此点并不见得有比较自觉的意识，这在古代史学著作中也可以得到较好的体现。史书作为一种载体，它并不仅仅承载着客观历史中发生的事实，而且还承载着历史学家的主观意识，这某种意义上就使得它成为一种主体化了的客体——史书就是客观事实的主观反映。而历史的不可重复性使得后人需要了解从前的历史就只能通过史书，在此基础上又形成了新的历史著作，再加上主体本身所具有的多重层次，这让主客之间的关系变得更为错综复杂。若将《春秋》经传置于这样的认识基础上重新分析理解，倒不失为一种有益的尝试。

《春秋》原为鲁国的编年史书，或曾经过孔子的编订和笔削。当然，几千年来关于这个问题争论的不同意见可以汇集成一本厚厚的书，这里先不作探讨，只取较为通行的说法。《春秋》既然本为鲁史，无论它是否经过孔子删削，自然具有史书的元素，孟子所云"其文则史"可谓一语中的。②一是反映客观历史的，即曾经发生过的史事；二是反映主观意识的，即书写者的主观判断。历史文本是主体（书写者）与所记录客观对象（史事）的结合，这两个方面既互相矛盾，又密不可分，在它们之间存在着一种张力。《春秋》按照史官的历史传统和职业要求记录史实，事件中包含着人物、时间、地点等，然而即使最简单的历史记录已经是人经过判断的结果，在逻辑上是一个判断式。这样的"如实""直书"，也是经过史官的主观判断而得

---

① 西方大多数国家所用"历史"一词，最早来源于古希腊语的 ιστορία（historia），希罗多德在他的《历史》一书中曾多次使用，有询问、探究之意。近代以来，这个词主要有两层含义，即过去发生的事件（实在）和对过去事件的记述（表现）。而中国先秦时代的"史"字主要有两种用法，一指史官，二指史书。对于史事的含义则多用"事"来表述。然史、事二字同源而义通，所以综合来看，"史"具有三重内涵。
② 虽然《春秋》在中国历史上一直被作为"经"来看待，其亦经亦史的性质也从一个侧面反映了古代经史关系的复杂性，关于这个问题，后文中也会有进一步的探讨。很多今文经学家如刘逢禄、皮锡瑞等，极力宣称《春秋》是经非史，是有他们的语境和立场的，他们是从孔子作《春秋》的意义和目的来判定《春秋》性质的。但即使《春秋》为孔子所作，也是因史而成，非徒托空言，它具有史书的元素这一点当无疑问，所以这并不影响我们从史学的角度去研究《春秋》。

来的。我们往往忽略了作者的主观思考判断，其实没有一个记录离得开主观的判断，但主观的判断并不意味着与客观真实相矛盾。史官的判断又分为两个层次：一是对史实的认定，即客观史事首先要经过史官主观的分析与决断，是书写者所认定的客观真实，但其认定的事实受礼法传统的影响，要理解他们对客观真实的认识不应超越那个时代的意义体系；二是史官的书写规则，即把经过分析认定的事实用合适的语言表达出来。语言在表达事实的时候总是面临选择的问题，同样的事情，可以用不同的语言形式来表达。即使对事情的认定无可置疑，表达方式存在的差异还会使人产生怀疑。这种语言的选择在《春秋》中也就体现为所谓的"春秋笔法"，而这正是史官的主观意识在历史传统中客体化的产物，是那个时代历史观念的一种客观体现，在史官传统及主体间的相互认同中不断得以固化和加强，它是历史真实赖以存在的条件。再加上《春秋》辞约义丰，往往用有限的文字来记录层次丰富的史事与大义，所以在表述上不免出现难于周全的地方，这一定意义上又使得人们对春秋笔法的理解变得更为复杂。

史官判断这两个层次的纠缠，使得对春秋笔法的理解变得更为复杂。这样再回头看《春秋》中那些看似隐讳的地方，其实有时只是讳而不隐，因为有时"隐"也正是一种"显"，并非单纯的掩饰，而只是用他的方式记录历史。所以如果了解了史官的书法规则或孔子的"春秋笔法"，一定程度上也就理解了他所认定的事实。当然，首先由于时代的久远，我们已经无法尽晓其规则，而且其规则也许本身就存在前后不完全一致的矛盾情况；再者，若孔子修过《春秋》，史官的记史规则与孔子的"春秋笔法"其实很难明确区分开来，因为就现有史料来看，所有学者对二者的辨析更多只是一种带有猜测性质的结论，即使能自圆其说，也无法得到最终的确证。[①]这些无疑给我们认识春秋笔法带来很大的困难，所以对于此点尚需具体的分析，但却并不妨碍我们在研究时对《春秋》的记载有着比较自觉的认识。在《春秋》的书写中，史官（孔

---

① 无论后人如何认定，在没有更多史料支持的情况下，事实上两者兼而有之的看法或许有利于我们保持开放的思考空间。

子）并非不注重历史记录的客观真实性，但他们试图通过凸显自身主体性的方式更好地展示心中的历史之真，这种主观意识来源并受限于客观存在的历史传统，其背后恰好体现了时代的客观合理性。所以，春秋笔法是一种书写客观历史之真的特殊总结。而也正是《春秋》记载中存在的这种客观事实与主观意识之间的张力，给后世中国史学的发展带来了不可磨灭的影响。

在此认识前提下，我们发现其实三传无疑将这种历史记载中存在的张力两头拉紧了。《春秋》记载中的两个方面在《左传》和《公羊传》《穀梁传》二传那里被各自体现得更为明显。古人对此也有一定的认识，如宋儒朱熹就说："以三《传》言之，《左氏》是史学，《公》《穀》是经学。史学者记得事却详，于道理上便差；经学者于义理上有功，然记事多误"①。《左传》本来是否为《春秋》之传，可先不论，但是它事实上起到的作用正是以事解《春秋》却毫无疑问。《左传》对史事的详细记载使得《春秋》中客观层面的历史事实表现得更为清晰明了。而《公羊传》《穀梁传》二传偏重以义解《春秋》，其实正是对《春秋》中主观层面的史官判断和书法规则或孔子微言大义的进一步阐发。当然，《公羊传》《穀梁传》对《春秋》的解释确有不少臆断之辞，对书法规则的阐发也多穿凿附会，然而他们的立场和出发点却是十分清楚的，即他们并没有否认自己的主观，而且极力发扬了自己的主观。②这也启发我们，历史的写法离不开作者，用什么样的语言来表达事实有着十分重大的意义，《公羊传》《穀梁传》对这一点的认识非常自觉。相对来说，《左传》更多关注事实的记录，对此点认识尚显得不甚自觉。③可是再反过来看，《左传》虽然以记录史事为主，但在客观史事的记载中既能以事见义，寓论断于叙事，亦蕴含着作者的主观想象和思想倾向；而《公羊传》《穀梁传》阐释的微言大义，须借事以明

---

① （宋）黎靖德编，王星贤点校：《朱子语类》第6册，北京：中华书局，1986年，第2152页。
② 《公羊传》《穀梁传》认为自己的主观就等同于《春秋》的主观，这当然并不符合实际，但此处暂不作分析。
③ 《左传》中亦存在一些解经语，比如杜预归类的"五十凡"等，但关于这些解经语是《左传》成书之初就有，还是后人附益，仍存一定争议。但这并不影响《左传》的主要特点，所以此处先存而不论。

义，又离不开客观史实的基础。所以说，《春秋》的记载中的两个方面既互相矛盾，又密不可分。所以，由此出发而重新解读《春秋》经传应该是颇具意味的。除此之外，由主客之间的张力引发的种种问题，如经与史、求真与致用、名与实、变与常等种种关系，亦可在对《春秋》经传的探讨中得到更为深入的反思。

《春秋》经传作为从先秦流传至今的重要儒家经典，在经学的外表下具备着史学的特点。而史学理论中一个重要的问题就是历史书写的主体（历史记录者）与客体（历史事实）之间的关系。这样的关系不仅仅体现在作为历史书写者主体的人如何认识和书写客观发生的历史事实，也体现在客观的历史事实是由主体的人所创造的，还体现在人们对于所谓客观历史的了解往往是通过史书（某种程度上说也是记录者主体意识的反映）。这样错综复杂的关系充分表明了史学的复杂性，本编试图将《春秋》经传置于这样的史学理论视野下进行重新的解读，以期由小见大。通过对《春秋》经传书写中多重主客关系（主要包括《春秋》经传的书写者（史家）、文本（史书）以及历史事实三个方面之间相互关系）的分析，体现出历史的客观事实、作者的主观意识以及两者结合所形成的历史书写之间存在的张力。从史学理论的角度分析其历史书写中蕴含着的史学二重性，对我们重新认识中国古代早期史学萌芽时期人们历史意识和历史书写的初步形态，并进而说明《春秋》经传给后世中国史学发展所带来的深远影响，更为深入地揭示中国传统史学的特性具有重要的意义。

第一章　对孟子《春秋》说的分析

在《孟子·离娄下》中有这样一段话,在《春秋》学史上十分引人关注:

> 孟子曰:"王者之迹熄而诗亡,诗亡然后《春秋》作。晋之《乘》,楚之《梼杌》,鲁之《春秋》,一也。其事则齐桓晋文,其文则史。孔子曰:'其义则丘窃取之矣。'"①

孟子短短的几句话,却包含了很多重要的信息。这差不多是古代文献中最早较为明确阐述《春秋》的成书、性质以及它与孔子的关系的文字,且隐隐透露出孟子对中国古典史学的一些初步看法。无论孟子所言有几分信实,比如孔子是否作过《春秋》,但这段话在学术史上的影响无疑是巨大而实在的,它的意义也自然应该引起我们的充分重视。悠悠千载,由此引发出的问题,让后来的学者们争讼不休,也给我们带来了更多的思考。无论怎样,这段话好比一把开启《春秋》大门的钥匙,从某种意义上说,对于如何理解《春秋》,甚至如何理解史学与经学的关系均十分重要。所以,我认为在本书的最初,有必

---

① (清)焦循撰,沈文倬点校:《孟子正义》,北京:中华书局,1987年,第572—574页。

要对此进行更为深入的探讨。

第一节　"《诗》亡然后《春秋》作"的史学意义

首先来看第一句话，在古代学术史上对于"王者之迹熄而《诗》亡，《诗》亡然后《春秋》作"的讨论很多。因为这不仅涉及经学的问题，也涉及史学的问题。研究《诗经》的人会谈到它，研究《春秋》的人也会谈到它。那么《诗》与《春秋》之间到底有着一种什么样的关系呢？

按照字面的意思，这句话似乎体现了《诗》与《春秋》存在一种时间上的顺承关系。确实，从时间上看，《诗》与《春秋》的出现一先一后，这么解释似乎理所当然，古代的学者们也多从这个角度解释这段话。可是，如果再进一步思考和分析，就会发现不少可疑之处。如顾颉刚先生便说："他（孟子）只看见《诗经》与《春秋》是代表前后两种时代的，不看见《诗经》与《春秋》有一部分是在同时代的。他只看见《诗经》是讲王道的，不看见《诗经》里乱离的诗比太平的诗多，东周的诗比西周的诗多。"①这样一来，孟子的话到底该怎么理解，学者们为了弥合其中的矛盾，往往争执不下，令人莫衷一是。那么，究竟问题出在哪儿，各种观点又孰是孰非呢？倒不急着下结论，我们不妨先来分析一下前贤的说法。

在传世最早的《孟子》注本中，汉人赵岐曰："王者，谓圣王也。太平道衰，王迹止熄，颂声不作，故《诗》亡。《春秋》拨乱，作于衰世也。"②赵岐把"王者"解释为"圣王"，"《诗》亡"解释为"颂声不作"，不过这里的颂又指的是什么呢，是《风》《雅》《颂》的

---

① 顾颉刚编著：《古史辨》第3册，上海：上海古籍出版社，1982年，第360页。
② （汉）赵岐注，（宋）孙奭疏：《孟子注疏》，（清）阮元校刻：《十三经注疏》，北京：中华书局，1980年影印本，第2727—2728页。

《颂》吗？如果是，那么这里的《诗》亡指的就是《颂》亡。对于赵岐的注，宋代伪孙奭疏曰："孟子言自周之王者风化之迹熄灭而《诗》亡，歌咏于是乎衰亡；歌咏既以衰亡，然后《春秋》褒贬之书于是乎作。"①从这段文字看，似乎颂声不作的"颂"又并非仅仅指的是《颂》，"歌咏于是乎衰亡"中的"歌咏"更像一种泛指，和前面的"王者之迹"紧密相关。因为赵岐的解释不够明确，所以我们并不能直接从中得到更具体的信息。

到了宋代，一些学者认为《诗》亡即《雅》亡，其中尤以朱熹《孟子集注》中的观点最为典型："王者之迹熄，谓平王东迁，而政教号令不及于天下也。《诗》亡，谓《黍离》降为《国风》而《雅》亡也。"②朱熹为什么这么说呢？其实这样的看法并非始于朱子。早在汉晋之时，郑玄在《诗谱·王城谱》里便提到："于是王室之尊与诸侯无异，其诗不能复《雅》，故贬之谓之王国之变《风》。"③范宁《春秋穀梁传序》亦云："于是就大师而正《雅》《颂》，因鲁史而修《春秋》，列《黍离》于《国风》，齐王德于邦君，所以明其不能复《雅》，政化不足以被群后也。"④这些大概都是说平王东迁之后，王室衰落，象征王室之尊的《雅》亡，以后东周王室的《诗》亦称为《国风》之一种，《诗》亡也就是王者之《诗》亡也。《春秋》始于隐公，适当《雅》亡之后，单从时间上是讲得通的。但宋人王柏在《诗亡辨》一文中却对此提出了质疑：

> 孟子曰："王者之迹熄而《诗》亡；《诗》亡然后《春秋》作。"《集注》曰："'王者之迹熄'，谓平王东迁而政教号令不及于天下。'《诗》亡'，谓《黍离》降为《国风》而《雅》亡也。"此朱子本

---

① （汉）赵岐注，（宋）孙奭疏：《孟子注疏》，（清）阮元校刻：《十三经注疏》，北京：中华书局，1980年影印本，第2728页。
② （宋）朱熹：《四书章句集注》，北京：中华书局，1983年，第295页。
③ （汉）毛公传，（汉）郑玄笺，（唐）孔颖达等正义：《毛诗正义》，（清）阮元校刻：《十三经注疏》，北京：中华书局，1980年影印本，第330页。
④ （晋）范宁注，（唐）杨士勋疏：《春秋穀梁传注疏》，（清）阮元校刻：《十三经注疏》，北京：中华书局，1980年影印本，第2359页。

程子、杨氏之说；而赵岐未有此论也。二说本甚密；以之释孟子之言，妄疑其少疏也。盖自穆王以来，政教号令已不及于天下；虽宣王修政于幽、厉之间，晚已不竞；平王东迁而周道益衰，二《雅》于是亡矣。——此程子之言，确为至论。《黍离》之诗，周大夫作也。以王之大夫而作为是诗，归之于《雅》，宜也。然其闵周室之颠覆，伤宗庙尽为禾黍，其词悲，其意怨，与称述先王盛德大业者固不侔矣。施之于燕享，非所宜，奏之于朝会，又不可；继之于二《雅》之正经，无是词也。实同于风土情思之作，谓之《王风》可也；以其作于大夫也，故曰降。——此杨氏之言，包括详尽。然孟子之言实二经始终之要，亦义理之所关也。若谓夫子止因《雅》亡而作《春秋》，则《雅》者自为朝会之乐，《春秋》自为鲁国之史，事情阔远而血脉不贯。且孟子言"王者之迹熄而《诗》亡"，非曰"王者之诗亡"也。凡言《诗》，《风》、《雅》、《颂》俱在其中，非独以《雅》为《诗》也。是知"迹熄"二字包含有味，然后二字承接有序，所当涵泳而研究之；若视为浮辞而删节摆脱，则情间而理迁，恐与孟子不无少舛也。①

王柏首先分析认为，单纯说《诗》亡指《黍离》降为《国风》而《雅》亡是可以成立的，但问题在于以此解释孟子之言则显得牵强。他进而指出："王者之迹熄而《诗》亡"不能等同为"王者之《诗》亡"，而单言《雅》亡而《春秋》作，关键的问题是二者之间又缺乏明确的联系，况且《诗》应该是《风》《雅》《颂》并包，而不能简单偷换为《雅》。如果《诗》兼《风》《雅》《颂》而言，那么《诗》亡是在什么时候呢？从作《诗》的角度看，根据郑玄《诗谱序》的说法，应该是"讫于陈灵公淫乱之事"②。吕祖谦亦曰："《雅》亡而《风》未亡，清议犹懔懔焉，变《风》终于陈灵而《诗》遂亡。"③若是非要从

---

① （宋）王柏著，顾颉刚校点：《诗疑》，顾颉刚主编：《古籍考辨丛刊》第一集，北京：社会科学文献出版社，2010年，第299—300页。
② （汉）毛公传，（汉）郑玄笺，（唐）孔颖达等正义：《毛诗正义》，（清）阮元校刻：《十三经注疏》，北京：中华书局，1980年影印本，第263页。
③ 转引自（清）皮锡瑞：《经学通论·〈诗经〉通论》，北京：中华书局，1954年，第37页。

时间先后的角度分析,"《诗》亡然后《春秋》作"又该怎么理解呢?清人尹继美解释道:"《诗》终于陈灵,孔子生当陈灵之后,起而作《春秋》,故曰:'《诗》亡然后《春秋》作'……盖平桓以来,虽政令不行,犹有桓文迭起,翼戴周室;降至陈灵,则愈衰矣,此所谓王迹熄欤?《诗》有美刺,可以劝戒。《诗》亡则是非不行,此孔子所以惧而作《春秋》欤?且《诗》之亡亦非谓民间不复作诗也,特其上不复采诗尔。"①尹氏认为《诗》终于陈灵公,孔子生于陈灵之后,《诗》亡与孔子作《春秋》时间上大体也前后衔接。更为重要的是尹氏提出《诗》亡并非不再作诗,而是不再采诗。那么将"《诗》亡"理解为不再采诗有没有依据呢?朱骏声在《说文通训定声》里"迊"字条下认为"王者之迹熄而诗亡,'迹'盖'迊'之误字"②。而《说文》中关于"迊"的解释是"古之遒人,以木铎记诗言"③。《左传·襄公十四年》师旷引《夏书》曰:"遒人以木铎徇于路"。杜预注:"遒人,行人之官也。木铎,木舌金铃。徇于路,求歌谣之言。"④根据这些记载,遒人大概相当于采诗之人。王迹熄,采诗之官不存,则《诗》亡,这样的解释倒也合乎情理。但这是建立在'迹'确实是'迊'之误字的前提下,且所采之诗应多为《风》,而《雅》《颂》中很大部分并非依赖采诗而得。而且上古采诗制度具体究竟如何,因史料稀缺,难以坐实。⑤

再回过头从时间上来看《诗》与《春秋》的承接关系,"《雅》亡说"认为东迁之后而《雅》亡,孔子修《春秋》自隐公始;"《风》亡说"则认为变《风》讫于陈灵,孔子生于陈灵之后,起而修《春秋》。

---

① (清)尹继美:《诗管见》,《续修四库全书》编委会编:《续修四库全书》第 74 册,上海:上海古籍出版社,1996 年,第 14 页。
② (清)朱骏声:《说文通训定声》,北京:中华书局,1984 年,第 185 页。
③ (汉)许慎:《说文解字》,北京:中华书局,1963 年,第 99 页。
④ (晋)杜预注,(唐)孔颖达等正义:《春秋左传正义》,(清)阮元校刻:《十三经注疏》,北京:中华书局,1980 年影印本,第 1958 页。
⑤ 关于上古时期各地诗歌的收集机制,主要有两种说法,一为献诗说,如《国语·周语》《国语·晋语》所记"列士献诗",但语焉不详;一为采诗说,又可分为二:一如《礼记·王制》所记"天子五年一巡守,命大师陈诗以观民风",一如《汉书·艺文志》《汉书·食货志》所记"行人振木铎徇于路以采诗,献之大师,比其音律,以闻于天子",虽记之较详,但是否符合历史实际,亦未可知。

两说一以《春秋》的起始年代为据，一以《春秋》笔削时间为据。不管"《雅》亡说"还是"《风》亡说"，表面上均算能讲得通，但细究之下，未免都不够周全。《诗经》中各篇的成诗年代多不可考，只有少数有具体史事可考，其他只能作大致的推测。所以要断定《雅》《风》讫止的确切年代并不可靠。而清儒皮锡瑞又言："据《毛诗》则变《风》终于陈灵；据三家则当云变《风》终于卫献。而三家之说多不传，或更有后于卫献者，尤未可执变《风》终于陈灵以断之也"①，则《毛诗》与三家《诗》亦有所别，不可以《毛诗》断定孔子时之《诗》。即使《诗》讫于陈灵，但孔子尚未出生，若要修《春秋》也是多年之后的事情，不必从时间上强为之牵合。其实孟子此说重点在于表达"《诗》亡"与"《春秋》作"的联系与传承之意义，而不在于史实的绝对精确，若从时间来看只能是大略而言。后儒非要从时间上将二者严丝合缝，未免求之过深，且有舍本逐末之嫌了。正像郑樵在《六经奥论》中说的："《诗》亡然后《春秋》作，谓美刺之诗亡，而褒贬之书作矣，非有定义也。"②那到底怎么理解"《诗》亡"与"《春秋》作"之间的联系与传承意义呢？前引王柏在批评了朱熹之说后，便提出了自己的观点：

> 《王制》有曰："天子五年一巡狩，命太师陈《诗》以观民风。"自昭王胶楚泽之舟，穆王回徐方之驭，而巡狩绝迹；夷王方下堂而见诸侯，如敌国矣，政教号令固已不及于天下诸国，亦岂有陈诗之事哉！民风之善恶于是不得而知也。宣王复古，仅能会诸侯于东都。二《雅》虽中兴，而诸国之风亦无有也。诸国之风既不得而知，今见于三百之中者又多东迁以后之诗，无乃得之于乐工之所传诵，而陈诗之法则不举久矣。至夫子时，传诵者又不可得，益不足以尽著诸国民风之善恶，然后因鲁史以备载诸国之行事，不待褒贬而善恶

---

① （清）皮锡瑞：《经学通论·〈诗经〉通论·论迹熄〈诗〉亡说者各异据三家〈诗〉变风亦不终于陈灵》，北京：中华书局，1954年，第38页。

② （宋）郑樵：《六经奥论》，（清）纳兰性德编：《通志堂经解》第16册，扬州：江苏广陵古籍刻印社，1996年，第546页。

自明。故《诗》与《春秋》体虽异而用则同。说《春秋》者莫先于孟子；知《春秋》者亦莫深于孟子。①

王柏认为《诗》本为天子了解各国民风善恶之途径，然平王东迁以后，得《诗》之法与《诗》之功用均废，而起到替代《诗》之功用者，正是"备载诸国之行事"的《春秋》，如此一来，王柏显然将《诗》与《春秋》的关系之理解从时间层面转移到了功用层面。而两者除了体现各国风事的作用外，王应麟还重点强调了其王道教化，维持礼义的功能：

> 《诗》、《春秋》相表里，《诗》之所刺，《春秋》之所贬也。《小雅》尽废，有宣王焉，《春秋》可以无作也。《王风》不复《雅》，君子绝望于平王矣，然《雅》亡而《风》未亡，清议盖凛凛焉。《击鼓》之诗，以从孙子仲为怨，则乱贼之党犹未盛也。《无衣》之诗，待天子之命然后安，则篡夺之恶犹有惧也。更齐、宋、晋、秦之伯，未尝无诗，礼义之维持人心如此。鲁有《颂》而周益衰，变风终于陈灵而《诗》遂亡。夏南之乱，诸侯不讨而楚讨之，中国为无人矣，《春秋》所为作与？②

在此基础上，清人顾镇于《虞东学诗》"迹熄而诗亡"一条中更加明确了"王者之迹"在孟子这段话中的重要性：

> 孟子历叙群圣之事，而以孔子作《春秋》继之。迹熄《诗》亡，著明所以作《春秋》之义……愚窃以为所欲究者，王迹耳。王者之迹，何预于《诗》？《春秋》之作，何预于迹？……盖王者之政，莫大于巡守述职，巡守则天子采风，述职则诸侯贡俗，太史陈之，以考其得失，而庆让行焉，所谓迹也。夷、厉以来，虽经《板荡》，而《甫田》东狩，鸟带来同，挞伐震于徐方，疆理

---

① （宋）王柏著，顾颉刚校点：《诗疑》，顾颉刚主编：《古籍考辨丛刊》第一集，北京：社会科学文献出版社，2010年，第300页。
② （宋）王应麟著，（清）翁元圻等注，栾保群、田青松、吕宗力校点：《困学纪闻》，上海：上海古籍出版社，2008年，第718页。

第一章 对孟子《春秋》说的分析

及乎南海,中兴之迹,烂然著明,二《雅》之篇可考焉。洎乎东迁,而天子不省方,诸侯不入觐,庆让不行,而陈诗之典废,所谓"迹熄而诗亡"也。孔子伤之,不得已而托《春秋》以彰衮钺,所以存王迹于笔削之文,而非进《春秋》于《风》《雅》之后。《诗》者,《风》《雅》《颂》之总名,无容举彼遗此。若疑《国风》多录东周,《鲁颂》亦当僖世,则愚谓诗之存亡,系于王迹之熄与不熄,不系于本书之有与无也。①

在这段文字里,顾镇强调了"王者之迹"正是联结《诗》与《春秋》的关键环节,"王迹"指的到底是什么?与"《诗》亡"及"《春秋》作"又有什么关系?他认为王者之迹在于天子巡守采风,诸侯述职贡俗。而东迁之后,体现王迹的陈诗制度逐渐废弃,孔子感怀王道不兴,不得已而为,存王迹于《春秋》的笔削之中。顾氏指出那种拘泥于成书时间前后来理解《诗》与《春秋》之间关系的看法并不可取,只有从王迹熄与不熄的角度才能认清《诗》之所以亡与《春秋》之所以作的原因所在。故严虞惇《读诗质疑》云:"迹既熄,《诗》既亡矣,《诗》以刺讥讽谏,存王迹于未湮;《春秋》以笔削褒诛,扶王迹于已坠。《春秋》所以继《诗》亡而作,《诗》不亡,《春秋》不作可也。"②对于"王迹"的解释,俞樾的观点亦与顾镇相类:"此迹字即车辙马迹之迹。周制十二年一巡守,至方岳之下,朝诸侯于明堂,命太史陈诗以观民风,是天下皆有王者车辙马迹焉。巡狩之礼废而王者之迹熄,于是太史不复陈诗,而诗亦从此亡矣。"③俞氏明确地将王迹之迹解释为车辙马迹之迹,紧接着他又作了进一步分析:"所谓亡者,非无《诗》也,其时士大夫固亦作之且传播之,是故春秋时所赋之《诗》多出东迁以后,而孔子删《诗》亦有取焉。然王者不省方,太史不陈诗,则有《诗》而不收《诗》之效,虽谓之《诗》亡可矣。何也?昔日之

---

① 转引自(清)焦循撰,沈文倬点校:《孟子正义》,北京:中华书局,1987年,第573—574页。
② (宋)王应麟著,(清)翁元圻等注,栾保群、田青松、吕宗力校点:《困学纪闻》,上海:上海古籍出版社,2008年,第720页。
③ (清)俞樾:《群经平议》,《续修四库全书》编委会:《续修四库全书》第178册,上海:上海古籍出版社,1996年,第536页。

《诗》,王者所陈而观之者也。黜幽陟明,章善瘅恶,皆于此乎在焉;此日之《诗》,听其自作自传,莫之陈亦莫之观也,虽复忧时感事,陈古刺今,空言而已矣,奚益哉?孔子曰:吾欲托之空言,不如见之行事之深切著明也。此即因《诗》亡而作《春秋》之旨。"①俞樾以为因王者之迹熄而导致的《诗》亡并非指《诗》从此不复存在了,而是指《诗》的功效日益消亡,即《诗》从此丧失了政治上教育风化的作用②而成为空言,所以孔子作《春秋》以继之。这就是说,孔子作《春秋》可以起到《诗》曾经有过的功用。清儒王鸣盛亦曰:"(《诗》)既不可入乐,无益于教化;无关于功德;虽有诗,谓之亡可也。当《诗》之未亡,则《诗》在即史在,惠公以前之《春秋》,不论不议;当《诗》之已亡,则史在即《诗》在,故平王以下之《春秋》,大书特书,且更有微意焉。"③王鸣盛的意见也体现了《诗》与《春秋》之间功用上相通的传承关系。那么了解了二者这种相通的一面,是否就算把问题解决了呢?我想认识到它们之间的相通之处仅仅是问题的第一步,要想理解得更清楚,还需要进一步的分析。

前面我们已经说过,《诗》与《春秋》的一亡一作,均与"王者之迹"息息相关。至于它们之间的关系,有学者认为王者之迹是《诗》产生、传播、实现其功能的现实必要条件。它营造了一种特殊的文化空间,只有在这种空间中《诗》才是有特定意义的言说方式。否则《诗》就会像那些大量的民间歌谣一样,自生自灭,只能宣泄某种情绪,根本

---

① (清)俞樾:《群经平议》,《续修四库全书》编委会:《续修四库全书》第178册,上海:上海古籍出版社,1996年,第536—537页。
② 关于《诗》的教化作用,《毛诗序》中有较为详尽的记述:"先王以是经夫妇,成孝敬,厚人伦,美教化,移风俗。故诗有六义焉:一曰风,二曰赋,三曰比,四曰兴,五曰雅,六曰颂,上以风化下,下以风刺上,主文而谲谏,言之者无罪,闻之者足以戒,故曰风。至于王道衰,礼义废,政教失,国异政,家殊俗,而变风变雅作矣。国史明乎得失之迹,伤人伦之废,哀刑政之苛,吟咏情性,以风其上,达于事变而怀其旧俗也。故变风发乎情,止乎礼义。发乎情,民之性也;止乎礼义,先王之泽也。是以一国之事,系一人之本,谓之风;言天下之事,形四方之风,谓之雅。雅者,正也,言王政之所由废兴也。政有大小,故有小雅焉,有大雅焉。颂者,美盛德之形容,以其成功告于神明者也。是谓四始,诗之至也"。引自(汉)毛公传,(汉)郑玄笺,(唐)孔颖达等正义:《毛诗正义》,(清)阮元校刻:《十三经注疏》,北京:中华书局,1980年影印本,第270—272页。
③ (清)王鸣盛著,顾美华标校:《蛾术编》,上海:上海书店出版社,2012年,第1083页。

不具有太多的社会政治功能。反而言之,《诗》也对维护和巩固这种文化空间起到了重要作用①。所以从这个意义上说,王者之迹熄必然导致《诗》亡,《诗》亡又正是王者迹熄的直接体现。而再来看《春秋》之所以作,固然是想在《诗》亡之后继承发扬《诗》的功用,但其根本原因亦在于王者之迹熄。正如《孟子·滕文公下》所言:

> 世衰道微,邪说暴行有作,臣弑其君者有之,子弑其父者有之。孔子惧,作《春秋》。《春秋》,天子之事也。是故孔子曰:"知我者其惟《春秋》乎,罪我者其惟《春秋》乎?"……昔者禹抑洪水而天下平,周公兼夷狄、驱猛兽而百姓宁,孔子成《春秋》而乱臣贼子惧。②

孟子这段话明确交待了孔子作《春秋》的时代背景与目的,并告诉我们《春秋》的特殊性与它重要的意义。联系我们之前讨论的孟子的话来分析,孔子身处"世衰道微"的时代,"邪说暴行""臣弑君""子弑父"等局面也正是"王者之迹熄"的鲜明写照。因此,他欲行"天子之事",试图通过作《春秋》以继《诗》之功用来达到使"乱臣贼子惧"的效果,恢复曾经"天下有道,礼乐征伐自天子出"的状况。至此,我们不免会产生一点疑问。因为之前提到过,王者之迹兴时,《诗》的王道教化功能可以得到有效发挥,并且对王道也起到一定的维护与巩固的作用。但随着王者之迹渐熄,《诗》慢慢失去了发挥教化功能的必要条件,虽存犹亡;而孔子作《春秋》,正是想继《诗》以发挥王道教化的功能,不过既然时代已经发生了变化,《诗》曾赖以发挥功用的必要条件——"王者之迹"显然已不复存在,那么《春秋》如果只是与《诗》相通,甚至等同于《诗》的替代品,它如何在条件缺失(王者之迹熄)的情况下实现这样的教化功能呢?换句话说,在王者之迹已熄之时,如果《春秋》想要实现王道教化的功能,使天下复归于有道,那么它必然与《诗》有所区别。

---

① 李春青:《诗与意识形态——西周至两汉诗歌功能的演变与中国诗学观念的生成》,北京:北京大学出版社,2005 年,第 260 页。
② (清)焦循撰,沈文倬点校:《孟子正义》,北京:中华书局,1987 年,第 452—459 页。

唐人王通于《中说·王道篇》里说道：

> 昔圣人述史三焉：其述《书》也，帝王之制备矣，故索焉而皆获（阮逸注：史有记言，求言则制度得矣）；其述《诗》也，兴衰之由显，故究焉而皆得（阮逸注：史有明得失，穷政化则《诗》明矣）；其述《春秋》也，邪正之迹明，故考焉而皆当（阮逸注：史有记事，稽邪正则法当矣）。此三者，同出于史而不可杂也，故圣人分焉（阮逸注：载言、载事、明得失，皆史职也，职同体异，故曰分）。①

这里王通直以《春秋》《诗》《书》同曰三史，可谓开后世"六经皆史"说之先河，然而他又说三者"同出于史而不可杂"，说明它们之间既有相同之处，又有所区别，按阮逸的理解，即"职同体异"。《诗》的作用偏重于明兴衰之所由、施政之得失；《春秋》的作用偏重于明邪正之迹、立褒贬之法。可以说，两书之间的差异与它们所处的时代背景之差异是密切相关的。《诗》发挥作用尚处于礼乐征伐自天子出的时代，到了《春秋》，却已然是世衰道微、礼坏乐崩之时。所以《诗》与《春秋》在形式上看似不同，但实出于一；功用上前后相继，却又有所区别。

更进一步分析关于《诗》与《春秋》之间的关系，刘家和先生曾简要而精到地作了一个说明："各国出现'春秋'时'诗'也并没有消亡，而只不过是'春秋'作为史书，开始从包含多重内容的'诗'里分离出来而已。"②刘先生从史学的角度看待这个问题无疑给我们带来了很好的启示。《诗》在先秦时期普遍流传，是那个时代历史的反映，其内容一定程度上也是对当时史实的一种体现。姚大力先生也认为："由《诗经》中的'大雅'及'颂'可知，至晚在西周中后叶，当相关诗篇被创作出来之时，上古中国人把发生在过去的一系列重大事件置于连续的时空范围内，并将它们当作一个互有关联的变化过程来予以理解的意

---

① 张沛：《中说校注》，北京：中华书局，2013年，第8—9页。
② 刘家和：《史学在中国传统学术中的地位》，《史学、经学与思想》，北京：北京师范大学出版社，2005年，第75页。

识,已经相当成熟了"[1],从这个意义上说,《诗》也是史,它包涵了史的内容;但它又与史有所不同,尚不能称作严格意义的史书,朱本源先生便借用维柯的说法将它称为诗性的历史,是一种"准历史"(quasi-history)[2]。当王者之迹熄而《诗》亡后,《诗》中史的功能也就无法实现。《春秋》作为史官的记录,与《诗》相比,显然是更为纯粹的史,便取代了《诗》中所具有的史的功能。从这个角度看,《春秋》的出现,便意味着史已经从诗中分离独立了出来。从《诗》到《春秋》的这种变化,我们可以看出先秦史学的一种发展,而也正是因为先秦史学自身的不断发展以及史书所具有的鉴戒特点,孔子方能于《诗》亡之后以《春秋》担当王道教化的作用。所以可见,在"《诗》亡然后《春秋》作"的关系中,《春秋》对《诗》既有继承,又有发展;二者既有相通,又有不同。由此再去反思孟子的这句话,我们发现:虽然《诗》得以产生、传播、实现其功能的必要条件消亡了;但其实从另一方面看,这又意味着《春秋》得以作的必要条件出现了。

第二节 《春秋》事、文、义的三重内涵

讨论了"《诗》亡然后《春秋》作",接着看孟子下面的话:"晋之《乘》、楚之《梼杌》、鲁之《春秋》,一也。其事则齐桓、晋文,其文则史。孔子曰:'其义则丘窃取之矣。'"这段文字大致说明了《春秋》的性质,认为鲁国的《春秋》与晋国的《乘》、楚国的《梼杌》一样,都是记载齐桓、晋文之类事情的史书。然而再联系到最后的那句孔子曰,不免会让人产生一点疑问,这三个"其"指代的到底是什么呢?

---

[1] 姚大力:《把过程归还历史书写——论司马迁对中国历史编撰学的突破》,上海社会科学院《传统中国研究集刊》编辑委员会编:《传统中国研究辑刊》第二辑,上海:上海人民出版社,2006年,第75页。
[2] 朱本源:《"〈诗〉亡然后〈春秋〉作"论》,《史学理论研究》1992年第2期,第54页。

有学者认为:"从孟子这段话的整体上来看,'其义则丘窃取之矣'一语,很明显与'其事则齐桓、晋文,其文则史'是并列关系,尽管有'孔子曰'的插入,但三句话却明显是一气呵成,这三个其字所指代的应是同一事物。'其事则齐桓、晋文',是说鲁《春秋》的内容记载着齐桓、晋文时代之史事;'其文则史',是说鲁《春秋》的文字是采取的史书表述形式。历代学者对此皆无异议。那么,既然上面两个其字指代的都是鲁《春秋》,'其义'中的'其'字也无疑是指代鲁《春秋》,即'其义'就是鲁《春秋》之义。"①

上述的观点看起来合理,但是细究起来仍不免让人心生疑窦。如果三个"其"指代的都是鲁《春秋》,可孟子前面却说了三个国家的史书是"一也",一回事,这样三个"其"同样也可以指代晋之《乘》、楚之《梼杌》。若前面"其事""其文"的两个"其"用来指代这三个国家的史书,还都能说通,但放到孔子最后说的"其义则丘窃取之矣"的"其",指的却只能是《春秋》,不能替换为晋之《乘》、楚之《梼杌》。所以"其义"的"其"所指代的《春秋》并不等同于鲁《春秋》,否则,鲁《春秋》与晋之《乘》、楚之《梼杌》就谈不上"一也"了。既然不同于鲁《春秋》,那这个"其义"的"其"指代的是什么呢?按照孟子对孔子作《春秋》的认定,它就只能指孔子之《春秋》。如清儒皮锡瑞便云:"孟子言鲁之《春秋》,止有其事其文而无其义。其义是孔子创立,非鲁《春秋》所有,亦非出自周公。"②他认为孔子之《春秋》与鲁《春秋》最大的区别就是孔子赋予了鲁《春秋》原本所没有的义,这无疑代表了今文经学家对于此问题的普遍观点,也较为贴合孟子的语境。再来分析这段文字,我们发现,"《诗》亡然后《春秋》作"后面这句"晋之《乘》、楚之《梼杌》、鲁之《春秋》,一也"似乎更像是一句插入语,类似于对前文《春秋》的一个小的注解,也就是对《春秋》的补充说明。如果跳过

---

① 晁岳佩:《孟子〈春秋〉说分析》,《山东师范大学学报》(社会科学版)1999年第4期,第68页。
② (清)皮锡瑞:《经学通论·〈春秋〉通论·论〈春秋〉是作不是钞录是作经不是作史杜预以为周公凡例陆淳驳之甚明》,北京:中华书局,1954年,第3页。

这一句，"《诗》亡然后《春秋》作"下面紧跟着"其事""其文""其义"，语意连接上就更为明晰晓畅了。而后面有"其"的句子用的是省文，这句完整的形式应该是"其事则齐桓晋文之事，其文则史之文，其义则丘窃取之义"。

虽然孟子此处明确指出《春秋》之义乃孔子"窃取"之义，那是不是原来鲁国的《春秋》就没有义呢？今文经学家的观点如皮锡瑞已见前述——"鲁之《春秋》，止有其事其文而无其义"，他还认为鲁《春秋》是史，孔子作《春秋》是经，不可等同看待。这固然是经学家的执念，我们可先不论，但即便如此，皮氏在谈到经、史之别时也说："史是据事直书，不立褒贬，是非自见；经是必借褒贬是非，以定制立法，为百王不易之常经。"① 如果按照他的看法，鲁《春秋》是史，则据事直书，不立褒贬，是非自见。可既然能够是非自见，那必然有史义可循。这样看来，鲁《春秋》本来也具有史义是不成问题的。认识了这一点，我们接着问，那鲁《春秋》的义和孔子《春秋》的义又有什么样关系呢？

清儒万斯大在《学〈春秋〉随笔》中写道：

> 《春秋》之文则史也，其义则孔子取之。诸史无义，而《春秋》有义也。义有变有因，不修《春秋》曰："雨星不及地尺而复"，君子修之曰："星霣如雨"。诸侯之策曰："孙林父、宁殖出其君"，《春秋》书之曰："卫侯衎出奔"。此以变为义者也。晋史书曰"赵盾弒其君"，《春秋》亦曰："赵盾弒其君"。齐史书曰："崔杼弒其君"，《春秋》亦曰："崔杼弒其君"。此以因为义者也。因与变相参，斯有美必著，无恶不显，三纲以明，人道斯立，《春秋》之义遂与天地同功。②

万斯大认为诸史无义，而《春秋》有义，《春秋》之义是孔子取之，

---

① （清）皮锡瑞：《经学通论·〈春秋〉通论·论〈春秋〉是作不是钞录是作经不是作史杜预以为周公作凡例陆淳驳之甚明》，北京：中华书局，1954年，第2页。
② （清）万斯大：《学〈春秋〉随笔》，（清）阮元主编：《清经解》第1册，上海：上海书店出版社，1988年，第328页。

但"义有变有因",所谓"因",也就是因循史书本有之义了。可根据上下文分析,万氏明明说诸史无义,无义的话《春秋》又如何因循呢?所以这里他所说的诸史无义的"义"并非指史义,而当是特指孔子《春秋》之义。而既然"义有变有因",那么孔子《春秋》与鲁《春秋》就应该是一种继承发展的关系。万氏接着举了孔子因循为义的例子,"赵盾弑其君""崔杼弑其君"是史书原文,而孔子《春秋》对此并未作文字上的改动,他认为这样便是因循为义,所谓的"义"也就体现于"文"之中。为何"义"要通过史书文字上的变化来体现呢?因为我们知道,《春秋》的形式,往往只是用十分简略的文字来记载各种史事,既没有描述详细的史事过程,又没有专门对于人物事件的评论和看法。所以想表达所谓的"义",更多要通过"文辞",即通过不同遣词造句的语言形式来实现。即同样的事情,可以用不同的表述方式来体现不同的义,这在《春秋》里被称为"书法"或"笔法"。我们之所以说鲁《春秋》具有史义,正是因为史官记录史事要遵循一定的书法规则,而这样的书法规则是在长期的史官传统中形成并发展的,必然与背后史官传统所蕴含的价值观念相符合,既然书法规则来源于这种价值观念,史"义"自然会通过史官的"文"体现出来。但这样的"义"只是一种史官传统观念不自觉的产物,正如皮锡瑞所言的"据事直书,不立褒贬,是非自见"。而如果说鲁《春秋》的义还只是一种史官不自觉的产物的话,那么孔子《春秋》则是在此基础上有意识尽其所能地体现了他自己的义,这又可分为两方面:一方面是"因",即充分继承鲁《春秋》原有的史义,保留原文,往往还进行进一步的解释,对史义加以凸显;另一方面是"变",借鲁《春秋》之史事,笔削原文,以发挥自己的新义,即"用一定的名分作为标准来衡量历史人物的是非并加以褒贬"①。正因为孔子欲通过作《春秋》褒贬是非,恢复天下于有道,所以孟子说此乃"天子之事也",孔子也才会说"知我者其惟《春秋》乎!罪我者其惟《春秋》乎!"

孟子从事、文、义三个方面描述了《春秋》,这正是《春秋》不可

---

① 刘家和:《对于中国古典史学形成过程的思考》,《古代中国与世界》,北京:北京师范大学出版社,2010年,第186—187页。

分割的三个方面，但是我们也可以看出其中孟子最为侧重的还在于"义"。章学诚在《文史通义》里写道："载笔之士，有志《春秋》之业，固将惟义之求，其事与文，所以借为存义之资也。"①在这句话里章氏指出了事、文、义的关系，认为"义"离不开"事"与"文"，但"事"与"文"仅作为存"义"之资，最为重要的还是"义"②。这样的观点虽然有失偏颇，但也确实反映了中国史学传统上对于"义"的重视。联系章氏的话，我们知道除了前面分析的"文"对"义"的体现，"义"在很大程度上同样离不开"事"的承载。司马迁引述孔子作《春秋》之旨就说："我欲载之空言，不如见之于行事之深切著明也"③，可见他的目的就是要通过具体史事来表达展现自己的思想。那关于《春秋》中"事"与"义"的关系，到底应该作怎样的理解呢？我们先来看皮锡瑞曾作过的一段似是而非的论述：

> 如鲁隐非真能让国也，而《春秋》借鲁隐之事，以明让国之义。祭仲非真能知权也，而《春秋》借祭仲之事，以明知权之义。齐襄非真能复雠也，而《春秋》借齐襄之事，以明复雠之义。宋襄非真能仁义行师也，而《春秋》借宋襄之事，以明仁义行师之义。所谓见之行事，深切著明。孔子之意，盖是如此。故其所托之义，与其本事不必尽合。孔子特欲借之以明其作《春秋》之义，使后之读《春秋》者晓然知其大义所存。较之徒托空言而未能征实者，不益深切而著明乎？三传惟公羊家能明此旨，昧者乃执《左氏》之事以驳《公羊》之义，谓其所称祭仲、齐襄之类如何与事不合；不知孔子并非不见国史，其所以特笔褒之者，止是借当时之事做一样子，其事之合与不合，备与不备，本所不计。孔子是为万世作经，而立法以垂教，非为一代作史，而纪实以征信也。④

---

① （清）章学诚著，叶瑛校注：《文史通义校注》，北京：中华书局，1985年，第171页。
② 章学诚于《文史通义·史德》亦云："史所贵者义也；而所具者事也；所凭者文也。"（清）章学诚著，叶瑛校注：《文史通义校注》，北京：中华书局，1985年，第219页。
③ 《史记》，北京：中华书局，1959年，第3297页。
④ （清）皮锡瑞：《经学通论·〈春秋〉通论·论〈春秋〉借事明义之旨止是借当时之事做一样子其事之合与不合备与不备本所不计》，北京：中华书局，1954年，第21—22页。

皮氏认为孔子作《春秋》乃是借事明义，但所借之事只是做个样子，不必完全符合史实，关键是使人读《春秋》时明白其大义就行了。事只要能体现义，是不是符合本来的历史事实并不重要。对此，刘家和先生曾敏锐地指出："既说孔子是在借事明义，那么必须事真然后才能义真；如果所见之事为假，那么其所明之义又何托而为真？皮氏说'徒托空言而未能征实者'不能'深切著明'，那么，不托空言又未能'征实'，而只是把事当作一个样子，又怎能'深切著明'呢？"①刘先生的评论可谓一针见血，即使孔子的重点并不在于史事本身，在于借史事以明义，但并不等于可以不顾事实而任意发挥，这样的话，估计还比不上"徒托空言"。通过对这段话的分析，无疑可以帮助我们更为清晰地认识《春秋》中"事"与"义"之间的关系："义"信必有待于"事"信，而"事"之不存，则"义"将焉附？所借之事若不真，那所明之义恐怕也是要变味的。皮氏站在今文经学家的立场上完全否定了《春秋》征信的史学特点，其实一定程度上也就动摇了经学之所以立足的基础。何况作为《春秋》今文学的经典，在《公羊传》《穀梁传》中也不乏对于《春秋》征信的史学特点的强调。如《穀梁传·桓公五年》曰："《春秋》之义，信以传信，疑以传疑。"②同样，《公羊传》对于一些并不确定或有待考证的史实也常用"盖""或曰""无闻焉尔"之类的语言来表达一种实事求是的谨慎态度。这与孔子在《论语》中所体现出的"知之为知之，不知为不知"的信古阙疑的态度也是相一致的。除此之外，值得注意的还有《公羊传·昭公十二年》里的一段话：

> 春，齐高偃帅师纳北燕伯于阳。伯于阳者何？公子阳生也。子曰："我乃知之矣。"在侧者曰："子苟知之，何以不革？"曰："如尔所不知何？《春秋》之信史也，其序则齐桓、晋文，其会则主会

---

① 刘家和：《史学的悖论与历史的悖论》，《史学、经学与思想》，北京：北京师范大学出版社，2005年，第398页。
② （晋）范宁注，（唐）杨士勋疏：《春秋穀梁传注疏》，（清）阮元校刻：《十三经注疏》，北京：中华书局，1980年影印本，第2374页。

者为之也，其词则丘有罪焉耳。"①

这段话的后半部分与孟子论《春秋》颇为类似，盖两者均有所本，可资参证。其中"《春秋》之信史也"一句，历来往往连而读之，唯有近人王闿运断作"《春秋》之信，史也"②，笔者更为赞同王氏的断句方式，因为这便使文意显得更为清晰明了。周策纵先生也指出："前人在'信'字下都不点断，可能把'信'史连读。我以为这样便不能成句。'信'字在这里应该是名词，是主语；'史'是述语。全句和《孟子》里的'其文则史'句法相类似。《孟子》说的是《春秋》的'文'，《公羊》引孔子说的是《春秋》的'信'。"③对于此句，王闿运笺曰："信犹实也，言《春秋》所以可信者，取于史尔。《春秋》非史法而托于史，事乃不虚，史存可案而知，史亡不待史而见。"④王氏所言颇有见地，由此我们可以看出，《春秋》之所以可信，正是因为它本于史。史之信，又有赖于史书所记史事之真，而客观史事之真实，并不依赖于史的记录。如果史书记载留存，史事可以通过查看得知，若史书亡佚，亦无损史事本身之真。换句话说，若《春秋》所托以明义之史事为真，则不论史存佚与否，均无损《春秋》之义。而"义"也只有立于坚实的"事"的基础上，才能避免无限制的主观发挥与牵强附会。这正体现了"事"对"义"的重要价值和它们之间不可分割的密切联系。需要指出的是，本章虽由孟子说《春秋》谈起，但并非完全还原孟子的原意，更多的已是对孟子这些说法的进一步思考与阐释了。

最后，我们再来讨论一下《春秋》的"属辞比事"，并借此对《春秋》事、文、义三个方面的关系做一个简单的小结。《礼记·经解》记孔子语："属辞比事，《春秋》教也……属辞比事而不乱，则深于《春秋》教也"。郑玄注曰："属，犹合也。《春秋》多记诸侯朝

---

① （汉）何休解诂，（唐）徐彦疏：《春秋公羊传注疏》，（清）阮元校刻：《十三经注疏》，北京：中华书局，1980年影印本，第2320页。
② （清）王闿运：《春秋公羊传笺》，长沙：岳麓书社，2009年，第463页。
③ 周策纵：《周策纵自选集》，济南：山东教育出版社，2004年，第150页。
④ （清）王闿运：《春秋公羊传笺》，长沙：岳麓书社，2009年，第463页。

聘、会同，有相接之辞，罪辩之事。"孔颖达疏曰："属，合也；比，近也。《春秋》聚合会同之辞，是属辞；比次褒贬之事，是比事也。"①按照注疏的解释，"属辞比事"的主要意思就是连缀文辞、排列史事。《礼记集解》注云："属辞者，连属其辞，以月系年，以日系月，以事系日也。比事者，比次列国之事而书之也。"②这里大体涉及《春秋》的的"文"与"事"两方面，特别是怎样以"文"来见"事"，即"事"如何通过"文"来记录。而除了"文"和"事"，属辞比事最终同样与"义"息息相关，所谓"属辞比事，《春秋》教也"，教化就一定有赖于《春秋》之"义"的熏陶，而微言大义也离不开属辞比事的方法得以表达。正如钟文烝在《春秋榖梁经传补注·论经》中所云："《春秋》之义，是是非非，皆于其属合、比次、异同、详略之间见之，是其本教也。"③我们可以看出：一方面，《春秋》之"义"可以说是属辞比事（文与事）的终归；可另一方面，"义"蕴涵于"文"与"事"中，只有通过对属辞比事（文与事）的不断理解才能更好地把握《春秋》之"义"。那具体到《春秋》中，属辞比事是如何来体现"义"的呢，刘异先生在《孟子〈春秋〉说微》一文中有如下的总结：

> 史虽无殊，而文有笔削，事虽略同，而义则大异。十二公，文也，张三世，义也；月有王，文也，通三统，义也；日月时，文也，详略偏反，义也；公侯伯子男，文也，褒贬进退，义也；诸夏夷狄，文也，内其国而外诸夏，内诸夏而外夷狄，义也。凡此之类，由文取义者也。

> 朝聘会盟，事也，或讥或称或与或不与，义也；侵伐战围入取败灭，事也，或疾或善或言或讳，义也；昏祭锡归，事也，或礼或非礼，义也；崩薨卒丧，事也，或书或不书，或日或不日，或易薨

---

① （汉）郑玄注，（唐）孔颖达等正义：《礼记正义》，（清）阮元校刻：《十三经注疏》，北京：中华书局，1980年影印本，第1609页。
② （清）孙希旦撰，沈啸寰、王星贤点校：《礼记集解》，北京：中华书局，1989年，第1255页。
③ （清）钟文烝撰，骈宇骞、郝淑慧点校：《春秋榖梁经传补注》，北京：中华书局，1996年，第10页。

而书卒，义也；篡弑相杀，事也，或贬或绝或讳，义也。日食星霜雨雪水火螽麋，事也，为王者后为天下为一国记灾记异，义也。凡此之类，由事取义者也。①

刘异先生的讲解十分精要，用具体的实例总结归纳了《春秋》中"事"与"文"是怎样体现"义"的，可以称得上是深明《春秋》属辞比事之理。而除了"义"要通过"文"与"事"来体现之外，我们还应该发现，其实在"文"与"事"之间，"事"归根结底也是要用"文"来表述的，正所谓"夫史所载者事也，事必借文而传"②，所以最终摆在我们面前的只有《春秋》的文本（文），由《春秋》之"文"方可及《春秋》之"事"与"义"。孔子"修《春秋》就是要在叙述历史上具体行事的时候贯彻自己关于礼义的思想……是从一般原则去认识特殊的史实并按类别以统一的书法（遣词造句）去评述不同的具体事情"③。准此而言，具体特殊的"事"与抽象普遍的"义"虽然统一于"文"，但在它们之间无疑存在着一种张力。而我们发现，《春秋》中这种"事"与"义"之间的张力正是在后来的三传里得到了更为充分的发展和体现：以《春秋》之"文"为纲，《左传》重"事"，而《公羊传》《穀梁传》重"义"。雷家骥先生认为属辞比事涵盖了以下四个层面：一是要究明其事之真相为何；二是判断其事所蕴含之义法（记事者当时之真理）为何；三是推究用何文辞始能适当表示此真相与义法；四是思考如何连缀此文辞使记述与事情之真相及真理相结合④。笔者认为将第四条合入第三条亦无不可，这样也与本节所论"事、文、义"三方面相契合。以三传论之：《左传》重视说明史事之真相，然后考虑如何用适当的文辞加以叙事，进而或寓论断于叙事，或通过"礼"与"非礼"及"君子曰"等方式表达此事

---

① 刘异：《孟子〈春秋〉说微》，刘小枫，陈少明主编：《回想托克维尔》，北京：华夏出版社，2006年，第297—298页。
② （清）章学诚著，叶瑛校注：《文史通义校注》，北京：中华书局，1985年，第220页。
③ 刘家和：《对于中国古典史学形成过程的思考》，《古代中国与世界》，北京：北京师范大学出版社，2010年，第187—189页。
④ 雷家骥：《中国古代史学观念史》，北京：北京师范大学出版社，2018年，第54页。

所蕴含之义法。以第一层面为目的,第三层面为手段,兼及第二层面。而《公羊传》《穀梁传》解经之目的并非为说明史事之真相,而是为了解说《春秋》为何如此记载,此文辞意欲表达之义法为何。经常跳过或忽略第一层面,而直接从第三层面反推第二层面①。然平心而论,三传虽各有所偏重,事、文、义三者却未尝须臾离也。

---

① 雷家骥:《中国古代史学观念史》,北京:北京师范大学出版社,2018 年,第 57 页。

第二章 《春秋》历史书写中的张力

第一节 《春秋》对客观史事的表现

一、作为编年史的《春秋》书写

《春秋》本为先秦各国史书通称之一种。《墨子·明鬼下》有言："吾见百国《春秋》"，并提到"周之《春秋》""燕之《春秋》""宋之《春秋》""齐之《春秋》"等①。《汉书·艺文志》云："古之王者世有史官，君举必书，所以慎言行，昭法式也。左史记言，右史记事，事为《春秋》，言为《尚书》，帝王靡不同之。"②可见在当时史书的记录有一定的制度与规则，从天子到诸侯，各国均应有自己的史书，但这些史籍绝大部分并没有流传下来，今天我们看到的《春秋》原为鲁国的史书，或曾经过孔子的笔削和编订，也是我国现存最早的

---

① （清）孙诒让撰，孙启治点校：《墨子间诂》，北京：中华书局，2001年，第226—233页。《墨子》中所引各国《春秋》，有的记事比较详细，不似鲁《春秋》简略，或许所指类型较为宽泛，如先秦文献引用《左传》材料有时也称为《春秋》。
② 《汉书》，北京：中华书局，1962年，第1715页。

编年体史书。这里所说的编年史，是指按照时间的序列，记载同时或相继发生的事件以及人物活动的历史编写形式①。是书以春秋时鲁国十二公——"隐、桓、庄、闵、僖、文、宣、成、襄、昭、定、哀"的纪年作为顺序，记录了春秋二百四十二年②的重要史事。关于它的基本特点，杜预《春秋经传集解·序》总结为：

> 《春秋》者，鲁史记之名也。记事者，以事系日，以日系月，以月系时，以时系年，所以纪远近、别同异也。故史之所记，必表年以首事；年有四时，故错举以为所记之名也。③

杜预此处以《春秋》为例，点明了当时史官记事之法：先记年，次记时（季节）和月，再记日，事记于最后，这样是为了将时间的远近和事情的异同区分开来。而《春秋》的记事特点，看上去已经与我们今天所谓的编年体形式大体相符。追溯其它上古时期的历史书写，目前能见到最早的无疑是卜辞与金文。虽然甲骨卜辞，或许都属于对帝或诸神的交流，并不见得是有意识的历史记录，但出于祭祀先王需要或其他动机而保存、流传下来的商王世系，至少可以看作具有历史记录的特点。西周金文更是绝大部分都被当作自觉的历史记录而铸刻④。王国维先生曾结合出土文献与早期《尚书》材料进行研究并指出："（记事）书法先日、次月、次年者，乃殷周间记事之体。……周初之器，或先月后日，然年皆在文末。知此为殷周间文辞通例矣。"⑤考察早期文献，所记日月较详，记年相对要少些，但次序大体同王氏所言，而不同于后来普遍

---

① 朱维铮：《中国史学史讲义稿》，上海：复旦大学出版社，2015年，第30页。
② 《公羊传》《穀梁传》与《左传》所据之《春秋》，结束时间略有不同，《公羊传》《穀梁传》之《经》止于哀公十四年"获麟"，《左传》之《经》止于哀公十六年"孔丘卒"，故两种《春秋》所记一为242年，一为244年。
③ （晋）杜预注，（唐）孔颖达等正义：《春秋左传正义》，（清）阮元校刻：《十三经注疏》，北京：中华书局，1980年影印本，第1703页。
④ 姚大力先生还认为："在最宽泛的意义上，当人们记忆过去和试图保存这种记忆的时候，他们所从事的就是历史学的活动。"姚大力：《把过程归还历史书写——论司马迁对中国历史编撰学的突破》，上海社会科学院《传统中国研究集刊》编辑委员会编：《传统中国研究辑刊》第二辑，上海：上海人民出版社，2006年，第77页。
⑤ 王国维：《洛诰解》，《观堂集林》，北京：中华书局，1959年，第40页。

第二章 《春秋》历史书写中的张力

使用的年月日的顺序。葛志毅先生分析其原因，认为这是因为中国早期史官记事方式最初属于"注记"，随着不断发展成熟才走向"编年"的形式①。而且《春秋》时间记录的系统性无疑比之前的文献大为加强了，从"年"被开始用作纪年记事的时间标志起，直至《春秋》编年的初步形成，前后应经历了一个相当长的时间②。可以说，编年史的出现，就意味着人意识到时间流逝性的本质，必须要及时用"编年"的方式掌握与记忆。③

除此之外，相比先秦其他典籍，《春秋》还有一个重要特点是重视记时（季节），所谓"史（《春秋》）之记事，一月无事，不空举月，一时无事，必空举时者，盖以四时不具，不成为岁。故时虽无事，必虚录首月，其或不录，皆是史之阙文"④。考诸《春秋》，除了极少的阙失，每一年记事中的四时的确是经文的常规组成部分。对于其重视记时的原因，虽然前贤的看法不尽相同，但大都认为"春秋"的名称就体现了时（季节）对于这部经典的重要性⑤。"春秋"之得名，如前引杜预

---

① 殷周史官的最初职责之一，是撰作具体记事日记，此即所谓"注记"，是最原始的历史记事规范，也是日后史学进一步发展的起点。当初"注记"最早经史官整理编选时，于是或在文首加"惟某月"计时语，于是形成"惟某月某日"的计时形式；或在文末附加"在某月""惟王某祀"计时语，于是就形成所谓殷周间"书法先日次月次年"的历史记时形式。但史官在为保存整理此历史记事资料时，一般多采用按"年月日"顺序计时的纪年记事方式。因为它与历史计时习惯在形式上联系相通，如《书·洪范》"五纪"所言那样，亦为纪年记事体的最佳形式，因而得到史官的大多认可。葛志毅：《〈春秋〉命义考》，《谭史斋论稿六编》，哈尔滨：黑龙江人民出版社，2016年，第240页。
② 葛志毅：《〈春秋〉命义考》，《谭史斋论稿六编》，哈尔滨：黑龙江人民出版社，2016年，第233页。
③ 李纪祥：《时间·历史·叙事》，新北：华艺学术出版社，2013年，第140页。
④ （晋）杜预注，（唐）孔颖达等正义：《春秋左传正义》，（清）阮元校刻：《十三经注疏》，北京：中华书局，1980年影印本，第1704页。
⑤ 如《穀梁传》曰："《春秋》编年，四时具而后为年"。见（晋）范宁注，（唐）杨士勋疏：《春秋穀梁传注疏》，（清）阮元校刻：《十三经注疏》，北京：中华书局，1980年影印本，第2372页。《公羊传·隐公六年》之文亦相类。又如徐彦疏《公羊传》云："案《三统历》云：'春为阳中，万物以生；秋为阴中，万物以成，故名《春秋》。'贾、服依此以解《春秋》之义，不审何氏何名《春秋》乎？答曰：《公羊》何氏与贾、服不异，亦以为欲使人君动作不失中也。而《春秋说》云'始于春，终于秋，故曰《春秋》'者，道春为生物之始，而秋为成物之终，故云'始于春，终于秋，故曰《春秋》'也。"见（汉）何休解诂，（唐）徐彦疏：《春秋公羊传注疏》，（清）阮元校刻：《十三经注疏》，北京：中华书局，1980年影印本，第2195页。

所言认为是"年有四时,故错举以为所记之名也"。刘知几更明确说是"言春以包夏,举秋以兼冬"①,此说盖本自《释名·释典艺》里的"《春秋》,言春秋冬夏,终而成岁,举春秋则冬夏可知也"②。这样的观点看起来比较合理,但不免有以后见臆想揣度之嫌。追根溯源,四时的概念并非从来就有的。于省吾先生认为商代只有春、秋两季,没有夏、冬③,卜辞、西周金文与早期的《诗》《书》都只有春、秋而没有夏、冬,四时的出现要到西周晚期④。于先生的看法目前基本已成为学术界的主流意见,上古既然仅分一年为春、秋两时,春秋自然可以指代一年。所以,虽然今日所见《春秋》中记四时俱全,但"春秋"作为史书的名称由来甚早⑤,其起源之初,实际传统中仍以一年分为春、秋两时为常,那前面所列《春秋》之得名是由四时中错举春、秋两时的说法就不足为据了。

在先秦文献中,"春秋"一词多有所见,除了作为史书的含义之外,更多的是保持上古称一年为春秋的习惯传统,而这两种含义之间应该也是有联系的,洪业先生以为"盖'春秋'二字原指朝廷大事之时

---

① (唐)刘知几著,(清)浦起龙通释:《史通通释》,上海:上海古籍出版社,2009年,第7页。
② (清)王先谦撰集:《释名疏证补》,上海:上海古籍出版社,1984年,第313页。
③ 于省吾:《甲骨文字释林》,北京:中华书局,1979年,第2页。对此问题,冯时先生曾做了更为深入的研究,他指出:"殷代的秋、春两季具有鲜明的农业季节的特点。这充分反映了以二分二至为代表的标准时体系和以秋、春为代表的农业季节体系在早期文明阶段是彼此分离的。……这意味着中国传统的四季的建立可能源于两个互为独立的体系,首先,四季的名称和农业密切相关,因而来源于农业季节的名称。其次,四季的划分又以分至四气为基础。农业季节作为早期的季节周期,强烈地适应着农作物的自然生长期,而分至四气的确定则适应着授时正位的需要。两个体系的最终结合便是四季的形成之时,然而这种结合在殷代显然还没有发生。"见冯时:《百年来甲骨文天文历法研究》,北京:中国社会科学出版社,2011年,第257页。
④ 于省吾:《岁、时起源初考》,《历史研究》1961年第4期,第106页。
⑤ 刘知几《史通·六家》篇云:"《春秋》家者,其先出于三代。案《汲冢琐语》记太丁时事,目为夏殷《春秋》。"详见(唐)刘知几著,(清)浦起龙通释:《史通通释》,上海:上海古籍出版社,2009年,第6—7页。杨伯峻先生质疑认为《夏殷春秋》之名应为《汲冢琐语》作者后来所加,《春秋》之名并非"先出于三代"。见杨伯峻:《春秋左传注》前言部分,北京:中华书局,1990年,第1—2页。但无论《夏殷春秋》是否为其上古之本名,《春秋》作为一种史书名称与史书体例,到孔子时已经十分流行与成熟了,故必然经历了较长时间的发展,再结合《墨子·明鬼下》所记周宣王之事在周之《春秋》,究其发源,似不晚于西周后期。

季,此乃引申而为纪事之书矣"①。葛志毅先生进而指出:"(春秋)其意义或与祭祀、或与朝会、或与战争军事等相关联,从而证明'春秋'的使用意义基本合于其时'国之大事在祀与戎'的礼俗。……祭祀、战争、朝会乃当时大事,也是《春秋》一书记载的内容重点,因此可见当时社会被赋予的礼乐制度文化特征;同时因《春秋》一书围绕春秋概念所代表的祭祀、战争及朝会这些时代大事为记载重点……故名之曰《春秋》。"②所以,关于《春秋》之得名,前引两位先生所说较为合理,当近是。

值得注意的是,《春秋》既记时(季节),又记月,且时、月连书,这在先秦其他各种类型的早期文献中是极为罕见的。朱熹很早就敏锐地发现了这一点:"《春秋》正朔事,比以《书》考之,凡书月皆不著时,疑古史记事例只如此,至孔子作《春秋》,然后以天时加王月。"③所以,他认为以时冠月并连称是孔子所为。顾炎武后来同样指出这一点并加以分析:

> 《春秋》时、月并书,于古未之见。考之《尚书》,……言月则不言时。其他钟鼎古文多如此。《春秋》独并举时、月者,以其为编年之史,有时、有月、有日,多是义例所存,不容于阙一也。(自注云:或疑夫子特笔,是不然。旧史既以"春秋"为名,自当书时。且如隐公二年,"春,公会戎于潜。"不容二年书"春",元年乃不书"春",是知谓以时冠月出于夫子者,非也。)④

可见顾氏虽然也赞同《春秋》时、月并书为古之未见,但他认为这是《春秋》这种史书本身独特的义例特点,既然以"春秋"为名,书时理所应当,所以他并不同意朱熹以"时、月并书"为孔子改造的结果。

---

① 洪业:《春秋经传引得序》,《洪业论学集》,北京:中华书局,1981年,第230页。
② 葛志毅:《〈春秋〉命义考》,《谭史斋论稿六编》,哈尔滨:黑龙江人民出版社,2016年,第229—230页。
③ (宋)朱熹撰,刘永翔、朱幼文校点:《晦庵先生朱文公文集》卷三十一《与张敬夫》,《朱子全书(修订本)》第21册,上海、合肥:上海古籍出版社、安徽教育出版社,2010年,第1330页。
④ (清)顾炎武著,黄汝成集释,栾保群、吕宗力校点:《日知录集释》,上海:上海古籍出版社,2006年,第191页。

关于朱、顾二人的分歧，孰是孰非其实很难完全证实。看上去这个问题倒与孔子是否修《春秋》的争议颇有相类之处，但就现有史料看，《春秋》中四时必书、以时冠月的特点，确实极少见于先秦其它文献。郭沫若先生曾于《金文所无考》一文中力证西周金文中几乎不见记时（季节）之例，所仅存记时者，或为春秋晚期之后的器物；或早已佚失，其辞疑是妄人所伪①。郭氏当时所见金文当然不及今日全面，但重加搜检，其论仍然不可推翻。至于时、月连书，在春秋以前的金文中更是未曾见到。再从传世早期史书文献来看是否有时、月并书的例子，《尚书》中并无此情况，于前文已述。另外今日能见到的早期与《春秋》编年体例最为近似者，当属《竹书纪年》。因为此书流传的特殊历史，学界一般认为《竹书纪年》的原本佚于两宋之际，后来复现的《今本竹书纪年》并不可靠②，而考察辑佚所得的《古本竹书纪年》，也不曾发现时、月连书的情况。洪业先生进而考之历法正朔，发现《春秋》记载中时、月多不相配，故指出："旧史书月不冠以时，……今书名《春秋》，虽或无事可记，而每年必举四时，既不符于时令，复非出于旧史，故曰：增窜之迹，甚可疑也。"③有学者便认为时、月连书的记事习惯，应该是春秋战国之间才逐渐形成的。所以，今天所见的《春秋》是经过后人整理加工的结果，而加入"时"的人，很可能是孔子或孔子之后学。④

以现代的观点看，对于历史时间的记录来说，"时"（季节）确实很难说是必备之要素，退一步讲，至少"时"的重要性没有年、月、日等时间要素高。纵然我们不能简单以今律古，但通过前文的分析可知，在先秦时期的绝大部分历史文献里也并未将"时"放在一个绝对重要的位置上。刘歆《七略》曰："《春秋》，两家文（《公羊》

---

① 郭沫若：《金文丛考》，北京：人民出版社，1954年，第40—42页。
② 自1917年王国维《今本竹书纪年疏证》一书问世，《今本竹书纪年》的真实可靠性似已被学者完全否定，然自20世纪80年代始，又逐渐出现少数中外学者试图对此翻案，不过证据仍显不足，如今学界主流意见仍视此书为伪。详可参考邵东方：《竹书纪年研究论稿》，北京：高等教育出版社，2011年。
③ 洪业：《春秋经传引得序》，《洪业论学集》，北京：中华书局，1981年，第227页。
④ 赵伯雄：《〈春秋〉记事书时考》，《文史》2006年第3辑，第5—14页。

第二章 《春秋》历史书写中的张力

《穀梁》),或具四时,或不;于古文(《左传》),无事不必具四时。"① 这意味着虽然今日所见的三传经文对"时"的记录大体一致,但这很可能并不是它们的原始面貌,而是后世流传相混的结果,至少在刘歆时三传所据的经文在"时"的记录上是有着较大差异的,《公羊传》《穀梁传》二传的经文大都是书时的,而《左传》的经文并非四时皆备。再联系到《公羊传》《穀梁传》侧重传孔子之义,《左传》侧重传史,很可能他们所解的《春秋》经文便来自不同的系统,会不会一为未修之鲁《春秋》,一为孔子已修之《春秋》呢?如果"四时必书"的形式确非鲁国史书本身所具备,那孔颖达总结出来"(《春秋》)之记事,一月无事,不空举月,一时无事,必空举时者,盖以四时不具,不成为岁。故时虽无事,必虚录首月,其或不录,皆是史之阙文"②的体例倒真有可能是孔子之特笔了,这其中应蕴含着他的政治理念,与微言大义息息相关。而"时"缺席的未修之鲁《春秋》或许才更能体现先秦各国编年体史书的一般特点。

综上所述,既然四时可能并非鲁国史官原有的记录,月、日记录又不连续,那作为史书的《春秋》最基本的体例特点仍然应该是以编年为体。《春秋》记事十分简约,每条只记事目。其实从更早的殷墟卜辞和青铜器铭文中,我们便可见到这样记事方式的端倪。刘节先生在分析比较了很多具体的文献实例后指出:"历史的事件,不外于三个要素:就是时、地、人,三者的关系。殷墟卜辞所记简单确实,把三个要素都包含在里面,不只是包含三个要素,而且形式与《春秋》记事的例子很相近……令人一见便知是一脉相承的……中国古代的编年史,殷代的卜辞是直接的渊源……彝器铭文起于殷代,其记事方式与卜辞也有直接关系……《春秋》的书法有许多是上承卜辞,与殷周彝铭也相接近。"③刘节先生的观点十分具有代表性,在经历了甲骨卜辞和彝器铭文的发展后,《春秋》对两者确实是有所继承的;但是作为编年体史书的滥觞,

---

① 转引自(唐)徐坚等:《初学记》,北京:中华书局,1962年,第501页。
② (晋)杜预注,(唐)孔颖达等正义:《春秋左传正义》,(清)阮元校刻:《十三经注疏》,北京:中华书局,1980年影印本,第1704页。
③ 刘节:《中国史学史稿》,郑州:中州书画社,1982年,第16—19页。

《春秋》对两者又有了进一步的发展，与更早的《尚书》相比，也可以看出这种变化。

《史记·三代世表序》云："孔子因史文次《春秋》，纪元年，正时日月，盖其详哉。至于序《尚书》则略无年月；或颇有，然多阙，不可录。故疑则传疑，盖其慎也。"① 同《尚书》比起来，《春秋》在时间记录方面无疑要系统得多了，甚至比后来的《竹书纪年》以及"不载日月，其文略不具"的《秦记》都来得完备。可虽然卜辞、彝铭的记事很多也具备了刘节先生所说的时、地、人三个要素，特别是时间的出现，更是反映了上古时期人们历史意识的觉醒。然而仅仅有了时间的记事和编年的史书还是有很大区别的。《春秋》以鲁国十二公纪年，按时间顺序编排史事，二百四十二年未曾间断，每年记事若干条。正如谢保成先生所说："早期的'纪事'未必按年，'纪年'与'编年'是两个不同的概念。纪年，仅记某王年发生某事，虽有年月，却是孤立记事，如青铜器中的'标准器'；而编年，则是将孤立的'纪年'连贯起来，按年进行编纂。司马迁作《十二诸侯年表》自共和元年始，表明其所见最早的按年编纂只能上推至公元前841年，这似乎暗示着按年编纂出现的年代，从共和元年到鲁哀公十四年，经历了三个半世纪的时间，中国第一部按年编纂的史书——《春秋》问世。只有按年编纂的史书，才称得上是编年史。"②

确实，编年史的最大特点就体现为它在时间上的连贯性，从这一点来看，《春秋》与欧洲中世纪常见的以基督纪年体系记录的"年代纪"（the annals）在形式上十分相似，都是把历史事件按一定方式安置在一个不间断的时间序列中。但进一步分析，两者也有不同之处，《春秋》的编年在连续之中并非是一成不变的，而是既连续又有阶段性的区分，而这样的区分就体现在以鲁国十二公名称为核心的纪年方法（如某公某年）；与之相比，欧洲大部分年代纪的基督纪年方式虽然在时间上也是连续的，但其实并不利于区分与把握历史。历史思维中存在着两种关于

---

① 《史记》，北京：中华书局，1959年，第487页。
② 谢保成主编：《中国史学史》第1册，北京：商务印书馆，2006年，第109页。

时间的认识，即所谓的"连续的时间"与"被界定的时间"。人们在回首往事的时候，并不是仅仅根据单纯连续的年代进行历史思维的，反而是被界定的时间发挥着更为重要的作用。历史本身并不存在区分，只有根据人为的"时间分割"或"时代划分"，才能将"过去"作为一种有意义的事物加以历史地理解，所谓对历史的思考就是对历史过程进行时代划分。①朱维铮先生便指出：

> 在《春秋》里，客观存在的历史过程，首先被逐日分解，呈现为一个个孤立的事件，或事件的某个片断；接着通过记月，使人们可以确定它在相对较短的时间序列中的位置；依次类推，人们便可发现随着时间序列的连续推移，旧的事件消失了，新的事件相继发生，形成一个不断变化的过程。而时、年就是连续性的层次；某公在位的断限，更表明较长的历史过程也有时间记录的分野。解决历史记录在时间上间断与连续的统一问题，是历史编纂学的一大成就。②

历史是变化的，但不是纯粹、绝对的变，而是兼否定与肯定而有之的扬弃（die Aufhebung），这既说明了历史前后的区分，又说明了其间的连续。所以，这样的变的自身之中就包含了常。③历史发展本身就是断裂与连续的统一④，作为记录历史的史书，也自然要体现这个问题。《春秋》作为现存第一部编年体史书，虽然其传统由来有自，便为解决这个问题提供了初步的借鉴，这也使它在中国史学史上确实有着独一无二的重要开创意义。汪荣祖先生曾评价道：

---

① （日）佐藤正幸：《历史认识的时空》，郭海良译，上海：上海三联书店，2019年，第65—66页。
② 朱维铮：《中国史学史讲义稿》，上海：复旦大学出版社，2015年，第32页。
③ 刘家和：《史学在中国传统学术中的地位》，《史学、经学与思想》，北京：北京师范大学出版社，2005年，第81—82页。
④ 对于此问题，刘家和先生在其《关于历史发展的连续性与统一性问题——对黑格尔曲解中国历史特点的驳论》一文中曾做了非常系统的论述，可参考刘家和先生在其《关于历史发展的连续性与统一性问题——对黑格尔曲解中国历史特点的驳论》，《北京师范大学学报》（社会科学版）2009年第1期。

其(《春秋》)所包容者,实非仅鲁国,诚中国当时之"国史"(the history of a nation; the chronicle of contemporary affairs); 亦可谓吾国编年史之鼻祖也。自此以往,史实有所区分(classification of data),事情有所承续(the succession of things in time process),古今相延(continuity between past and present),史学生焉。①

汪先生此处的点评可谓颇具卓识,不仅肯定了《春秋》作为编年史的鼻祖在中国史学上的开创性影响,更为重要的是他指出了《春秋》包含着中国历史的连续性和统一性的大问题。从时间上看,《春秋》将从鲁隐公到鲁哀公共二百四十二年之事连贯而有序地记录了下来;从空间上看,《春秋》除了记载鲁国的史事,还兼及了春秋时其他各国的史事甚至包括了华夏与蛮夷之间的交往。②《春秋》在史学的初创期就已经隐约体现出中国历史这种连续性与统一性相济的特点,无疑是值得我们关注和思考的。

二、《春秋》的记事之简

《春秋》记事极为简略,且各条记录之间往往不相连属,没有什么因果或顺承关系。通过《春秋》,读者根本无从得知史事发生的具体过程,以至于有人将它讥为"断烂朝报"或看作"流水账簿"。所以有学者认为这种形式的编年史只能算作历史记述中的"原始要素",表现了材料从未被加工的历史文献中被选择出来并进行排列的过程,③因为编年史所记载的事件缺乏整体的关联性与有意义的叙事

---

① (美)汪荣祖:《史传通说——中西史学之比较》,北京:中华书局,2003年,第23页。
② 如果进一步结合今文经学家通过《公羊传》阐释的三科九旨,《春秋》所体现的这种时间和空间上的特点无疑更为显著而复杂,如连续性中的阶段性,分裂之中见融合。对此,刘家和先生在《汉代公羊学的大一统思想》一文中有详细而精彩的论述,详见刘家和:《史学、经学与思想》,北京:北京师范大学出版社,2005年,第369—384页。
③ (美)海登·怀特:《元史学:十九世纪欧洲的历史想象》,陈新译,南京:译林出版社,2004年,第6页。怀特虽然没有直接讨论《春秋》,但他所批评的那种编年史在形式上看起来与《春秋》是十分类似的。

性,从而证明了自身"历史性"的不完善。①但也有人认为这正是《春秋》的优点,比如刘知几就将这种特点看作史书叙事的优良风格:"夫国史之美者,以叙事为工,而叙事之工者,以简要为主。简之时义大矣哉!历观自古,作者权舆,《尚书》发踪,所载务于寡事;《春秋》变体,其言贵于省文。斯盖浇淳殊致,前后异迹。然则文约而事丰,此述作之尤美者也。"②他又以《春秋》经文"陨石于宋五"为例:"夫闻之陨,视之石,数之五。加以一字太详,减其一字太略,求诸折中,简要合理。"③虽然刘知几在《惑经》一篇中对《春秋》所谓的褒贬大义多有指摘,但仅从记史的文字风格本身评价,他还是十分肯定《春秋》"文约而事丰",乃"述作之尤美者也"。

上述的不同看法显然是因为各自的着眼点和讨论背景迥异,然而不论对《春秋》这种简约的记事方式是褒是贬,首先需要考虑造成此风格的主要原因何在?有人认为导致这种记事特点一条非常重要的因素就是上古时期客观书写条件的限制。钱钟书先生就说:"春秋著作,其事烦剧,下较汉晋,殆力倍而功半焉。文不得不省,辞不得不约,势使然尔。"④关于这点,章学诚在《乙卯札记》中论述得更为详细:

> 古人作书,漆文竹简,或著缣帛,或以刀削,繁重不胜。是以文辞简严,章无剩句,句无剩字。良由文字艰难,故不得已而作书,取足达意而止,非第不屑为冗长,且亦无暇为冗长也。自后世纸笔作书,其便易十倍于竹帛刀漆,而文之繁冗芜蔓,亦遂随其人所欲为……作书繁衍,未必尽由纸笔之易,而纸笔之故居其强半……(自

---

① (美)海登·怀特:《形式的内容:叙事话语与历史再现》,董立河译,北京:文津出版社,2005年,第6—8页。
② (唐)刘知几著,(清)浦起龙通释:《史通通释》,上海:上海古籍出版社,2009年,第156页。
③ (唐)刘知几著,(清)浦起龙通释:《史通通释》,上海:上海古籍出版社,2009年,第158页。
④ 钱钟书:《管锥编》第1册,北京:中华书局,1979年,第163页。

注：古人金石文字，较竹帛之书尤简，可见矣。）[1]

　　章氏对书写条件给作书所带来限制的叙述无疑是符合实际的。除了书写条件的制约外，还需要指出的是上古时期语言文字尚处于一个并不成熟的发展阶段中，所以对史书书写的影响也是客观存在的。所以如果忽视了这两方面的问题，就很容易得出看似合理却并不合乎历史的结论来。后人讥《春秋》为"断烂朝报""流水账簿"正是以史书的角度去评价《春秋》，但这显然存在以今律古的嫌疑，即以后世的史学著述的标准来衡量上古时代的史书，忽略了上古时代史书撰写和保存所面临的历史客观条件。对于编年史这样在时间上非常连贯系统的史书体例来说，如果要求每年的记事都详尽具体并长期延续下来，可能无论对于早期史书的书写及保存都提出了过高的要求。对此，汪荣祖先生有着十分中肯的认识："古人能以事系年月，已为纪事之一大发明，洵属难得。其辞约义隐也，盖因其时载笔之难，不屑为冗长也。"[2]了解了这一点，刘知几以"尚简"为《春秋》叙事之美倒更像是他自己的个人偏好并给予了《春秋》出乎其本身意料之外的赞许了。

　　当然，《春秋》尚简虽与当时客观历史条件的限制有关，但不得不承认这更应缘于它本身所独有的记事方式。有人认为这是孔子故意为之，如司马迁便说："是以孔子明王道，干七十余君，莫能用，故西观周室，论史记旧闻，兴于鲁而次《春秋》，上记隐，下至哀之获麟，约其辞文，去其烦重，以制义法，王道备，人事浃。"[3]太史公指出《春秋》是孔子对旧史删削的结果，文辞虽约而指博，为的是制义法、明王道。但即便孔子曾对《春秋》加以笔削，根据已有的史料判断，他并没有从整体上改变鲁《春秋》的记事风格，更多的只是通过个别字句的修饰调整来表达自己的褒贬大义，所以简约的记事风格应是鲁国史书本来就具有的特点。再反观先秦同时期或更早的《尚书》与吉金铭文，很多

---

[1] （清）章学诚撰，冯惠民点校：《乙卯札记（外二种）》，北京：中华书局，2006年，第194页。
[2] （美）汪荣祖：《史传通说——中西史学之比较》，北京：中华书局，2003年，第26页。
[3] 《史记》，北京：中华书局，1959年，第509页。

都载有人物对话和事情的大致经过，并不都像《春秋》记录这么简短且只记事目。①

《汉书·艺文志》云："左史记言，右史记事②，事为《春秋》，言为《尚书》，帝王靡不同之"③。如果按照《艺文志》的说法，《春秋》和《尚书》应该分属于史的不同的源流和类型。《大戴礼记·盛德篇》亦云："内史、大史，左右手也。"黄以周案："谓内史居左，大史居右。"④若按黄氏所考证，则古书中的大史就是右史，负责记录行事，内史就是左史，又称作册，负责记言，这是我国古代的史官传统所遗留下来的两种记史分工体系⑤。那么《春秋》应该属于右史或大史的管辖范围，所谓"君举必书"，右史负责记录君王和国家正在发生的重要事件，这就是记注⑥。专门的职能产生积累的实时记录因为国家权力的保障得以长时间延续，从后来的角度将这些时间先后相续的事件记录文件看成一体，记注就成为最初的连续的编年史⑦。而孔子带着明确的道德教化的政治目的，在作为记注的鲁《春秋》之基础上加以笔削，所以《春秋》就不再仅仅是原始的记注，实际上已成为有意义的历史撰述。⑧雷家骥先生便指出："（《春秋》是）史官依王者所制之义法、

---

① 《尚书》之特点众所周知，无需多言。关于铭文，如《墙盘》《毛公鼎》《多友鼎》等叙事详瞻，亦不亚于《尚书》。晁福林先生认为彝铭是西周史学的重要载体，犹如后世的国史，家族史和历史教本。详见晁福林：《西周时期史学的发展与特征》，《夏商西周史丛考》，北京：商务印书馆，2018年，第1085—1092页。
② 《汉书·艺文志》"左史记言，右史记事"的说法与《礼记·玉藻》中的记载恰好颠倒，但郑玄《六艺论》所记与《汉书》同，《北堂书钞》引《礼记》亦云："动则右史书之，言则左史书之"，故前人疑传世《玉藻》左右二字互讹，不过这并不影响此处的论述。
③ 《汉书》，北京：中华书局，1962年，第1715页。
④ 黄以周：《礼书通故》，北京：中华书局，2007年，第1481页。关于这个问题，另可参考张亚初，刘雨：《西周金文官制研究》，北京：中华书局，1986年，第30页。
⑤ 杨树达先生指出金文中便存在这种记事与记言的文体区分。见杨树达：《积微居金文说》，北京：中华书局，1997年，第45页。
⑥ 作者这里的"记注"乃取章学诚之意，《文史通义·书教上》云："三代以上，记注有成法，而撰述无定名；三代以下，撰述有定名，而记注无成法。"《书教下》云："记注欲往事之不忘，撰述欲来者之兴起"。参见（清）章学诚著，叶瑛校注：《文史通义校注》，北京：中华书局，1985年，第30、49页。
⑦ 朱渊清：《书写历史》，上海：上海古籍出版社，2009年，第30页。
⑧ 朱渊清：《书写历史》，上海：上海古籍出版社，2009年，第50页。

用直接简要而不隐之文辞以记事,此为'记录史学'之特色。"①这样的"记录史学"特点既可以让人们把当时发生的重要事件尽可能概括地记录下来,又很适合用简要的文辞表达记录者对于事件的判断与评价。也正是因为这样的特点,孔子最终选择以它作为底本,通过属辞比事加以笔削,以达到使"乱臣贼子惧"的目的。

如此看来,《春秋》记事的简略是由两方面造成的,既有书写条件的限制,更缘于史官传统的独特记事方式。而正是这种简要的记事方式,使得它辞约而义隐,为后世留下了广阔的解释空间。这样的风格某种意义上反倒令《春秋》历史记载中主观意识和客观事实两方面的张力体现得更为明显,并使它成为推衍历史记载之其他功能的理想文本②。

三、《春秋》记载的客观可信性与阙疑精神

不过虽然《春秋》因为多方面的原因导致记事简略,但刘知几称誉的"文约而事丰"倒也并非虚美之辞。《春秋》全文不足两万字,可涉及的史事却范围广泛,凡是周王室与各诸侯国的军政丧娶等大事,皆在记事之列。有学者曾作出大略的统计:"(《春秋》)所记内容,以征伐比重最大,包括逐君、弑君、争位等,约占全数 2/5 的篇幅;其次为会盟、访聘,两项内容所占篇幅与征伐大体相当;再次为自然现象,日蚀、月蚀、星陨、山崩、地震、霜雪、冰雹、水旱、虫灾以及怪异等,约为全数 1/10;其他,祭祀、婚丧、城筑、宫室、搜狩、土田等,与记自然现象篇幅大体相当。"③《春秋》一书承载了如此丰富的史事,纵然记载简略且流传中有所脱漏,亦瑕不足以掩瑜也。

无论《春秋》是史官旧书还是经过孔子笔削,但它所体现出的文本却毫无疑问是史书的形式,孟子所言"其文则史"可谓一语中的。既然是史之文,它就包含着客观事实的因素。杨伯峻先生称《春秋》为一部

---

① 雷家骥:《中国古代史学观念史》,北京:北京师范大学出版社,2018 年,第 28 页。
② (美)桂思卓:《从编年史到经典:董仲舒的春秋诠释学》,朱腾译,北京:中国政法大学出版社,2010 年,第 135 页。
③ 谢保成主编:《中国史学史》第 1 册,北京:商务印书馆,2006 年,第 110—111 页。

"不完备而可信的编年史"①。说它不完备，自然是指它记事过于简略且流传过程中有脱漏。而之所以说它可信，杨先生总结了三个方面：第一，《春秋》有关天象的记载，被证明基本上是真实的。《春秋》记载日蚀三十六次，除了两次可能是误记或错简，剩下的三十四次里有三十三次可以为现代天文学所证实，是可靠的。其次，由于彝器和古代文物不断发现，很多可以和《春秋》相印证。再其次，中古时期以前人们所引用的《竹书纪年》，也有与《春秋》相类之处。杨先生据以上三点认为《春秋》作为历史资料是可以相信的，而且孔子未曾修或作过《春秋》。②我想关于后一个问题尚有可商榷之处，但对前一个问题，即《春秋》作为史料的真实可信程度，是应该得到认可的。再加上鲁国十二公之世次年代记载系统详细，春秋之史赖此而立，与后来战国年代的残阙错乱，形成了鲜明的对照。故洪业先生肯定道："夫古时记载，今人推算，不谋而合；算得其法，记得其实，交相证也。……《春秋》有真史以为根据，无捏造事实之嫌，此甚可信者也。"③

然除了甚可信者之外，洪业先生还认为《春秋》有甚可疑者，其中一条就是其传本之完整甚可疑④。作为一部时代久远的史书，或因为史官因为各种主客观原因对于史实记录不完全，或因为在历史上长期传抄过程中有缺漏讹误、保存不善，都有可能造成传本的不完整。这种情况是极其自然的，也是难以避免的。如果今天我们看到的《春秋》是史官与孔子共同作用的结果，那么《春秋》文本不完整的情况有些应该在孔子之前就已经发生了，故其史料的客观可靠除了仰仗于史官的忠实记载，也有赖于孔子"信古阙疑"的理性精神。即使孔子通过删削《春秋》借事以明义，但他对于史文的态度显然是非常审慎的。如《公羊传·昭公十二年》所记，孔子虽然知道"伯于阳"乃"公子阳生"之误，但仍然保留此处记录的本来面目，以示后人不要对于不清楚的史文

---

① 杨伯峻：《春秋左传注》前言，北京：中华书局，1990年，第16页。
② 杨伯峻：《春秋左传注》前言，北京：中华书局，1990年，第16—18页。
③ 洪业：《春秋经传引得序》，《洪业论学集》，北京：中华书局，1981年，第225页。
④ 洪业先生又进而将传本完整可疑之处分为残缺讹误、简篇散乱、增窜之迹三种。详见洪业：《春秋经传引得序》，《洪业论学集》，北京：中华书局，1981年，第225页。

妄加修改。再如《春秋·桓公十四年》经文中出现突兀的"夏五",联系上下文,明眼人都能看出应是下文阙了"月"字,杜预注"夏五"二字云:"不书月,阙文。"①范宁亦注曰:"孔子在于定哀之世,而录隐桓之事,故承阙文之疑,不书月,明皆实录。"②认为对于如此明显的"阙文",却未加增补,可见孔子之严谨。即使这是在孔子修《春秋》之后的流传中出现的缺漏或者说哪怕孔子从未曾修过《春秋》,但两千年来的修史者和编纂传抄之人对此却都未曾加以增补,也足以显示他们严肃矜慎的精神了。有关孔子这种对史之阙文的态度,顾炎武在《日知录》中记道:

> 孔子曰:"吾犹及史之阙文也。"史之阙文,圣人不敢益也。《春秋》桓公十七年:"冬十月朔,日有食之。"《传》曰:"不书日,官失之也。"僖公十五年:"夏五月,日有食之。"《传》曰:"不书朔与日,官失之也。"以圣人之明,千岁之日至可坐而致,岂难考历布算,以补其阙,而夫子不敢也,况于史文之误而无从取正者乎?况于列国之事得之传闻不登于史策者乎?《左氏》之书,成之者非一人,录之者非一世,可谓富矣,而夫子当时未必见也。史之所不书,则虽圣人有所不知焉者。且《春秋》,鲁国之史也,即使历聘之余,必闻其政,遂可以百二十国之宝书增入本国之记注乎?若乃改葬惠公之类不书者,旧史之所无也。曹大夫、宋大夫、司马、司城之不名者,阙也。郑伯髡顽、楚子麇、齐侯阳生之实弑而书卒者,传闻不胜简书,是以从旧史之文也。《左氏》出于获麟之后,网罗浩博,实夫子之所未见。乃后之儒者似谓已有此书,夫子据而笔削之。即《左氏》之解经,于所不合者亦多曲为之说;而经生之论,遂以圣人所不知为讳。是以新说愈多,而是非靡定。故今人学《春秋》之言皆郢书燕说,而夫子之不能逆料者也。子不云乎:"多闻

---

① (晋)杜预注,(唐)孔颖达等正义:《春秋左传正义》,(清)阮元校刻:《十三经注疏》,北京:中华书局,1980年影印本,第1757页。
② (晋)范宁注,(唐)杨士勋疏:《春秋穀梁传注疏》,(清)阮元校刻:《十三经注疏》,北京:中华书局,1980年影印本,第2377页。

第二章 《春秋》历史书写中的张力

阙疑，慎言其余。"岂特告子张乎，修《春秋》之法亦不过此。①

顾氏认为《春秋》中很多"不书"和看上去的"阙文"是史官的疏失所致或史书旧文原本就是如此，但孔子并没有对这些地方进行修补。一些关于天文历象史事的阙文通过推算就可以得出，孔子尚不加增益，更何况那些无从考证的史文和仅得之传闻却不登于史策之文呢？且孔子受时代所限，也不可能了解所有的史事，就谨慎地仍从旧史之文，所谓"多闻阙疑，慎言其余"。后人解经，由《春秋》的这些阙文不书而阐发出的种种新义，或许很多是孔子当时也未曾想到的。正如《穀梁传·桓公五年》所云："《春秋》之义，信以传信，疑以传疑。"②吕思勉先生解释道：这就是说，"相传的说法，无论自己以为可信，抑以为可疑，都照原来的样子传下去。人人谨守此法，则无论时代远近，读书的人，都得到和原始材料接触的机会……亦即后世史家所谓'作文唯恐其不出于己，作史唯恐其不出于人'。可见其例起源甚古，沿袭甚久。"③吕先生所认为的这种古老传统，从《春秋》一书的传抄中便可以很好的体现出来，其实这与欧洲中世纪时期编年史的书写传统亦颇有类似之处。"在中世纪人的认识里，过去体现在对一连串各种各样的事件的叙述之中，事件一旦被记录下来，便成为'事实'，具有了权威性，始终会成为总体历史进程的一个重要组成部分。在这种意义上，中世纪的人们并不是不顾事实的，只不过他们所认定的事实的客观性以及坚持事实的目的和我们不同。他们尊重事实的主要前提是尊重权威，强调正统，不任意解释甚至曲解资料。"④从这个意义上看，《春秋》本为史官对亲历的其时实事的据实记录，是一种记注的书写历史传统。记注是关于事实的实时记录，记注者依现实时间亲历记录，感知记忆

---

① （清）顾炎武著，黄汝成集释，栾保群、吕宗力校点：《日知录集释》，上海：上海古籍出版社，2006年，第181—182页。
② （晋）范宁注，（唐）杨士勋疏：《春秋穀梁传注疏》，（清）阮元校刻：《十三经注疏》，北京：中华书局，1980年影印本，第2374页。
③ 吕思勉：《吕著史学与史籍》，上海：华东师范大学出版社，2002年，第76页。
④ 赵立行：《西欧中世纪认知过去的方式：以史学编纂为视角》，陈新主编：《史与诗：世界诸文明的历史书写》，上海：复旦大学出版社，2007年，第62页。

并实录了处在真实时间之流中的事态变化或发生过程,因此正是记注定义了事件。中国的记注真正确保了历史学"求真"的学科本质,太史参与政府各项重要活动,并且在真实时间中记录了史事,从而保障了历史的"真"①。

当然,如果孔子修《春秋》,自不会一无所改。如《春秋·庄公七年》记:"夏四月辛卯,夜,恒星不见,夜中,星陨如雨"。《公羊传》云:"如雨者何?如雨者,非雨也。非雨则曷为谓之如雨?不修《春秋》曰:'雨星不及地尺而复'。君子修之曰:'星陨如雨'。"②虽然传文中并未明确说"君子"即为孔子,但提出了"不修《春秋》"与"已修《春秋》"的区分,所以常常被人看作孔子修《春秋》的有力证据。而张舜徽先生据此文推论:"可知(孔子)修《春秋》时,于修辞用字,固不妨有所润色。至纪实述事,则不敢苟为增损,慎之至也。"③《公羊传》亦记:"其词则丘有罪焉耳。"④关于这句话,张以仁先生解释道:"孔子的意思是说他所更动的只是'词'的部分,对事实是不敢轻易改动的……他改动的'词',大概就是含有褒贬意义的地方。"⑤纵然孔子修《春秋》的主要目的并不在此,但他对待史文这种审慎的精神,一定程度上无疑有利于维护《春秋》史料的原始可靠性。

从上文的论述可以看出,《春秋》所载历史事件虽然简略至极,但其中已经包含了时间、地点、人物等基本要素,且涉及的史事范围极为广泛,这些均来源于史官对实际史事的记录,所以它将客观历史通过史文呈现了出来。而《春秋》文本的客观真实性,也因为孔子及后世传抄者信古阙疑的严谨态度得到了尽可能的保留。

---

① 朱渊清:《书写历史》,上海:上海古籍出版社,2009年,第1—3页。
② (汉)何休解诂,(唐)徐彦疏:《春秋公羊传注疏》,(清)阮元校刻:《十三经注疏》,北京:中华书局,1980年影印本,第2228页。
③ 张舜徽:《周秦道论发微 史学三书平议》,武汉:华中师范大学出版社,2005年,第470页。
④ (汉)何休解诂,(唐)徐彦疏:《春秋公羊传注疏》,(清)阮元校刻:《十三经注疏》,北京:中华书局,1980年影印本,第2320页。
⑤ 张以仁:《春秋史论集》,台北:联经出版事业公司,1990年,第29页。

第二节 论《春秋》书写中主观意识的客观真实性

一、由春秋笔法引出的问题

既然《春秋》本为鲁国史书,其形式为史文,或曾经过孔子的笔削,其主要内容无外乎就是由对客观史事的记录构成。可这样的记录是如此的简略,既没有描述详细的史事过程和人物的对话,又没有专门对于人物事件的评论和看法,所以有人斥之为"断烂朝报"似乎也情有可原,为何《春秋》就成了充满书写者强烈主观意识的褒贬之书了呢?若作如是观,又如何来看待这种主观意识与客观史事之间的关系呢?按照传统的理解,其中的关键就在于"春秋笔法"。我们不妨先从对春秋笔法理解的早期历史演变入手,结合前人对它的看法作一简要的回顾和评析。

《左传·宣公二年》中曾记述了孔子对董狐记录"赵盾弑其君夷皋"的评价,认为他是"古之良史也,书法不隐"[①]。此处所谓的"书法"大体上即可算是一种"春秋笔法"了,可见在孔子之前,史官们记载历史便有一定的书写规则与方式。而《左传·宣公十四年》里引君子曰的话:"《春秋》之称微而显,志而晦,婉而成章,尽而不汙,惩恶而劝善,非圣人谁能修之"[②]似乎又暗示了孔子与春秋笔法的关系以及春秋笔法的特点。而孟子更是明确地用"其义则丘窃取之矣"[③]的说法点明了孔子作《春秋》的关键所在。后来的董仲舒、司马迁也均是顺着此说法进一步强调了孔子春秋笔法"约其文辞而指博""笔则笔,削则

---

① (晋)杜预注,(唐)孔颖达等正义:《春秋左传正义》,(清)阮元校刻:《十三经注疏》,北京:中华书局,1980 年影印本,第 1866、1867 页。
② (晋)杜预注,(唐)孔颖达等正义:《春秋左传正义》,(清)阮元校刻:《十三经注疏》,北京:中华书局,1980 年影印本,第 1913 页。
③ (清)焦循撰,沈文倬点校:《孟子正义》,北京:中华书局,1987 年,第 574 页。

削，子夏之徒不能赞一辞"①的特点，及其"上明三王之道，下辨人事之纪，别嫌疑，明是非，定犹豫，善善恶恶，贤贤贱不肖，存亡国，继绝世，补敝起废，王道之大者也"②的意义。今文经学家对于春秋笔法的解读也多是在这一基础上深入阐发的。

而杜预则提出了东汉以来古文经学家的代表性意见，他总结了《左传》对《春秋》经文义例的解释，共分为三个方面，一为正例，乃周公垂法、史书旧章，即《左传》中用"凡"来解《春秋》的句子，并归纳为"五十凡"；二为变例，是孔子在旧例基础上，修订的一些新条例，意在诠释《春秋》中的微言大义；三为非例，即仅陈述史事，无褒贬义例可循的部分。他认为春秋笔法大多为周公所创，孔子只是从而修之，据旧例而发义③。刘知几继承了杜预的看法，提出："《春秋》之作，始自姬旦，成于仲尼。丘明之《传》，所有笔削及发凡例，皆得周典，传孔子教，故能成不刊之书，著将来之法"④，这无疑是说春秋笔法皆得自周典，孔子并无笔削。自此之后，对于春秋笔法的意见，万变不离其宗，都是在这两类传统看法的基础上发展出来的。

那么《春秋》到底有没有笔法呢？如果有，那到底是所谓孔子的"笔则笔，削则削"⑤，还仅仅是史官的记史规则？抑或二者兼而有之？当然，首先需要指出的是，对孔子是否作过《春秋》，时至今日仍然难成定论。不过我们可以从两个层面来看待这个问题：从史实层面上，虽然现有史料证据更倾向于是而不是否，但我们仍然很难肯定，孔子本人到底有没有"作"或者是"修"过《春秋》；可是从文化史和思想史对中国传统的影响层面来看，孔子作《春秋》却是一个不争的事实。不论是孟子、董仲舒、太史公，还是后来的今古文经学家们，大多对此无异议，所不同的只有程度上的差异或者是"修"还是"作"的区

---

① 《史记》，北京：中华书局，1959年，第1943—1944页。
② 《史记》，北京：中华书局，1959年，第3297页。
③ （晋）杜预注，（唐）孔颖达等正义：《春秋左传正义》，（清）阮元校刻：《十三经注疏》，北京：中华书局，1980年影印本，第1705—1706页。
④ （唐）刘知几著，（清）浦起龙通释：《史通通释》，上海：上海古籍出版社，2009年，第390页。
⑤ 《史记》，北京：中华书局，1959年，第1944页。

别罢了。虽然近代以来的许多历史学家本着疑古的态度提出各种反驳意见,甚至进而推翻孔子作《春秋》这一命题,但这也无法抹杀后一层面上孔子作《春秋》的意义——无论孔子实际上是否作过《春秋》,历史上孔子作《春秋》之说所形成的文化意蕴及其传承与影响都是客观存在的,是无可否认的事实。即使本着疑古求真的精神想要推翻孔子作《春秋》的尝试,也只是历史中对这一传统的进一步继承、批判和发展而已。理解了这一点,我们发现从春秋笔法本身来看,也是如此。首先,从历史文化对传统的影响层面来看,春秋笔法的存在是无可否认的事实;其次,根据现有的史料证据,根本难以将春秋笔法中的史官记史规则与孔子的笔削明确区分开来。

既然如此,我们可以暂将现有《春秋》著作权的问题搁置,而先关注春秋笔法这一现象本身。前人往往把焦点更多集中到《春秋》文本是如何反映书写者(不论是史官还是孔子)的主观意识上,即春秋笔法是怎样在客观史事的记录中寓褒贬和体现微言大义的?他们热衷于讨论所谓的"春秋笔法"是怎样将书写者的主观意识呈现出来。这在中国古代经学史上,特别是今文经学家那里是核心问题之所在。然而春秋笔法的这种特点也招致了一些对《春秋》负面的看法,其中较有代表性的当属唐代刘知几在《史通·惑经》里的质疑。到了近代,欧洲汉学家理雅各在翻译《春秋》《左传》一卷所作的序言中,因其自身文化的差异性,更是对春秋笔法所导致历史记录之失真提出了直接的批评①。那么究竟该如何来看待这样的矛盾呢?春秋笔法是否因为对主观意识的凸显而严重损害了历史记录的客观真实呢?我们不妨结合《春秋》中具体的例子来作进一步的探讨。

二、从两种"弑君"书写看史官主观意识之客观性

先来看谈及"春秋笔法"那个引用率颇高的例子,《左传·宣公二年》当年《春秋》经曰:"赵盾弑其君夷皋。"只看这句话,某人做了

---

① (英)理雅各:《中国经典》第5卷,上海:华东师范大学出版社,2010年,第38—49页。

某事，我们会觉得史实的记录简洁明了。但虽然简明，读者对这件事的前因后果和详细过程却无从知晓，因为历史的细节隐藏在这句话的背后，并未显现出来。这些史事对于《春秋》的书写者来说是在场的；而对于我们今天的读者来说，因为时空的限制，史事是不在场的。所以通过《春秋》简略的史文我们无法更多了解到它所蕴含的内容和意义。而《左传》对史事的详细记载无疑为读者与《春秋》文本之间的鸿沟架起了一座桥梁。但根据《左传》的描述：

> 乙丑，赵穿攻灵公于桃园。宣子（赵盾）未出山而复。①

可见"赵盾弑其君"从我们今天的标准看是一个与历史事实不相符合的记录。实际上的弑君之人并非赵盾，而是赵穿，当时赵盾逃亡在外，赵穿弑君之时他并不在场。我们也许会问历史记录怎么可以与历史事实不符，难道记录《春秋》的史官所了解的事实与《左传》不一样吗？并非如此。晋太史董狐是有意这么书写的，而且他说了这样记录的缘由，即"子为正卿，亡不越竟，反不讨贼，非子而谁"②。董狐认为赵盾虽非亲手弑君之人，但要么就逃出国境不再回来，要是回来就必须惩办弑君的凶手，而他任何一点都没有做到，那么他对于弑君之事就有着极大的嫌疑和不可推卸的责任。《穀梁传》对于这条看起来让人困惑的记录解释得更为明晰：

> 晋赵盾弑其君夷皋。穿弑也，盾不弑，而曰盾弑，何也？以罪盾也。其以罪盾，何也？曰：灵公朝诸大夫而暴弹之，观其辟丸也。赵盾入谏，不听。出亡，至于郊。赵穿弑公，而后反赵盾，史狐书贼曰："赵盾弑公。"盾曰："天乎天乎！予无罪。孰为盾而忍弑其君者乎？"史狐曰："子为正卿，入谏不听，出亡不远，君弑，反不讨贼，则志同。志同则书重，非子而谁？"故书之曰"晋赵盾弑

---

① （晋）杜预注，（唐）孔颖达等正义：《春秋左传正义》，（清）阮元校刻：《十三经注疏》，北京：中华书局，1980年影印本，第1867页。
② （晋）杜预注，（唐）孔颖达等正义：《春秋左传正义》，（清）阮元校刻：《十三经注疏》，北京：中华书局，1980年影印本，第1867页。

其君夷皋"者,过在下也。曰:于盾也,见忠臣之至,于许世子止,见孝子之至。①

董狐在这里指出,赵盾回来却不讨贼,表明他对赵穿弑君的行为是认同的,也就意味着他们的想法一致,想法既然一致,书法就记录其中身份地位高的人。赵盾难以排除自己弑君同谋的嫌疑,又位高权重,于是就成了董狐记录中所认定的弑君者。而孔子对这样与事实不符的记录却大为赞赏,称董狐为"古之良史也,书法不隐"②。从中我们可以看出,董狐记录的目的并不在于对客观史事细节上的如实再现,而在于对客观史事的整体把握和判断定性,以及关注史书记载所能带来的意义与影响。他首先对客观史事经过主观上的分析定性得出结果,即认定是赵盾弑君,接着他把这一判断结果按照"书法"记录下来。此处的书法,按《左传》总结的凡例,即"凡弑君,称君,君无道也;称臣,臣之罪也"③,书曰:"赵盾弑其君夷皋",就是将罪责归于赵盾。而"书法"来源于史官的记事传统,这种记事传统受到礼法的影响和制约,是在历史中形成的对史官主观意识客观规则化了的产物,可以看作史官群体中主体间相互认同所产生的意义体系。它生成于当时的社会历史环境,其如何使用也蕴含着一定的客观标准。书法不隐就是严格遵循书法,但并不等同于记录和史事完全相符。当时史官所认为的历史真实不一定必须符合后世宣扬的历史的客观,要理解他们对历史真实的认识不

---

① (晋)范宁注,(唐)杨士勋疏:《春秋穀梁传注疏》,(清)阮元校刻:《十三经注疏》,北京:中华书局,1980年影印本,第2412页。
② 后人对此处所引孔子语多有怀疑,认为"赵宣子,古之良大夫也,为法受恶,惜也,越竟乃免"一句中的"越竟乃免"尤为不辞,不合情理,不似孔子之言。但日人竹添光鸿氏曾有较为中肯的解释,可备参考:"越竟乃免,言不再归,遂奔他国,则弑在出奔之后,明己不与其谋,可以免弑君之名矣。非谓越境而反,君臣之义绝可以不讨贼也。亡不越竟,反不讨贼,亦是两事,不可与此相牵。凡人臣三谏不听则去。待于竟放不放唯君之命。当此时,赵穿弑灵公,然则非君命而还,于义不可也。若又在竟而闻灵公之弑,辄还而讨其贼则于义当矣。岂有还而不讨其贼,空保其位之义乎?"见(日)竹添光鸿:《左传会笺》,台北:天工书局,1995年,第694—695页。刘家和先生则认为这两种看似矛盾的称许中蕴含着历史求真与致用之间的张力。详见刘家和:《史苑学步:史学与理论探研》序,北京:北京大学出版社,2019年,第10—11页。
③ (晋)杜预注,(唐)孔颖达等正义:《春秋左传正义》,(清)阮元校刻:《十三经注疏》,北京:中华书局,1980年影印本,第1869页。

应超越那个时代的意义体系。书法就是这种意义系统的一种体现,它产生源于社会中主体之间的相互认同,在史官传统中不断得以固化和加强,它是历史真实赖以存在的条件。从这个意义上说,它有着符合自己时代的合理性。①所以在史书的记录中,客观事实上的"赵穿弑其君"就这样变成了经过史官主观意识判断之后按"书法"写下的"赵盾弑其君",在这种主观意识呈现的背后其实蕴含着那个时代以及史官群体的客观合理性。

另一个常常被提起的史官直书故事是襄公二十五年记录"齐崔杼弑其君光"②的齐太史兄弟,在《春秋》的这个陈述里,历史记录与历史事实大体是相符的,即确实是崔杼组织指使人杀了齐庄公。为什么同样被称作《春秋》中"直笔"的典型事例,会有这样的区别呢?刘家和先生认为:"崔杼弑其君"是记录的直笔,是直接的;"赵盾弑其君"是经过分析后定性的直笔,是间接的,不具有记录的直接性。直接性的记录,只要记录者的了解无误,他的真实性就无可怀疑。而间接性的记录,即使记录者的了解无误,它的真实性仍有可疑。因为,在某种情况下(即记录者的了解,不仅按其本身的是非标准来说是无误的,而且按事实来衡量也是无误的情况下),它的真实性就无可怀疑;在某种情况下(即记录者的了解,按其自己的是非标准来说是无误的,但以事实来衡量时却有误的情况下),它的真实性就不能成立。对于后人来说,重要的是要了解事情的过程;至于如何定性,后人自有自己的标准。③刘先生敏锐地指出了这两种直书之间的不同之处,并加以具体分析,可谓独具卓识。这启发我们,在史书的记载中,作为事实判断的客观史实的真假与作为价值判断的主观评价的是非,两者往往交织在一起,难以分开。按照我们今天史学的观点来看,或许客观记录的直书比之经过主观分析定性的直书对于后人显得更为重要,但其实在《春秋》中,即使是

---

① 陈新:《西方历史叙述学》,北京:社会科学文献出版社,2005年,第20—21页。
② (晋)杜预注,(唐)孔颖达等正义:《春秋左传正义》,(清)阮元校刻:《十三经注疏》,北京:中华书局,1980年影印本,第1982页。
③ 刘家和:《先秦史学传统中的致用与求真》,《史学、经学与思想》,北京:北京师范大学出版社,2005年,第31—32页。

客观记录的直书,也离不开史官的主观判断认定。比如上面的"齐崔杼弑其君光",虽然确实是崔杼组织指使人杀了齐庄公,但根据《左传》的记载,庄公实际上应该是被崔杼手下的侍人射中并围攻杀死的。如果要在严格意义上与客观历史完全相符的话,那么"崔杼弑其君"也是有问题的记录,但因为《春秋》简约的记事风格限制,史官将弑君者认定为崔杼,并按照"称臣,臣之罪"的书法记作"崔杼弑其君"恐怕是最为合理的结果。

所以我们从以上的例子可以看出,一切的历史记录,其实都离不开史官的主观意识,而这样的主观意识又分为两个层次:一是对事实的认定,一是史官的书写规则。由于主观意识这两个层次的存在,使得对客观史事的记录与客观史事并不能完全相符。在"赵盾弑其君"的例子中,两者不相符主要是因为前一个层次的影响。在史官的记史过程中,首先要经过主观上对客观事实的判断认定,而这也提醒我们在任何历史记录中都不应忽略这一层次主观意识的存在,这种主观意识本身就是一种客观的存在,又来源并受限于客观存在的历史传统,其背后也蕴含着时代的客观合理性。

三、"鲁君见弑"书法中的隐与显

除了主观意识中事实判断对史书记录的影响,《春秋》中客观史事的记录与客观事实不符更多的时候会受到主观意识中后一层次的影响,即书法的影响。书法问题因为在文本上有迹可循,所以对它的讨论一直以来都是焦点所在。因为前人已经讲了很多,也十分系统详尽,所以在这里我们不妨顺着前面的例子在前人研究的基础上来具体说明本节主题所要探讨的问题,即书法是怎样体现作者的主观意识的,特别是某些看似隐讳的书法是不是就完全掩盖了历史事实呢?

上文谈到了孔子赞赏董狐直书"赵盾弑其君"为"书法不隐",可奇怪的是,同样的弑君之事发生在鲁国却从未直接记录于《春秋》。对于这种情况,唐人啖助便解释说:"凡鲁君见弑,止皆书薨，不可斥言也；他国公子篡、大夫弑，必书名，志罪也。"① 他国国君被杀就书作"弑君"，并根据具体情况不同而"称名""称国""称人""称盗"不同②；而鲁君被杀却只书作"公薨"，不可明言。应该说，这是一种特有的讳书书法，虽然不知道这是鲁国史官本身的记录规则还是经过孔子笔削的结果，但它看起来与《公羊传·隐公十年》所总结的"《春秋》录内而略外，于外大恶书，小恶不书；于内大恶讳，小恶书"③的原则是大致相符的。比如《春秋》里记录鲁国非正常死亡的隐公、闵公两位国君之死均书作"公薨"，于弑君之事只字不提，如果没有《左传》对史事的记载，我们根本不可能知道两人的死因是被杀。那么《春秋》将鲁国的弑君行为修饰其辞为"公薨"，这样一种隐讳的书法是不是就将客观事实完全掩盖了呢？为何对于赵盾、崔杼弑君之事，晋、齐两国史官尚能直书其事；而鲁君见弑，孔子（或鲁国史官）却讳作"公薨"，这又如何能当得上孟子所言的"孔子成《春秋》而乱臣贼子惧"呢？无怪乎刘知几会讥讽孟子此言为"无乃乌有之谈"④了。那么该如何来解答刘知几的疑惑呢？关于这个问题，孔颖达曾有一段解释：

> 他君见弑则书弑，鲁君见弑则书薨。……言鲁史策书所讳也。不忍言君之见弑，又不忍言其僵尸之处，讳而不书，故夫子因之。《传》不言书曰，知是旧史讳之也。董狐书"赵盾弑君"，仲尼谓之"良史"。不书君弑，则是史之不良。夫子不改其文而因之者，为人臣者或心实爱君，为讳愆过；或志在疾恶，故章贼名。虽事迹不同，而俱是为国。圣贤两通其事，欲见仁非一涂。僖元年《传》

---

① （唐）陆淳：《春秋啖赵集传纂例》，北京：中华书局，1985年《丛书集成初编》本，第146页。
② "称国以弑，目大臣也，不书大夫，君无道也。称人以弑，目贱人也，亦恶其君也。称盗以弑，非君之恶也。以目罪也，人之贱之也，不书其名，罪已彰矣。据此，君有道，则大臣称名，卑者称盗；君无道，则大臣称国，卑者称人，其理例昭然，不足疑也"。（唐）陆淳：《春秋啖赵集传纂例》，北京：中华书局，1985年《丛书集成初编》本，第146页。
③ （汉）何休解诂，（唐）徐彦疏：《春秋公羊传注疏》，（清）阮元校刻：《十三经注疏》，北京：中华书局，1980年影印本，第2210页。
④ （唐）刘知几著，（清）浦起龙通释：《史通通释》，上海：上海古籍出版社，2009年，第384—385页。

第二章 《春秋》历史书写中的张力

曰:"讳国恶,礼也。"以仲尼之善董狐,知为史必须直也。以丘明之礼讳恶,知为史又当讳也。《释例》曰:"臣之事君,犹子事父。微谏见志,造膝跪辞,执其事而谏其非,不必其得,盖匡救将然,而将顺其已然,故有隐讳之义焉。至于激节之士则不然,南史执简而累进,董狐书法而不隐,鬻拳劫君而自刖,晏婴端委而引直,圣贤亦录而善之,所以广义训,博大道。殷有三仁,此之谓也。"是言圣贤两通之意也。郑伯髡顽、楚子麇、齐侯阳生之徒,俱实见弑,而以"卒"赴鲁,是他国之臣亦有讳国恶者,非独鲁史也。①

观孔氏此段文辞,实为调停之说,解释殊为牵强,非但无助于解刘知几之惑,反更促其以为孔子"情兼向背,志怀彼我。苟书法其如是也,岂不使为人君者,靡惮宪章,虽玷白圭,无惭良史也乎?"②想要解决问题,还是应回到原典本身的解读。

回到前文那个让人疑惑的记录,比如《春秋·隐公十一年》所记录的"公薨",如果不熟悉《春秋》记录鲁国国君死亡的书法,并不会发现有什么异常之处。可是结合《公羊传》与《穀梁传》于此提出的疑问,我们便可揭开隐讳书法的面纱,依稀窥见这样书写背后的异常之处。

《公羊传·隐公十一年》云:

> 何以不书葬?隐之也。何隐尔?弑也。弑则何以不书葬?《春秋》君弑贼不讨,不书葬,以为无臣子也。子沈子曰:"君弑,臣不讨贼,非臣也。子不复雠,非子也。葬,生者之事也。《春秋》君弑,贼不讨,不书葬,以为不系乎臣子也。"公薨何以不地?不忍言也。③

---

① (晋)杜预注,(唐)孔颖达等正义:《春秋左传正义》,(清)阮元校刻:《十三经注疏》,北京:中华书局,1980年影印本,第1735页。
② (唐)刘知几著,(清)浦起龙通释:《史通通释》,上海:上海古籍出版社,2009年,第374页。
③ (汉)何休解诂,(唐)徐彦疏:《春秋公羊传注疏》,(清)阮元校刻:《十三经注疏》,北京:中华书局,1980年影印本,第2210页。

《穀梁传·隐公十一年》云：

> 公薨不地，故也。隐之，不忍地也。其不言葬，何也？君弑，贼不讨，不书葬，以罪下也。①

根据《公羊传》《穀梁传》的叙述，我们发现看上去简简单单的"公薨"书写背后却大有学问。原来《春秋》记录鲁国国君的死亡，一般都遵循一套规定的书法规则。如果是正常死亡，那么除了记录"公薨"的事实外，还要记录死亡的地点，参看《春秋》中鲁国其他正常死亡国君的记录可知，正确的格式应该是"公薨于某处"；除此之外，还应该记录国君的葬礼。如果不符合这一规则的记录，就意味着有异常的情况发生，而这异常的情况一般就是国君被杀，即出现了弑君的行为。不记录地点就代表国君死非其所，不记录葬礼就代表弑君之贼没有得到应有的惩罚。了解了以上这些规则后，我们再来进一步探讨刘知几的疑惑，为何同样是弑君之行为，鲁国的记录却不同于他国之史书，出现了内外有别的情况，《春秋》这样的书法又如何能让"乱臣贼子惧"呢？对此，清儒陈澧曾作了如下的评论：

> 晋董狐书"赵盾弑其君"，齐太史书"崔杼弑其君"；鲁桓公弑隐公，《春秋》但曰"公薨"，而孟子顾以为"乱臣贼子惧"，何也？董狐非赵氏臣也，齐太史非崔氏臣也，可以直书也；孔子为鲁臣，于其先君之篡弑，不可直书也。鲁之旧史，虽有如南、董者，于隐公之弑，书公子翚而已矣，无以见桓公之罪恶矣。孔子修之，削去弑君者之名，但书薨而不书地，则与正终者异矣。隐公不书葬，桓公书即位，其为桓公弑隐公，不待言而明矣！（范武子云："推其无恩，则知与弑也。"）此南、董之笔所不能到者也。赵盾、崔杼弑君而不篡国，南、董能惧之；鲁桓公弑君篡国，虽南、董不能惧之。惟孔子乃能惧之。孔疏谓鲁旧史不书君弑为爱君，董狐则志在疾恶。此谬说也。《春秋》不疾恶，乱臣贼子何以惧乎？《史通》云："董

---

① （晋）范宁注，（唐）杨士勋疏：《春秋穀梁传注疏》，（清）阮元校刻：《十三经注疏》，北京：中华书局，1980年影印本，第2371页。

狐、南史，各怀直笔。《孟子》言'孔子成《春秋》而乱臣贼子惧'，无乃乌有之谈。"（《惑经》）此刘知几之粗疏也，然如孔疏之说，则无解乎知几之惑矣。（桓二年"会于稷，以成宋乱。"《穀梁》云："于内之恶，而君子无遗焉尔。"范注云："桓奸逆之人，故极言其恶。"范又引江熙曰："《春秋》亲尊皆讳，传似失之。"徐邈曰："《春秋》虽为亲尊者讳，然亦不没其实。"澧谓《春秋》不直书桓弑隐，已为尊者讳矣。若事事皆没其实，则作《春秋》何为也？徐说是，江说非也。）①

陈澧的分析无疑是有道理的。虽然其中对于《春秋》中"公薨"的书法是否为孔子笔削尚须存疑，但他首先明确地指出，这两种弑君的情况之间是有所区别的，因此选择不同的记录方式完全可以解释得通；接着他又表明这样的书法并未完全掩盖事实真相，其实只是讳而不隐，更是"南、董之笔所不能到者"。在此基础上，皮锡瑞进而论述道：

> 孔子作《春秋》，与董狐、南史身为史官者不同。桓公以弟弑兄而代其位，又与赵盾、崔杼弑而未篡者不同。刘知几以南、董之直笔，疑《春秋》之隐讳，是不知经、史之体本异，篡弑之事亦异，非可一概论也。陈氏发明《春秋》寓意之深，《左氏》叙事之善，可以破知几之惑，而益信孟子之言矣。盖《春秋》虽为尊亲讳，亦必微辞见义。《公羊传》曰："公薨，何以不书葬？隐之也。何隐尔？弑也。公薨何以不地？不忍言也。"又曰："继弑君不言即位，此其言即位何？如其意也。"公薨不书葬、不书地，则弑明；桓书即位，则隐为桓弑明。若必书公弟轨弑公，则轨为先君，不可直书。若但书公子翚弑公，或书寪氏，则纵舍首恶，更非信史矣。②

皮氏作为一名今文经学家，反对刘知几以史的标准去衡量《春

---

① （清）陈澧著，钟旭元、魏达纯点校：《东塾读书记》，上海：上海古籍出版社，2012年，第172—173页。
② （清）皮锡瑞：《师伏堂春秋讲义》，吴仰湘编：《皮锡瑞全集》第8册，北京：中华书局，2015年，第223页。

秋》，认为《春秋》虽未明言弑君，但这种讳而不隐的笔法从某种意义上反而比那种所谓的如实记录更能体现历史的真实，从而更好地彰显孔子的微言大义。皮氏本意是为经学张目，但却启发了我们，历史之真绝非如事直书那么简单，而有着不同层次的复杂性，春秋笔法讳而不隐的特点有时恰恰展示了历史深处更为真实的层面。

综上所述，在《春秋》的这类事例中，史官（孔子）当然应该知道国君是被杀的，在事实认定这一层次上并不存在太大的问题，完全可以书作"某某弑其君"，但或许因为"内大恶讳"的原因，史官（孔子）在语言选择上不得不面临一个如何表达的问题：在简约记事方式的限制前提下，既不能将弑君之事明白直接地书写出来，又不能将这种情况与国君的正常死亡等同处理，所以只能通过特殊的书法来体现他所认定的客观事实。正如有的学者所认为的：《春秋》的隐而不书并不是一味遮掩，而是将事件留在历史的阴影处，也是一种表达臧否的方式。史官无权直接表达自己的评判，就只能通过各种超乎寻常的表达规范来显示自己的意见。而《春秋》的讳书虽然看上去模糊了事实的真相，但对于三传的作者来说，尚处于当时的历史文化背景下，清楚那些隐讳了的事实与记录规则，所以不成问题，这也是史官表现自己真实意图的一种特殊叙事方式。[①]确实如此，史官这样的记录书法将客观事实留在了阴影处，虽然普通人从"公薨"这样的书写中无法得知真实的情况如何，但熟悉其书写规则的人一眼就可以看出其中异常之处，既不书地，又不书葬，所以联系类似的情况便可以归纳总结出这样的书法代表的就是弑君。所以《春秋》中有些看似隐讳的地方，不管是此处分析的"弑君"讳为"公薨"，还是像"晋侯召王"讳为"天王狩于河阳"[②]，其实只是讳而不隐，史官用异乎寻常的书法表达，让人产生怀疑，使得"隐"变成了一种"显"，而并非单纯的掩饰。史官只是用他的方式记录历史，如果了解了他的书法规则，一定程度上也就理解了他所认定的事实。当然，我们如此分析并不是要提倡这样的书法，也并非为其辩护，

---

① 过常宝：《"春秋笔法"与古代史官的话语权力》，《北京师范大学学报》（社会科学版）2003年第4期。
② 周天子狩猎非地，故这样隐讳书写所体现出的反常之处亦正是一种"显"。

只是想从中得出一些有益的启示。即史书的记录离不开作为主体的人，在历史的记载中，客观的史事与作史者的主观意识永远是交织在一起，不可分离的。在《春秋》的书写中，史官并非不注重历史记录的客观真实性，但他们试图通过凸显自身主体性的方式更好地展现心中的历史之真，并以此作为他们的职责使命之所在。孔子继承发扬了这一点，也对后来的中国史学产生了深远的影响。正如汪荣祖先生所说："自两汉以来，迄于清末，虽云《春秋》笔削褒贬，不得妄拟，然所谓书法，所谓正统，原本《春秋》大义。如习凿齿以蜀汉为正统，以晋承汉；如《通鉴》凡一统之君，死称崩，否则称殂，一统之国大臣死称薨，否则称卒，斯皆《春秋》书法也。历代作史者视为当然，益可见《春秋》寓褒贬于书法，入史学之深也。然则《春秋》一书，非仅编年之滥觞，亦史观之渊泉也。"①

四、结语

通过前文的分析，我们可以看出，《春秋》的书写中本就包涵了两个层面：一是反映客观历史的，即曾经发生过的史事；二是反映主观意识的，即书写者的主观判断。历史文本是主体（书写者）与所记录客观对象（史事）的结合，这两个方面既互相矛盾，又密不可分，在它们之间存在着一种张力。《春秋》按照史官的历史传统和职业要求记录史实，事件中包含着人物、时间、地点等，然而即使最简单的历史记录已经是人经过判断的结果，在逻辑上是一个判断式。这样的"如实""直书"，也是经过史官的主观判断而得来的。我们往往忽略了作者的主观思考判断，其实没有一个记录离得开主观的判断，但主观的判断并不意味着与客观真实相矛盾。史官的判断又分为两个层次：一是对史实的认定，即客观史事首先要经过史官主观的分析与决断，是书写者所认定的客观真实，但其认定的事实受礼法传统的影响，要理解他们对客观真实的认识不应超越那个时代的意义体系；二是史官的书写规则，即把经过

---

① （美）汪荣祖：《史传通说——中西史学之比较》，北京：中华书局，2003年，第30页。

分析认定的事实用合适的语言表达出来。语言在表达事实的时候总是面临选择的问题，同样的事情，可以用不同的语言形式来表达。即使对事情的认定无可置疑，表达方式存在的差异还会使人产生怀疑。这种语言的选择在《春秋》中也就体现为所谓的"春秋笔法"，而这正是史官的主观意识在历史传统中客体化了产物，是那个时代历史观念的一种客观体现，在史官传统及主体间的相互认同中不断得以固化和加强，它是历史真实赖以存在的条件。再加上《春秋》辞约义丰，往往用有限的文字来记录层次丰富的史事与大义，所以在表述上不免出现难于周全的地方，这一定意义上又使得人们对春秋笔法的理解变得更为复杂。

理解了史官判断这两个层次的纠缠，再回头看《春秋》中那些看似隐讳的地方，其实有时只是讳而不隐，因为有时"隐"也正是一种"显"，并非单纯的掩饰，而只是用他的方式记录历史。所以如果了解了史官的书法规则或孔子的"春秋笔法"，一定程度上也就理解了他们所认定的事实。当然，首先由于时代的久远，我们已经无法尽晓其规则，而且其规则也许本身就存在前后不完全一致的矛盾情况；再者，若孔子曾修过《春秋》，史官的记史规则与孔子的"春秋笔法"其实很难明确区分开来，因为就现有史料来看，所有学者对两者的辨析更多只是一种带有猜测性质的结论，因为"文献不足征也"，即使能自圆其说，亦无法得到确证。① 这些无疑给我们认识春秋笔法带来很大的困难，所以在实践中对于此点尚需具体的分析，但却并不妨碍我们在研究时对《春秋》的记载有着比较自觉的认识。在《春秋》的书写中，史官并非不注重历史记录的客观真实性，但他们试图通过凸显自身主体性的方式更好地展示心中的历史之真，这种主观意识来源并受限于客观存在的历史传统，其背后恰好体现了时代的客观合理性。所以，春秋笔法是一种书写客观历史之真的特殊总结。而也正是《春秋》记载中存在的这种客观事实与主观意识之间的张力，给后世中国史学的发展带来了不可磨灭的影响。

---

① 无论后人如何认定，在没有更多史料支持的情况下，事实上两者兼而有之的看法或许有利于我们保持开放的思考空间。

中编

《左传》《公羊传》对《春秋》记载中张力的发展

引　言

　　前文对《春秋》记载中这种客观事实与主观判断之间的张力作了大致的分析，我们发现其实《春秋》记载中两个方面的张力在《左传》和《公羊传》《穀梁传》那里被进一步继承与发展，并体现得更为明显。古人对此也有一定的认识，如宋儒朱熹就说："以三《传》言之，《左氏》是史学，《公》《穀》是经学。史学者，记得事却详，于道理上便差；经学者，于义理上有功，然记事多误"①。可以说这样的看法代表了大部分人的意见，但仍有进一步深入的空间。《左传》本来是否为《春秋》之传，可先不论，但是它事实上起到的作用正是以事解《春秋》却毫无疑问。《左传》对史事的详细记载使得《春秋》中客观层面的历史事实表现得更为清晰明了。而《公羊传》《穀梁传》二传偏重以义解《春秋》，其实正是对《春秋》中主观层面的史官判断和书法规则或孔子微言大义的进一步阐发。当然，《公羊传》《穀梁传》对《春秋》的解释确有不少臆断之辞，对书法规则的阐发也多穿凿附会，然而他们的立场和出发点却是十分清楚的，即他们并没有否认自己的主观，而且极力发扬了自己的主观。这也启发我们，历史的写法离不开作者，

---

① （宋）黎靖德编，王星贤点校：《朱子语类》第 6 册，北京：中华书局，1986 年，第 2152 页。

用什么样的语言来表达事实有着十分重要的意义，《公羊传》《穀梁传》对这一点的认识非常自觉。相对来说，《左传》更多关注事实的记录，对此点认识尚显得不甚自觉。①可是再反过来看，《左传》虽然以记录史事为主，但在客观史事的记载中既能以事见义，寓论断于叙事，亦蕴含着作者的主观想象和思想倾向；而《公羊传》《穀梁传》阐释的微言大义，须借事以明义，又离不开客观史实的基础。所以我们说，《春秋》的记载中的两个方面既互相矛盾，又密不可分。这样的话，由此出发而重新解读《春秋》经传应该是颇具意味的。

---

① 《左传》中亦存在一些解经语，比如后杜预归类的"五十凡"等，但关于这些解经语有多少是《左传》成书之初就有，还是后人于何时附益，仍存在一定争议。但这并不影响《左传》的主要特点，所以此处先存而不论。

第三章 《左传》对张力的发展

第一节 《左传》是否为《春秋》之传

《左传》虽然作为一般意义上的《春秋》三传之一，但它的性质以及与《春秋》之间的关系，却一直受到种种质疑。诸如《左传》到底为谁所作，成书于何时，传不传《春秋》等等问题，可谓聚讼千年，是非难断。所以在本文讨论《左传》具体相关问题之前，还是有必要对这些疑点先作一历史性的回顾与简单的分析。

最早记述《左传》的撰作原因、作者以及成书年代的恐怕是司马迁，他在《史记·十二诸侯年表》中提到：

> 孔子明王道，干七十余君，莫能用；故西观周室，论史记旧闻，兴于鲁而次《春秋》，上记隐，下至哀之获麟，约其辞文，去其烦重，以制义法，王道备，人事浃。七十子之徒口受其传指，为有所刺讥褒讳挹损之文辞不可以书见也。鲁君子左丘明惧弟子人人异端，各安其意，失其真，故因孔子史记具论其语，成《左氏春秋》。①

---

① 《史记》，北京：中华书局，1959年，第509—510页。

司马迁明确指出，左丘明担心《春秋》口传的刺讥褒讳之辞因孔门弟子人人异端，日久失真，所以把和《春秋》中相关的史事详细记录下来，成《左氏春秋》一书。班固在《汉书·艺文志》中也持相似的观点，不同点在于他明言左丘明"故论本事而作传，明夫子不以空言说经"①。司马迁的意见是《左传》所作乃因《春秋》而起，二者之间有着密切的关系，但并没有指明其为《春秋》之传，而称作《左氏春秋》。班固则肯定了《左传》作为"传"的性质，这也许是因为时代的关系。在司马迁之时，尚不存在如后来那般的今古文经学之间的分歧。《左传》做为一部史书单行，至于它是否本为《春秋》之传并不是当时人们关注的焦点。而班固所处的东汉，今古文经学的斗争已经持续了很长时间，《左传》是否传《春秋》更是其中的关键问题。自刘歆始，驳斥今文经学家"谓左氏为不传《春秋》"的说法是"保残守缺"②，争立《左传》于学官，后虽因王莽政府倒台而废，但东汉又有学者提出为《左传》立博士，今文经学家则多以《左传》不传圣人深义极力反对。但众多古文经学家都肯定《左传》为《春秋》之传，如桓谭的说法就很有代表性："《左氏传》于经，犹衣之表里，相持而成。经而无传，使圣人闭门思之，十年不能知也。"③

到了晋代，杜预总结了古文经学一派的意见，更为详细地阐述了《左传》是如何传《春秋》的："左丘明受经于仲尼，以为经者不刊之书也。故传或先经以始事，或后经以终义，或依经以辩理，或错经以合异，随义而发"，他还归纳出《左传》解春秋的凡例为"五十凡"，"皆经国之常制，周公之垂法，史书之旧章，仲尼从而修之"，认定《左传》传《春秋》，甚至是唯一可靠的《春秋》之传。④更为重要的

---

① 《汉书》，北京：中华书局，1962年，第1715页。
② "往者缀学之士不思废绝之阙，苟因陋就寡，分文析字，烦言碎辞，学者罢老且不能究其一艺。信口说而背传记，是末师而非往古，至于国家将有大事，若立辟雍封禅巡狩之仪，则幽冥而莫知其原。犹欲保残守缺，挟恐见破之私意，而无从善服义之公心，或怀妒嫉，不考情实，雷同相从，随声是非，抑此三学，以《尚书》为备，谓左氏为不传《春秋》，岂不哀哉！"参见《汉书》，北京：中华书局，1962年，第1970页。
③ （汉）桓谭撰，朱谦之校辑：《新辑本桓谭新论》，北京：中华书局，2009年，第39页。
④ （晋）杜预注，（唐）孔颖达等正义：《春秋左传正义》，（清）阮元校刻：《十三经注疏》，北京：中华书局，1980年影印本，第1705页。

第三章 《左传》对张力的发展

是他"分经之年与传之年相附"①，改变了以往经自经，传自传，经传各自单行的情况，使得《左传》与《春秋》在形式上彻底合二为一，对后世产生了极大的影响，并一直通行至今。当然，反对杜预意见的人亦不在少数，如王接便说："《左氏》辞义瞻富，自是一家书，不主为经发。"②

可以看出，主张《左传》传《春秋》观点的学者多以《左传》作者左丘明与孔子有着密切的关系为论据，或以为孔子与左丘明为同辈之人，或以为左丘明是孔子的学生。而唐宋以来，已有人开始怀疑这样的说法。此风自啖助、赵匡起，至宋时已颇有影响。如郑樵认为："《左氏》终纪韩魏智伯之事，又举赵襄子之谥……自获麟至襄子卒已八十年矣，使丘明与孔子同时，不应孔子既没七十有八年之后，丘明犹能著书……此左氏为六国人……明验一也。"③后文他又列了七条论述，进而证明左氏已在秦惠王之后，是楚国人。郑樵注意到《左传》中有很多战国时才可能出现的内容，所以提出了左氏并不与孔子同代，乃战国时人。朱熹、叶梦得、陈振孙等人也持类似的观点。顾炎武则指出《左传》记载中存在不同历法的差异，应该取材于不同的材料，并对此总结道："《左氏》之书，成之者非一人，录之者非一世，可谓富矣……《左氏》出于获麟之后，网罗浩博，实夫子之所未见。乃后之儒者似谓已有此书，夫子据而笔削之。即《左氏》之解经，于所不合者亦多曲为之说……《春秋》，因鲁史而修者也，《左氏传》，采列国之史而作者也。"④而《四库全书总目》认为《左传》中有后人增益的部分内容，但这并不影响其主体部分作者为左丘明的论断。还说："今以《左传》经文与二传（《公羊》《穀梁》）校勘，皆《左氏》义长，知手录之本

---

① （晋）杜预注，（唐）孔颖达等正义：《春秋左传正义》，（清）阮元校刻：《十三经注疏》，北京：中华书局，1980年影印本，第1707页。
② 《晋书》，北京：中华书局，1974年，第1435页。
③ （宋）郑樵：《六经奥论》，（清）纳兰性德编：《通志堂经解》第16册，扬州：江苏广陵古籍刻印社，1996年，第553页。
④ （清）顾炎武著，黄汝成集释，栾保群、吕宗力校点：《日知录集释》，上海：上海古籍出版社，2006年，第182—183页。

确于口授之本也。"①

清末今文经学复兴，刘逢禄为大力提倡《公羊传》而贬斥《左传》，专作《左氏春秋考证》一书，认为《左传》本为《左氏春秋》，其中书法、凡例以及解经语之类皆出于刘歆附益改窜，并以之为《春秋》传。②刘逢禄只是否定《左传》为《春秋》之传，康有为则在《新学伪经考》中进而论证在刘歆之前根本不存在《左传》一书，《左传》乃是刘歆根据《国语》改编伪造的，并附之于经③，这无疑是将《左传》彻底视作伪书了。康有为的看法也得到了崔适的赞同④。与这类观点针锋相对的无疑为古文经学一派的章太炎、刘师培等人。章太炎在《春秋左传读叙录》中对刘逢禄的意见提出逐条反驳，多方论证《左传》成书于先秦⑤。刘师培也作《周秦诸子述左传考》《左氏学行于西汉考》《司马迁〈左传〉义序例》⑥等文证明刘歆伪造说乃无稽之谈。

至民国时期，关于《左传》的争论依然持续，古史辨运动中的领军人物顾颉刚、钱玄同两位先生继承发展了晚清今文学派的意见，依然是怀疑派的代表。而后来钱穆先生专作《刘向歆父子年谱》一文，提出二十八条质问，详细论证了刘歆伪造《左传》之说绝无可能。⑦杨向奎先生也撰写了《论〈左传〉之性质及其与〈国语〉之关系》，认为《左传》之书法、凡例、君子曰等，自《左传》编成之初，即与各国策书之记事合编为《左氏春秋》，非出后人之窜加也。《左传》与《国语》，也并不是一书之分化。⑧另外，瑞典人高本汉从虚词的用法入手，对《左传》和先秦其他典籍作了统计和比较，得出结论：左语与鲁语不同，《左传》非孔子或孔门弟子作，同鲁国学派没有直接关系。而此书

---

① （清）永瑢等：《四库全书总目》，北京：中华书局，1965年，第210页。
② （清）刘逢禄著，顾颉刚校点：《左氏春秋考证》，顾颉刚主编：《古籍考辨丛刊》第一集，北京：社会科学文献出版社，2010年，第405—520页。
③ 康有为著，章锡琛校点：《新学伪经考》，北京：中华书局，1956年，第146—149页。
④ 崔适著，张烈点校：《史记探源》，北京：中华书局，1986年，第2—9页。
⑤ 章炳麟：《春秋左传读叙录》，上海人民出版社编：《章太炎全集（二）》，上海：上海人民出版社，1982年，第810—863页。
⑥ 刘师培：《刘申叔遗书》，南京：江苏古籍出版社，1997年。
⑦ 钱穆：《两汉经学今古文平议》，北京：商务印书馆，2001年，第9—179页。
⑧ 杨向奎：《绎史斋学术文集》，上海：上海人民出版社，1983年，第189—213页。

第三章 《左传》对张力的发展

文法一致，可见系一人或同一学派中同乡数人所作，且并非后来的人所能伪造。左传与前三世纪之文言大不同，断定此书为前468年至前300年中间所作。① 高本汉的研究成果引起了众多的关注，胡适、卫聚贤、冯沅君等学者也就此展开了更为深入的探讨。无论高本汉的结论正确与否，他结合西方语言学方法的研究新视角无疑是颇具启发意义的。

《左传》的刘歆伪造说自钱穆先生辨明后，支持者已寥寥无几，唯有陈槃与徐仁甫先生仍坚持此说②，但所论难以让人信服，胡念贻先生后专作《〈左传〉的真伪和写作年代问题考辨》一文专门加以驳斥③。而《左传》的作者除了传统的左丘明说之外，比较有影响的还有吴起说、子夏说、战国时人说等，此问题与《左传》的成书年代也息息相关。但相比之下，如果说推论《左传》成书年代的范围还有据可循，无非是精确到什么程度而已，那么将《左传》的作者具体坐实为某人，恐怕殊为不易。徐中舒、童书业、杨伯峻、赵光贤等先生虽然对具体年代的推论存在着一些分歧，但均认为《左传》大体成书于战国时期，这大概是目前学术界最有影响力的看法。

近年来，王和先生先后撰写了《论〈左传〉预言》《〈左传〉材料来源考》《〈左传〉的成书年代与编纂过程》三篇文章，从不同的角度对《左传》的成书进行了新的探讨，颇有价值与借鉴意义。在《〈左传〉的成书年代与编纂过程》一文中，王和先生认为《左传》于各国记事之篇幅多少及史料取材之详略，皆非偶然，乃是由左氏所见到的各国史书材料之多寡而决定的，而与国家之大小及重要与否无关。《左传》的成书应于公元前375至公元前360年之间，在编纂上经历了三个主要阶段：（1）战国前期鲁人左氏所作纪事本末体史事汇编，这是《左传》的原貌。（2）由后代经师改编为编年体，加入解经语，用它来解释《春秋》。这一过程大约是在战国中后期进行的，至迟在战国末叶之

---

① （瑞典）高本汉著，陆侃如译：《左传真伪考》，上海：商务印书馆，1936年。
② 陈槃：《左氏春秋义例辨》，上海：上海古籍出版社，2009年；徐仁甫：《左传疏证》，北京：中华书局，2013年。
③ 胡念贻：《〈左传〉的真伪和写作年代问题考辨》，《文史》第11辑，北京：中华书局，1982年，第1—34页。

前必已完成。（3）晋杜预将《左传》依年附于《春秋》，这就是今天我们所看到的经传合集的形式。①王和先生立足于前人的研究基础上并提出自己的新见解，无疑是当下对这个问题一个很好的总结。

《左传》与《春秋》之间关系的争论，在古代学者那里可以看作今古文经学斗争的一个缩影，今文经学家否定《左传》传《春秋》，甚至斥其为伪，目的是为了维护今文春秋学经典《公羊传》地位；而古文经学家一再称扬《左传》，甚至以其为《春秋》最重要的传，目的也是为古文经学张目。近代以来，学者们跳出经学的框框，从史学的角度对《左传》作更为深入的探讨，试图历史地还原《左传》的成书过程及其与《春秋》关系的演变，无疑是很有价值的。《左传》到底传不传《春秋》，其实是两个问题：一是《左传》是否本为解《春秋》而作；二是在历史上，《左传》是否为解《春秋》所必不可少。如果说前一问题目前还存在疑问的话，那么后一问题的答案则是显而易见的，即《左传》为《春秋》三传之一，详细地记载了《春秋》中的具体史事，对《春秋》来说有着不可或缺的意义。

第二节 《左传》对《春秋》的解释方式

既然《左传》是否本为解《春秋》而作这个问题的答案与《左传》是否为解《春秋》之不可或缺之间并无必然联系，我们可以先来关注后一个问题。众所周知，《左传》的主要特点是以事解经②，它对于《春秋》之不可或缺的意义在于：离开了《左传》的记载，我们对于《春秋》中记录的史事将难以晓其详。正如桓谭所言："《左氏传》于经，犹衣之表里，相持而成。经而无传，使圣人闭门思之，十年不能知

---

① 王和：《〈左传〉的成书年代与编纂过程》，《中国史研究》2003年第4期，第33—48页。
② 需要说明的是，正如上文曾分析过，这里使用以事解经的说法，并不意味着完全肯定《左传》本为解《春秋》而作，只是针对它实际所起到的作用而言。

也。"①既然如此,《左传》的记载又是如何与《春秋》相表里的呢?现在所见的同为按年编排的《左传》是如何以阐述、解说《春秋》为目的并与之相关联配合的?对此,杜预在《春秋经传集解序》里曾作了这样的总结:"传或先经以始事,或后经以终义,或依经以辩理,或错经以合异,随义而发。"②这里,我们不妨先结合杜预的说法稍作分析。

所谓"先经以始事",孔颖达《正义》曰:"先经者,若隐公不书即位,先发仲子归于我;卫州吁弑其君完,先发庄公娶于齐。如此之类,是先经以始事也。"③意思就是对《春秋》中的事目,《左传》常常在开始先记载与这件事相关的前情与缘由。至于"后经以终义",《正义》云:"后经者,昭二十二年王室乱,定八年乃言刘子伐孟以定王室;哀二年晋纳蒯聩于戚,哀十五年乃言蒯聩自戚入卫。如此之类,是后经以终义也。"④意思就是《左传》对《春秋》所记事相关之后情在结尾予以补充。这两条主要是讲《左传》怎样以事解释《春秋》。如《春秋·隐公元年》记:"元年春王正月。"除此之外什么事情也没记,接着就写三月的事了。这样的记录看上去有些奇怪,杨伯峻先生解释道:"《春秋》纪月,必于每季之初标出春、夏、秋、冬四时,如'夏四月'、'秋七月'、'冬十月'。虽此季度无事可载,亦书之。"⑤关于《春秋》"四时必书"的特点前文已作了具体论述,可这里并非无事可载,而且是发生了非常重要的事情,也就是鲁隐公的即位。而《春秋》并未予以记载,如果是因为史官失记或简文亡佚造成的,理由就比较牵强。于是《公羊传》《榖梁传》二传便抓住什么是"春王正月"和《春秋》为什么"不书即位"解释了

---

① (汉)桓谭撰,朱谦之校辑:《新辑本桓谭新论》,北京:中华书局,2009年,第39页。
② (晋)杜预注,(唐)孔颖达等正义:《春秋左传正义》,(清)阮元校刻:《十三经注疏》,北京:中华书局,1980年影印本,第1705页。
③ (晋)杜预注,(唐)孔颖达等正义:《春秋左传正义》,(清)阮元校刻:《十三经注疏》,北京:中华书局,1980年影印本,第1705页。
④ (晋)杜预注,(唐)孔颖达等正义:《春秋左传正义》,(清)阮元校刻:《十三经注疏》,北京:中华书局,1980年影印本,第1705页。
⑤ 杨伯峻:《春秋左传注》,北京:中华书局,1990年,第5页。

历史记载中的张力——比较视野下的《春秋》经传及早期史学与思想研究

一大堆道理,而《左传》的解释简洁明了:"元年春,王周正月。不书即位,摄也"①,这句话显然是解释《春秋》经文字的书法的,和《公羊传》《穀梁传》二传十分类似,故有人怀疑《左传》此类解经语并非原来所有,而是后来羼入的,目的在于使《左传》更像是为解《春秋》而作。但这其实并不是关键所在,关键在于《左传》在这之前还有一段无经之传,叙述了与《春秋》经文看起来没什么关系实则缺之不可的事情:"惠公元妃孟子。孟子卒,继室以声子,生隐公。宋武公生仲子,仲子生而有文在其手,曰为鲁夫人,故仲子归于我。生桓公而惠公薨,是以隐公立而奉之。"②从这段话中,我们得知了鲁隐公即位一事的来龙去脉,再结合下面的解释,就对这段史实了解得较为清楚了,虽然这样的情况往往被称为"无经之传",其实充分体现了《左传》以事解经的特点,对比《公羊传》《穀梁传》二传这部分的大段解经文字,风格可谓截然不同。《左传》这里在之前记载史事的情况就是杜预所说的"先经以始事"。

原本《春秋》《左传》经自经,传自传,杜预于《春秋经传集解序》中明言将《左传》依年附于《春秋》,才形成了我们今天看到的形式。《左传》单独成书时叙事完整,前因后果交代得很清楚,一旦分年依附于经,则有些记载无法与经文严格搭配,所以只有割裂开来,形成这样"先经以始事"的情况。类似的例子还有《春秋·隐公四年》的"卫州吁弑其君完"。《左传》也于前一年叙述了事情的具体前情,接着在四年记载:"四年春,卫州吁弑桓公而立。"③其实这两部分传文原本应该是连在一起的,因为要以传附经,所以被分在了两年。"后经以终义"与"先经以始事"的情况相类似,也使得前面的经文之义可以更完整清楚地得到体现。但有时这种状况并不是杜预以传附经造成的结果,如孔颖达所举王子朝之乱的例子,《左传》

---

① (晋)杜预注,(唐)孔颖达等正义:《春秋左传正义》,(清)阮元校刻:《十三经注疏》,北京:中华书局,1980年影印本,第1715页。
② (晋)杜预注,(唐)孔颖达等正义:《春秋左传正义》,(清)阮元校刻:《十三经注疏》,北京:中华书局,1980年影印本,第1712—1713页。
③ (晋)杜预注,(唐)孔颖达等正义:《春秋左传正义》,(清)阮元校刻:《十三经注疏》,北京:中华书局,1980年影印本,第1725页。

第三章 《左传》对张力的发展

从昭公二十二年到定公八年，将此事前后相关史实分列于各年经文之下。其实这已不单纯是"后经以终义"了，而是像刘知几所说的："夫当时所记或未尽，则先举其始，后详其末，前后相会，隔越取同"①，在《左传》中就体现为将围绕某一中心的一系列事件零散地分割到各年经文之下。同样的例子还有《左传》记载从庄公十八年到僖公二十四年发生的王子带之乱。出现此类情况的原因，牵涉《左传》材料的来源与编纂问题②，主要是由于经师为了照顾编年的形式，将一件完整的事按年代顺序重新编排③。这种叙事体例要求读者一边沿着各种断断续续的线索阅读下去，一边又要不断翻查事件的前因后果④，但前后相参，亦可见本事之始末。总之，不论是"先经"与"后经"，还是"隔越取同"，虽然可能是经师按编年体改编或杜预割裂传文导致的结果，但依然体现了《左传》记事瞻详，对《春秋》中的客观史实起到的良好解释作用。

至于"依经以辩理"与"错经以合异"，《正义》云："依经者，经有其事，传辩其由。隐公不书即位而求好于邾，故为蔑之盟，案其经文，明其归趣。如此之类，是依经以辩理也。错经者，若地有两名，经、传互举，及经侵传伐，经伐传侵，于文虽异，于理则合。如此之类，是错经以合异也。"⑤这两条主要是讲《左传》对《春秋》经文本身的解释。比如上面隐公元年《春秋》不书即位，《左传》依经说明其

---

① （唐）刘知几著，（清）浦起龙通释：《史通通释》，上海：上海古籍出版社，2009年，第206页。
② 关于《左传》的编纂过程，王和先生曾有详细而精到的论述，认为《左传》本为纪事本末体，战国中后期被经师改为编年，但仍经自经、传自传，至杜预方附传于经，形成我们今天所看到的形式，笔者以为其猜想较为合理，可备一说，详见王和：《〈左传〉的成书年代与编纂过程》，《中国史研究》2003年第4期，第33—48页。
③ 《左传》编年的形式应该在汉代以前就已形成。杨伯峻先生曾举《左传·文公五年》末的"晋赵成子、栾贞子、霍伯、臼季皆卒"一句为例，司马迁全引该传文列于《十二诸侯年表》，亦谓此文文公五年之事。故自西汉以来，《左传》面目即已如此。参见杨伯峻：《春秋左传注》，北京：中华书局，1990年，第542页。
④ （美）李惠仪：《〈左传〉的书写与解读》，文韬、徐明德译，南京：江苏人民出版社，2016年，第33页。
⑤ （晋）杜预注，（唐）孔颖达等正义：《春秋左传正义》，（清）阮元校刻：《十三经注疏》，北京：中华书局，1980年影印本，第1705页。

理由："不书即位，摄也。"①与《公羊传》《穀梁传》解释不书即位的长篇大论相比，《左传》只是简明扼要地交待了客观事实，隐公是由于摄位所以不书即位，反而比其它二传要清楚得多，此即"依经以辩理"。又如成公十六年《春秋》经曰："郑公子喜帅师侵宋"，《左传》曰："郑子罕伐宋"，经作侵传作伐，杜预注云："侵、伐经传异文，经从告，传言实，他皆放此。"②这便是"错经以合异"，意即经传辞异而事同，比合二者亦可参义。其实经传史料来源不尽相同，而且《左传》可能原本就不是专为解《春秋》而作，所以两者出现记事不相吻合之处③，也实属正常。

可以看出，以上杜预所总结的这些《左传》解经的方式，其实更多是对一些经传之间看起来有不对应或者歧异之处给出的解释，为的是弥合经传间的缝隙，增加《左传》作为《春秋》之传的合理正当性。除此之外，杜预还特别强调了《左传》对《春秋》书法义例的解释，作为《左传》解《春秋》的根本。以例解《春秋》是汉代以来的传统，尤以《公羊传》《穀梁传》二传为显，《左传》自刘歆后始有条例，但后来治《左传》之学者多引《公羊传》《穀梁传》解经，杜预认为这是自乱家法，所以他试图摆脱这种状况，确立《左传》解经的独立性。杜预将义例分为正例（凡例）、变例、非例三个部分。按照他的解释，正例是周公垂法、史书旧章，即《左传》中用"凡"来解《春秋》的句子，可归纳为"五十凡"④；变例，是孔子在旧例基础上，修订的新条例，比如其中一些称"书""不书""先书""故书""不言""不称""书

---

① （晋）杜预注，（唐）孔颖达等正义：《春秋左传正义》，（清）阮元校刻：《十三经注疏》，北京：中华书局，1980年影印本，第1715页。
② （晋）杜预注，（唐）孔颖达等正义：《春秋左传正义》，（清）阮元校刻：《十三经注疏》，北京：中华书局，1980年影印本，第1917页。
③ 如洪业先生便曾指出"经文之与《左传》离殊者，若年月之移次、干支之易序、人物之出入、地点之不同、正月之有无等等"。详见洪业：《〈春秋〉经传引得序》，《洪业论学集》，北京：中华书局，1981年，第277—278页。
④ 杨向奎先生经过分析认为《左传》中的凡例有三类：一是史官修史之法则，即"史法"；二是修史时之属辞，即"书法"；三是通行礼论，即"礼经"。但这既不是周公垂法，孔子亦未本之而修经，也不是刘歆之徒所窜加。凡例者应为《左传》编者同时流行之礼论，是《左传》编者当时随意加入。详见杨向奎：《绎史斋学术文集》，上海：上海人民出版社，1983年，第193页。

曰"的地方,意在诠释《春秋》中的微言大义;非例,即仅陈述史事,无褒贬义例可循的部分。①杜预的这些看法,未免有不少牵强矛盾的地方,前人对此已多有申说,但也确实反映了《左传》中存在一些解经之语以及凡例的总结②。"这些凡例,或发于前而兼后,或见于后而综前,通过归纳同类事件,可以起到举一隅以反三隅、解释部分以明全部的作用……避免了无谓的重复,同时有效地扩大了释经的涵盖面。"③虽然不排除很多为后人所加的可能,但从这些专为解释《春秋》书法而发,并进而涉及《春秋》之义例的内容,可以看出在《左传》的成书与流传中,存在着不断加强经传之间联系的人为努力,而这样的努力,也使得《左传》作为《春秋》之传的身份与意义变得愈加名符其实。

总而言之,杜预的出发点是强调《左传》与《公羊传》《穀梁传》一样,本为解《春秋》之传。但既然《左传》本来是否专为解《春秋》而作尚存疑问,那么杜预的看法和举例存在不尽然之处也在所难免,不过杜预总结的这些特点与凡例只是作为一个后来的研究者对客观存在的《左传》文本本身进行归纳和分析而得出的结论,与《左传》原本的撰作动机其实并无必然联系。杜预最为人诟病的地方在于他对这些特点和义例产生之原因与性质的判断上,如"周公之垂法""仲尼从而修之"之类。至于其他结论,纵然有不完善的地方,比如不少凡例并非完全自洽④,但这是《公羊传》《穀梁传》两传同样存在的问题,大体上还是言之有据,可自成一说的。

---

① 《春秋经传集解序》云:"其发凡以言例,皆经国之常制,周公之垂法,史书之旧章,仲尼从而修之,以成一经之通体。其微显阐幽、裁成义类者,皆据旧例而发义,指行事以正褒贬。诸称书、不书、先书、故书、不言、不称、书曰之类,皆所以起新旧,发大义,谓之变例。然亦有史所不书,即以为义者,此盖《春秋》新意,故传不言凡,曲而畅之也。其经无义例,因行事而言,则传直言其归趣而已,非例也。"(清)阮元校刻:《十三经注疏》,第1705—1706页。
② 关于杜预总结的《左传》解经体例,方韬先生曾作出非常详尽系统的分析与讨论,具体可参考方韬:《杜预〈春秋经传集解〉研究》,北京:中国社会科学出版社,2017年,第183—222页。
③ 赵生群:《〈春秋〉经传研究》,上海:上海古籍出版社,2000年,第182—183页。
④ 陈澧云:"《左传》凡例,与所记之事有违反者,可见凡例未必尽是左氏之文,有后人所附益,而又未详考传中之事也。"(清)陈澧著,钟旭元、魏达纯校点:《东塾读书记》,上海:上海古籍出版社,2012年,第179页。

杜预的观点大体上突出了《左传》从"事"与"义"来解释《春秋》的两个方面,目的是将《左传》与《春秋》尽其所能地联系在一起。当然,"事"与"义"这两个方面本来就密不可分,正所谓事载于文内,义寓于事中。唐人啖助亦称道《左传》之优长:"博采诸家,叙事尤备,能令百代之下,颇见本末。因以求意,经文可知。"①故欲明《春秋》之义,必先明其史事之确实;而史事既详,据以求义,则经旨自明。这样,《左传》通过对史事的详细记载使得《春秋》中客观层面的历史事实体现得更为清楚,而《春秋》之义也赖于《左传》所载之事才能做到有据而发。若按照司马迁的说法,孔子作《春秋》的原因是"我欲载之空言,不如见之于行事之深切著明也"②。而《左传》之所以作本来就是因为"惧弟子人人异端,各安其意,失其真"③,失去了史实的基础,对经义的阐发则难免会出现偏差。刘知几便因此批评《公羊传》《穀梁传》二传:"如穀梁、公羊者,生于异国,长自后来,语地则与鲁产相违,论时则与宣尼不接。安得以传闻之说,与亲见者争先乎?……如二传者,记言载事,失彼菁华,寻源讨本,取诸胸臆。夫自我作故,无所准绳,故理甚迂僻,言多鄙野,比诸《左氏》,不可同年。"④刘氏之论虽为"申左"而发,所言三传作者之先后也未必符合事实,但对《公羊传》《穀梁传》二传缺点的批评却十分在理,《公羊传》《穀梁传》重义不重事,再加上口耳相传,辗转附益,其中确实有许多因不了解史实导致的荒诞臆会之说。所以不仅是《春秋》本身,《公羊传》《穀梁传》对大义的阐发,往往都离不开《左传》中史事的记载作参考,事若失其本,则义必离其真。故章太炎先生尝言:"既有左氏,具论本事,为之作《传》,后世乃得闻而知之。舍此而欲闻之,虽有眇义,亦所谓郢书燕说者尔。"⑤应该说,这也是《左传》解释

---

① (唐)陆淳:《春秋啖赵集传纂例》,北京:中华书局,1985年《丛书集成初编》本,第3页。
② 《史记》,北京:中华书局,1959年,第3297页。
③ 《史记》,北京:中华书局,1959年,第509—510页。
④ (唐)刘知几著,(清)浦起龙通释:《史通通释》,上海:上海古籍出版社,2009年,第390—392页。
⑤ 章炳麟:《春秋左传读叙录》,上海人民出版社编:《章太炎全集(二)》,上海:上海人民出版社,1982年,第830页。

《春秋》最重要的特点与贡献。

第三节 《左传》的历史叙事

一、联系史实，知其相因

通过上文的分析，我们知道《左传》中客观史事的记载对《春秋》有着不可或缺的意义。《春秋》经文记录不仅简略，还有时由于脱漏或某些原因"不书"，《左传》便往往对这些《春秋》中未记的史事进行补充和说明。如《左传·隐公元年》记："元年春，王周正月，不书即位，摄也……夏四月，费伯帅师城郎。不书，非公命也……八月，纪人伐夷。夷不告，故不书。有蜚。不为灾，亦不书……冬十月庚申，改葬惠公。公弗临，故不书。卫侯来会葬，不见公，亦不书。郑共叔之乱，公孙滑出奔卫。卫人为之伐郑，取廪延。郑人以王师、虢师伐卫南鄙。请师于邾，邾子使私于公子豫。豫请往，公弗许，遂行，及邾人、郑人盟于翼。不书，非公命也。新作南门，不书，亦非公命也。"① 我们可以发现，上面《左传》记载的这些史事都是在《春秋》中看不到的。仅隐公元年一年之中就出现那么多"不书"的情况，也就是说《春秋》不予记录，对于这些史事，《左传》均加以补充记载，并分别解释了《春秋》不予记录的理由。这样的情况在《左传》中是非常常见的，先不论其所述"不书"的理由是否都符合实际，但它记载的这些史事无疑是可以补《春秋》之缺的。此外，《左传》对《春秋》中一些与历史事实并不相符的记录也可以起到揭示真相的作用，比如前一章分析的"赵盾弑其君"以及"天王狩于河阳"便是很好的例证。对于此点，宋儒叶梦得尝云："学者多言

---

① （晋）杜预注，（唐）孔颖达等正义：《春秋左传正义》，（清）阮元校刻：《十三经注疏》，北京：中华书局，1980年影印本，第1715—1718页。

《春秋》自为一经，不期于传而自明，岂有是哉！且如公子翚实弑隐公而经不载翚弑，赵盾非实弑君而经加之弑，晋文公实召襄王而经言狩，季孙意如实逐昭公而经言孙，若不假之传，则其事何从而见？"①叶氏之言恰好说明了《左传》对于揭晓《春秋》所记史事的重要性。所以，若舍《左传》而仅求诸经，则《春秋》经文中史事难明之处不知几何，也无怪乎有后人会指之为"断烂朝报"了。

《春秋》经一般只记事件结果，类似今日所见的新闻标题，而通常意义上，人们了解某一事件，指的是了解其前因后果与具体过程，除此之外，还要了解事与事之间的联系。因为只有这样，才能使得事件本身变得有意义。而《左传》叙事之详恰好能补充《春秋》简略之不足，汪荣祖先生曾说：

> 叙事之史家异于编年之史家者，由其能连系史实，知其相因耳。(the task of the narrative historian, as distinct from the chronicler, is to "colligate" these facts in such a way that we understand why they followed upon one another in the way they did.) 编年仅列事实，如践土之会，《春秋》僖公廿八年，但记"五月癸丑，公会晋侯、齐侯、宋公、蔡侯、郑伯、卫子、莒子，盟于践土"。而叙事必述"背景以及于发生之事"(the background conditions must be placed in relation to the action)，以知成事之"由"(reason)，发生之"因"(causes)，故践土之盟前因城濮之战，晋侯胜楚，筑王宫于践土，会王与诸侯，受"大辂之服"，而后作盟誓，唯《左传》述明之，叙事之功也。②

汪先生提到的叙事史家能"连系史实，知其相因"，确实是《左传》异于《春秋》的重要之处。《春秋》中有一些记事，就像汪先生所举的"践土之会"的例子，因为不知其具体的背景，从前后也看不出什么原因联系，显得十分突兀，仅从经文本身看让人难以理解，但结合

---

① （宋）叶梦得：《〈春秋〉考·统论》卷一，《景印文渊阁四库全书》第149册，台北：商务印书馆，1986年，第250页。
② （美）汪荣祖：《史传通说——中西史学之比较》，北京：中华书局，2003年，第39—40页。

第三章 《左传》对张力的发展

《左传》就让人一目了然了。如桓公二年,《春秋》经云:"秋七月,杞侯来朝",可接着又记:"九月,入杞。"将这两件事联系起来理解显然有违常理,可根据《左传》的记载就十分清楚了:"秋七月,杞侯来朝,不敬。杞侯归,乃谋伐之……九月,入杞,讨不敬也。"① 又如成公九年,《春秋》经记:"公会晋侯、齐侯、宋公、卫侯、郑伯、曹伯、莒子、杞伯,同盟于蒲",又记:"晋人执郑伯,晋栾书帅师伐郑。"这其中又发生了什么呢?《左传》记载了具体的缘由:"楚人以重赂求郑,郑伯会楚公子成于邓……秋,郑伯如晋,晋人讨其贰于楚也,执诸铜鞮。"② 以上两例均体现了《左传》叙述"背景以及于发生之事",以知成事之"由",发生之"因"的特点,使得《春秋》读之难解之处涣然冰释。

二、从编年史到历史叙事

可以看出,《左传》虽然继承了《春秋》那样的编年史形式,但有所不同的是《左传》具有了更高的叙事连贯性。"历史编年与历史叙事之间的区别在于:叙事是对所叙述的众多事件之间的因果关系进行描述;而编年则仅仅是将它们记录下来。"③ 按照这种说法,《春秋》应类似其中的历史编年,《左传》看上去更符合历史叙事的特点。关于这两者之间的不同,海登·怀特认为:"一种历史陈述只论及真实的而非仅仅虚构的事件是不够的;并且这种陈述只是依据事件最初发生的编年序列、并按照其话语顺序来再现事件也是不够的。事件不仅必须被记录在其最初发生的编年框架内,还必须被叙述,也就是说,要被展现得像有一个结构,有一种意义顺序,而不是仅仅作为

---

① (晋)杜预注,(唐)孔颖达等正义:《春秋左传正义》,(清)阮元校刻:《十三经注疏》,北京:中华书局,1980年影印本,第1743页。
② (晋)杜预注,(唐)孔颖达等正义:《春秋左传正义》,(清)阮元校刻:《十三经注疏》,北京:中华书局,1980年影印本,第1905页。
③ (澳)麦卡拉:《历史的逻辑:把后现代主义引入视域》,张秀琴译,北京:北京师范大学出版社,2008年,第4页。

一个序列的事件所没有的。"①虽然怀特论证的目的在于淡化历史事实的实在性②，从而强调历史叙事的独立性与建构性③，在此，我们暂且先不讨论这个层次的问题。仅从这段来看，《左传》似乎既被记录在其最初发生的编年框架内，也被展现得像是有一个结构，有一种意义顺序的叙述。但是他进而分析道："年代纪的形式完全缺乏这种叙事成分，因为它包含的只是一个按编年顺序排列的事件列表。对照之下，编年史看上去通常想要述说一个故事，渴望一种叙事性，但一般都无功而返。尤为明显的是，缺乏一种叙事的结局往往是编年史的标志。与其说它没有结论，不如说它完全中断了故事（历史）。在编年史家自己眼前，它开始打算讲述一个故事，但一开头就被打断了；事情仍无法得到说明，或者说，事情无法以一种类似于故事的方式得到说明。"④怀特在这里所说的年代纪（the annals）与编年史（the chronicle）是以欧洲中世纪的史籍作为代表的。在他眼中，年代纪与编年史仅仅是不同的再现形式，但都不是真正的历史。⑤对比中国早期的史书，照这里的分类，《春秋》接近于年代纪，而《左传》与编年史更相似，但"内在于一系列事件的逻辑联系并不必定会自发地从

---

① （美）海登·怀特：《形式的内容：叙事话语与历史再现》，董立河译，北京：文津出版社，2005年，第7页。
② 怀特指出叙事记述中事件是实在的，并不是因为它们发生了，而是因为，首先，它们被记住了，其次，它们能够在一个按时间先后排列的序列里找到一个位置。怀特虽然并不否认过去历史的实在性，但认为人们无法通过史料或文本触及过去本身。详见（美）海登·怀特：《形式的内容：叙事话语与历史再现》，董立河译，北京：文津出版社，2005年，第26页。
③ 安克施密特进而提出虽然单个历史陈述指涉了过去实际发生过的事实，我们能够以是否与史料所包含的事实相吻合来判断其真假。而由诸多单个陈述构成的一个叙事性解释或文本整体，即便其中每个陈述的真实性都无可置疑，也不能保证整体历史叙事的真实性，因为整体中所具备的某些因素是单个陈述所不具有的，比如各个事实之间的关联、作者的倾向性等，叙事整体的意义也超出了个别陈述之总和。详见彭刚：《叙事的转向——当代西方史学理论的考察》，北京：北京大学出版社，2009年，第147页。
④ （美）海登·怀特：《叙事性在再现实在中的价值》，（美）海登·怀特：《形式的内容：叙事话语与历史再现》，第7页。这段文字以董立河先生的译文为基础，也部分参考了陈新先生的译文有所调整，见（美）海登·怀特：《叙事性在实在表现中的用处》，陈启能，倪为国主编：《书写历史》，上海：上海三联书店，2003年，第168页。
⑤ （美）海登·怀特：《叙事性在再现实在中的价值》，（美）海登·怀特：《形式的内容：叙事话语与历史再现》，董立河译，北京：文津出版社，2005年，第22页。

经过编年的史料中呈现出来"①。怀特指出了编年史在叙事时存在的一大问题在于：一个完整事件的叙述往往为了保持年代顺序的形式而被打断，所以往往缺乏一种有意义的结尾，使叙事很难体现一种整体的关联性，这样的看法无疑体现了叙事与编年之间存在的潜在矛盾。有学者便将编年体描述为镶嵌着历史事件的时间之网，是叙事迈向有序化的重要起步，但并非达成叙事目标的最理想体制，叙事主体常常不免被编年网住手脚。②

如果从这个角度考察，《左传》因为编年的形式虽然不可避免存在这样的问题，但它有时为了突破这张网的限制，同样在很多地方尝试把史实与中心事件联系起来，不惜打破编年的规则。最典型的就是以"初"为开头的追叙方法。

如《左传·僖公二十四年》记：

> 初，甘昭公有宠于惠后，惠后将立之，未及而卒。昭公奔齐，王复之，又通于隗氏。王替隗氏。颓叔、桃子曰："我实使狄，狄其怨我。"遂奉大叔以狄师攻王。王御士将御之，王曰："先后其谓我何？宁使诸侯图之。"王遂出，及坎欿，国人纳之。秋，颓叔、桃子奉大叔以狄师伐周，大败周师，获周公忌父、原伯、毛伯、富辰。王出适郑，处于氾。大叔以隗氏居于温。③

《左传》此段文字很好地解释了当年《春秋》经文"天王出居于郑"一事的来龙去脉，而其中以"初"引出的文字，显然是追述多年前之史事。《左传》这里将许多年前后相关的事情安排在同一年的传文内，并未严格按照编年之体例。这种以"初"起头追述往事且打破编年的情况在《左传》中可谓不胜枚举。另外，有些地方虽未以"初"起头，但情况也是类似的，比如《左传》僖公二十三年到二十四年所记晋

---

① 姚大力：《把过程归还历史书写——论司马迁对中国历史编纂学的突破》，上海社会科学院《传统中国研究集刊》编辑委员会编：《传统中国研究辑刊》第二辑，上海：上海人民出版社，2006年，第83页。
② 傅修延：《先秦叙事研究：关于中国叙事传统的形成》，北京：东方出版社，1999年，第221—222页。
③ 杨伯峻：《春秋左传注》，北京：中华书局，1990年，第425—426页。

文公回国继承君位之事，为了能说明事情的前后因果之联系，其当年的传文一直追述到发生在僖公四年的"晋公子重耳之及于难也"，并将之后重耳流亡国外的史事按时间顺序有条不紊地逐渐展开，囊括在同一年的传文中，呈现出一个完整的故事结构。从上面的例子来看，《左传》的特点与怀特所描述的编年史不完全相同，即它有时为了将史事的前因后果记叙清楚，打破严格的编年形式，所以很多时候并不缺乏叙事的首尾完整性①，也能体现出一种因果联系的整体相关性，从而构成一个可以为人们所理解的过程。

进一步考虑，《左传》的历史叙事表现出作者对因果关系的认识表现在两个层面上：一是对每个历史事件从发生到结局的具体因果环节，也就是上文所重点论述的；二是蕴藏在历史叙事背后的支配行为者命运乃至阐明历史发展的整体因果关系或基本法则。关于这点，比如《左传》里对人物行为的判断与评价往往以"礼"为标准，与之相联系进而带来许多模式化的情节，类似善有善报，恶有恶报，像是以某种道德准则贯穿全书，以至于有学者将其视作一部道德因果指南②。姚大力先生对此总结认为，从第一个层面来看，个别事件内部的、或者涉及若干直接相关事件之间的具体因果元素，并不会自动地汇为一个时代演变的整体因果关系。从第二个层面看，如果历史真的被理解为只是某个法则在每一个具体场合的反复显现，那它也只能说明按这种整体因果关系来理解历史的人，对时代演变的轨迹本身缺乏充分的历史自觉。③那么《左传》在第二个层面上是不是真的如前面的观点所评价的那样像一部道德因果指南？还是如姚先生所说对时代演变的轨迹本身缺乏充分的历史自觉呢？这里不妨以比较的视野来探讨一下，或许更有助于我们厘清这个问题。

---

① 怀特还强调历史故事中对结尾的要求就是一种对道德意义的要求，就是要求在评价一连串事件的重要性时要将它们视为一种道德戏剧的要素。详见（美）海登·怀特：《形式的内容：叙事话语与历史再现》，董立河译，北京：文津出版社，2005年，第28页。笔者认为即便以此来衡量《左传》，其结尾不乏一些"礼也""非礼也""君子曰"之类的评价，亦可视作一种对事件道德意义的要求。

② Burton Watson, *Early Chinese Literature*, New York: Columbia University Press, 1962, pp.47-48.

③ 姚大力：《把过程归还历史书写——论司马迁对中国历史编纂学的突破》，上海社会科学院《传统中国研究集刊》编辑委员会编：《传统中国研究辑刊》第二辑，上海：上海人民出版社，2006年，第83页。

三、道德的历史？因果解释与历史理性——兼与《伯罗奔尼撒战争史》相比较

史嘉柏曾把《左传》与古希腊史学家修昔底德的《伯罗奔尼撒战争史》作出比较，他认为："修昔底德书中存在的简短、不连贯的对轶事的叙述，都被包含在更大的对历史宏大叙事合法性之科学的或目的论解释中，而在《左传》中，轶事占据了主要地位，而且取代或排除了几乎所有的非轶事材料，包括任何对历史发展的重要的作者解释。"① 这样的观点看起来似乎有一定的道理，毕竟与有着复杂成书问题的《左传》不同，《伯罗奔尼撒战争史》是一部撰作目的非常明确的私人著作，用作者自己的话来说就是：

> 对于那些想要了解过去事件真相的人来说，由于人性总是人性，过去的事件在将来某个时候会再次发生，或者发生类似的事件，如果他们认为我的著作还有益处，那我就心满意足了。我的著作并不想赢得听众一时的奖赏，而是想成为永远的财富。②

这里可以看出修昔底德受到古希腊哲学实质主义传统的影响，古希腊哲学家大多认为真理只能从永恒静止的存在中获得，而历史是一直在变化的，所以不能产生知识，其中只有意见。而修昔底德试图在历史撰写中贯彻这一精神，故汤普森在《历史著作史》一书中指出："修昔底德把希腊批判哲学的原理应用到历史写作中，这就是他最杰出的地方。"③ 还有学者将修昔底德视作最早以科学的观点看待历史的史学家，认为他介绍、发现并预设了历史因果关系的规则化、规范化及本质化法则，通过这些法则，就有可能将特定事件纳入一个连续的框架式叙

---

① David Schaberg, *A Patterned Past: Form and Thought in Early Chinese Historiography*, Cambridge, Mass.: Harvard University Asia Center, 2001, p.172.
② （古希腊）修昔底德：《伯罗奔尼撒战争史》，何元国译，北京：中国社会科学出版社，2017年，第17—18页。
③ （美）J.W.汤普森：《历史著作史》上卷第一分册，谢德风译，北京：商务印书馆，1988年，第39页。

事的可理解整体中——这个整体进而成为一种模式，根据这种模式，人们可以理解一组完全不同的历史事件或一系列历史事件，因为这些事件同样也服从于类似的的法则。这种反复出现模式的确立就定义了他的历史之永恒价值。①这些都是对修氏众多称誉中的代表性观点。

然而，早在 20 世纪初，英国学者康福德就指出修昔底德的历史观与现代人完全不同。他认为关于人类事件的起因，古代史学家唯一能考虑到的是心理方面的原因——人或人格化城邦的性格和直接动机；而现代人则注意到了社会和经济条件，并形成了抽象的法则。古代人潜在的想法是：动机是第一原因，人类行动并不是普遍因果关系的组成部分。②我们不能以现代世界观中的基本观念——如每个事件的整体进程都是一个巨大的因果链，每一个环节都和其他环节相关联来衡量古希腊人。修昔底德认为人类事物的进程只和人类动机和神（或命运）的意志这两种因素或其中一种有关。③故也有学者将修昔底德称为"心理历史学之父"④。这样看来，现代人对修昔底德的一些褒美之辞于修氏本人来说或许真可以算得上是不虞之誉了，很多可能只是他们将自己的观念投射到了古人身上而已。

而在历史哲学家柯林武德看来，前人对修昔底德的赞美恰恰是他的最大缺点。柯氏认为，在古希腊实质主义思想影响下，修昔底德一直试图通过把历史写成某种不是历史的东西，来为自己终究是在写历史而辩护。他不是为叙述事实而叙述事实，其主要目的是要证实（心理学）规律，规律是支配各个事件之间的关系的不变法则。但是这些规律恰恰是这样一些永恒不变的形式，它们按照希腊思想的主要趋向来说乃是唯一可认识的事情。作者的头脑不能完全集中在事件本身

---

① Joel Fineman, The History of the Anecdote: Fiction and Fiction, In Harold Veeser, *The New Historicism*, New York: Routledge, 1989, p.52.
② （英）弗朗西斯·麦克唐纳·康福德：《修昔底德——神话与历史之间》内容提要，孙艳萍译，上海：上海三联书店，2006 年，第 2 页。
③ （英）弗朗西斯·麦克唐纳·康福德：《修昔底德——神话与历史之间》，孙艳萍译，上海：上海三联书店，2006 年，第 60 页。
④ （英）柯林武德：《历史的观念（增补版）》，何兆武、张文杰、陈新译，北京：北京大学出版社，2010 年，第 31 页。

第三章 《左传》对张力的发展

上，而是不断在脱离事件并走到隐藏在它们背后的某种教训里去，走到某种永恒不变的真理里去，用柏拉图的说法，事件只不过是真理的模型或复制品而已。①他认为对修昔底德来说，人性总是人性，也是他对历史的因果解释中永恒不变的法则②，通过历史的叙述可以对这一法则作全面的展示，以期成为永恒的财富，所以在这种意义上说，他的历史写作恰恰是反历史的。

反观《左传》，其通常所认为名义上的作者左丘明更像是一种理想化的象征，从长期以来的不休争论就可以看出，很难肯定地将它视作一本有明确作者或撰作目的的著作，至少在材料与结构上它显得更松散，作者意图也往往显得不突出甚至可能存在矛盾。这或许同它史料来源不一有关，编撰者对史料应该经过一定的修订与改编，但很难做到完全整齐划一。再加上其中还存在后来不断附益的成分，更增加了《左传》文本的复杂性。可不管怎样，有学者也许确实从中体会出一些看似模式化的规律，所以会视其为"道德因果指南"倒也情有可原。可若真如这种评价所说，那么《左传》作者就只是假借了历史来阐述某些预设的道德观念，从此点而言与修昔底德便没有什么本质的区别了。《国语·楚语上》云："教之《春秋》，而为之耸善而抑恶焉，以戒劝其心。"韦昭注曰："耸，奖也。"③这里说的《春秋》，应该是广义上的，类似墨子

---

① （英）柯林武德：《历史的观念（增补版）》，何兆武、张文杰、陈新译，北京：北京大学出版社，2010年，第29—32页。
② 陈新先生认为，如果因果解释最终是为了说明某种规则，那么，这种规则在文本中将表现为一种被简化的抽象物。例如，修昔底德在《伯罗奔尼撒战争史》中对事件进行因果解释，他最终要说明的一般规则是：人性支配着过去已经发生和将来要发生的历史事件，人性的永恒性确定了这两种时态中发生的事件的类似性。据此，它为读者阅读历史、令历史施展其作用和价值奠定了基础。如果说修昔底德说明的规则本身是一种需要进行解释的结果，那么原因的总体便是由他提供的对各种历史事件的因果解释所构成。此处存在两个层次的因果解释，即事件的因果解释与规则的因果解释。在文本中，前者是后者之因，后者被解释或表现为根据前者而获得的抽象物。然而因果解释在确定有限原因时对复杂历史现象的简化，决定了规则只能是一种被双重简化了的抽象物，这种双重简化，一是在对事件进行因果解释中的简化，二是在对规则进行因果解释中的简化。如果人们不能意识到或忘记了规则是双重简化的结果，他们不可避免地将犯以偏概全的错误，这也是某些学者对修昔底德著作中诸多武断的言论表示不满的原因所在。参见陈新：《历史认识——从现代到后现代》，北京：北京大学出版社，2010年，第48页。
③ 徐元诰撰，王树民、沈长云点校：《国语集解》，北京：中华书局，2002年，第485页。

所说的"百国《春秋》",其实也涵盖了像《左传》这样的春秋类史籍。既然说史书有奖善惩恶的作用,如果真的只是假借历史来阐述这一道德观念,那书中的记载应该都是善有善报、恶有恶报才最合适,但清儒汪中在《〈左氏春秋〉释疑》一文中尝云:"《左氏》之纪人事,所以耸善抑恶,以诏后世也,而有不信者焉,有不平者焉,其类有百。"①仔细寻绎文本,确实会发现它所记述的历史并不能完全以某种道德观念的模式来简单统括,里面还是存在着很多不符合所谓模式的例外。故有学者认为《左传》最终还是一部历史,尽管是一部道德化的历史。所以其模式不是预先想好的,而只是作者在所叙述的事件中发现的。换句话说,他表达了作者对所发生的历史事件意义的一种诠释,提供了他对春秋时期历史的看法和理解。②这样的观点应该说有一定的合理性,但《左传》是否可以称得上是一部道德化的历史,笔者以为仍值得商榷,现略作分析。如前述汪中一文便总结举出了《左传》易受常人指摘的四条可疑之处,兹引如下:

> 郑、息有违言,息伐郑而败,《左氏》以其犯五不韪而伐人,知其将亡;郑请成于陈,陈桓公不许,《左氏》谓其长恶不悛。按:郑庄公之在位,四邻构怨,无岁无兵,取周禾麦,射王中肩,寘母城颍,誓不复见,人道尽矣,而为周盟侯,以没元身;陈、息一眚,而亟称其恶,其可疑者一也。楚武王将齐而心荡,邓曼知其禄尽;莫敖举趾高,鬬伯比知其必败。按:商臣弑父与君,享国十二年,灭江、六、蓼,服陈、郑、宋,身获考终,子有令德;潘崇教人之子,使为大逆,奄有大子之室,为大师掌环列之尹,伐麋袭舒,屡主兵事,有厄及党,为国世臣,比于武王莫敖,其咎孰多?其征安在?其可疑二也。有神降于莘,虢公享神,神赐之土田,内史过、史嚚知其将亡;虢公败戎于渭、汭桑田,舟之侨、卜偃知其将亡。按:虢为卿士,于周为睦,子颓之乱,勋在王室。不幸晋方荐食,不祀忽诸,而四子备举其亡征。且周之东迁,拜戎不暇,渭、汭桑田之役,岂不亦敌王所忾,以张中

---

① (清)汪中著,李金松校笺:《述学校笺》,北京:中华书局,2014年,第131页。
② (美)王靖宇:《中国早期叙事文研究》,上海:上海古籍出版社,2003年,第36—37页。

国之威？而以为召衅，斯过矣！晋献上烝诸母，尽灭桓、庄之族，以妾为妻，逐群公子，而杀其世子；虢多凉德，岂其若是？而日辟百里，晋是以大，其可疑三也。公孙归父言鲁乐，晏桓子知其将亡。按：归父欲去三桓，以张公室，与公谋而聘于晋，欲以晋人去之。其忠盛矣，不幸宣公即世，其事不成。行父假于公义，以敝私怨，遂逐子家，由是公室四分，昭、哀失国，斯可谓国之不幸，而远以怀鲁蔽其罪；且意如内攘国政，外结齐、晋之臣，同恶相济，贼杀不辜，有君不事，使之野死，又废其子，其为谋人，不已多乎？而及身无咎，后嗣蒙业，其可疑四也。①

汪氏所举之四点可疑，都是与普通人心目中的道德期望，即善有善报、恶有恶报看起来相矛盾的。如果《左传》是一部道德化的历史，那就应该以道德为准绳，努力让书中的记事符合它想要宣扬的道德价值。然而实际情况是《左传》虽然记录了很多符合传统看法中一般奖善惩恶道德标准的历史故事，但相反的事例也同样存在，这至少说明《左传》记事中并未将道德观念的要求放在首要位置上。或许当时人们对史事的记载和传播包涵了想让它起到惩恶扬善作用的目的，但并没有因为这个目的而去削史事之足以适道德之履。汪中也曾特别强调了《左传》的戒劝作用并说明了自己的观点：

> 天道福善而祸淫，祸福之至，必有其几。君子见微知著，明征其辞，其后或远或近，其应也如响。作史者比事而书之策，侍于其君，则诵之；有问焉，则以告之。其善而适福，足以劝焉；淫而适祸，足以戒焉。此史之职也。……其有善而无福，淫而无祸，虽有先事之言，不足以戒劝，则遂削而不书。其事不可没，则载之；其故不可知，则不复为之辞。故史之于祸福，举其已验者也。……虽然，史之戒劝，犹有二焉：蔡侯般弑其君，岁在豕韦，苌宏知其弗过此，于是楚灵王诱之于申，伏甲而杀之，此明著其祸，以为戒者也；商臣以宫甲围成王，王缢，此直书其事，以为戒者也。祸之有

---

① （清）汪中著，李金松校笺：《述学校笺》，北京：中华书局，2014年，第131—132页。

无，史之所不得为者也。书法无隐，史之所得为者也。君子亦为其所得为者而已矣！此史之职也。百世之上，时异事殊，故曰："古之人与其不可传者死矣，所贵乎心知其意也。"①

汪氏指出《左传》中固然记录了很多能体现"天道福善而祸淫"的史事，足以作为劝戒，但同样存在一些善无善报、恶无恶报的事情，人们怀疑这样的记载是否还能起到相应的作用。汪氏认为史官能够将恶人恶事书法不隐地记录下来，就可以让人引以为戒，这也是他的职责所在，至于恶人是否有恶报，这不是史官能决定的。故《左传》只须"呈现史实之原委本末，不劳解释案断，而论断褒贬自然在其中"②。此亦足可见，《左传》是史书，而非宣扬善恶报应的"道德因果指南"。但如果说《左传》主体在于述史，然后再从历史中试着发现和归纳出更为一般性的因果原则，并借此起到惩恶劝善的作用，可能更为合理，不过这与修昔底德藉由历史来体现证明预设的永恒人性之方式已经是迥然有异了。

另外，如果说《左传》确实想尝试通过史事发现和归纳出更为一般性的因果原则，这样的原则又是什么呢？李惠仪先生认为，《左传》中的解说类文字，蕴含着解释的目的，考证过去是否可以解读，并勾勒出因果关系，考究天人关系，归纳可以推动历史发展的"原因"（它既可以是惩恶扬善的道德规范，又可以是某种天命观，或某种目的论）。《左传》强调征兆有意义，又突出解释的过程，这些都说明《左传》试图把纷陈流变的往事套进一种规律之中。③从这段话看，李先生似乎首先是肯定了《左传》有归纳原因、总结规律这样的意图。可她紧接着又说，征兆的隐晦与模棱两可，对其操纵及误读而产生的同情，都流露出人们的各种质疑。这些质疑包括人们对道德律令的疑惑，对历史意义的质询，对神灵是否存在的叩问，对社会—政治—道德秩序是否能持久不

---

① （清）汪中著，李金松校笺：《述学校笺》，北京：中华书局，2014年，第140—144页。
② 张高评：《春秋书法与左传史笔》，台北：里仁书局，2011年，第47页。
③ （美）李惠仪：《〈左传〉的书写与解读》，文韬、徐明德译，南京：江苏人民出版社，2016年，第77页。

变的考虑。①李先生所举出如此多的不确定和矛盾又让人重新产生了怀疑,《左传》想传达的到底是什么样的观点？其实有个问题往往为我们忽视，即不论总结出的道德规范也好，因果关系也好，准则规律也好，很多都是我们的后来之见，不一定是原作者或当时之人所具有或意识到的，也有一些是我们自以为是，实际却可能与原书的观念大相径庭。就拿前引汪中所举的四个例子来说，以后人的道德观念看，因为善恶的正义没有得到伸张，故觉得可疑。然而《左传》对善恶的看法是否就和传统上一般认为的道德观念完全一致呢？朱熹对《左传》就曾经批评道："左氏之病，是以成败论是非，而不本于义理之正。尝谓左氏是个猾头熟事，趋炎附势之人。"②他还说道："人若读得《左传》熟，直是会趋利避害。然世间利害，如何被人趋避了！君子只看道理合如何，可则行，不可则止，祸福自有天命。且如一个善择利害底人，有一事，自谓择得十分利处了，毕竟也须带二三分害来，自没奈何。仲舒云：'仁人正其谊不谋其利，明其道不计其功。'一部《左传》无此一句。"③朱子的这些评价无疑具有较大的代表性。确实，《左传》中所记录的一些人物，不但算不上道德的典范，甚至被普通人当作反面教材，比如汪氏所列举的不忠不孝的郑庄公、弑君弑父的商臣，放逐国君的季氏等，但历史上他们并没有因为自己的行为受到惩罚，反而往往取得了不小的成功。有学者也认为像《左传》所记载的对郑庄公与陈国、息国间争端之事的评论暗示了它将强与善、弱与恶等量齐观，把国力强弱联系到德之善恶上④，这些看法看起来都有一定的道理。其实在《左传》中有一段文字可以说比较典型地表现了它的上述倾向，《左传·昭公三十二年》记：

---

① （美）李惠仪：《〈左传〉的书写与解读》，文韬、徐明德译，南京：江苏人民出版社，2016年，第77页。
② （宋）黎靖德编，王星贤点校：《朱子语类》卷八十三，北京：中华书局，1986年，第2149页。
③ （宋）黎靖德编，王星贤点校：《朱子语类》卷八十三，北京：中华书局，1986年，第2150页。
④ （美）李惠仪：《〈左传〉的书写与解读》，文韬、徐明德译，南京：江苏人民出版社，2016年，第69页。当然，她也指出《左传》对郑庄公的称许，可能是因为这些记录源于郑国，或为郑国史官对庄公形象的美化。

赵简子问于史墨曰:"季氏出其君,而民服焉,诸侯与之;君死于外而莫之或罪,何也?"对曰:"物生有两、有三、有五、有陪贰。故天有三辰,地有五行,体有左右,各有妃耦,王有公,诸侯有卿,皆有贰也。天生季氏,以贰鲁侯,为日久矣。民之服焉,不亦宜乎!鲁君世从其失,季氏世修其勤,民忘君矣。虽死于外,其谁矜之?社稷无常奉,君臣无常位,自古以然。故《诗》曰:'高岸为谷,深谷为陵。'三后之姓于今为庶,主所知也。在《易》卦,雷乘乾曰大壮,天之道也。昔成季友,桓之季也,文姜之爱子也。始震而卜,卜人谒之,曰:'生有嘉闻,其名曰友,为公室辅。'及生,如卜人之言,有文在其手曰'友',遂以名之。既而有大功于鲁,受费以为上卿。至于文子、武子,世增其业,不废旧绩。鲁文公薨,而东门遂杀适立庶,鲁君于是乎失国,政在季氏,于此君也四公矣。民不知君,何以得国?是以为君慎器与名,不可以假人。"①

熟悉这段历史的人都知道,以季氏为代表的三桓长期把持着鲁国的国政,到了后来更是在一场政治冲突中将鲁昭公放逐到国外,昭公经过了长期的流亡生活,最后客死他乡。季氏的行为在后世正统的道德评判里显然是犯上作乱,但《左传》借着赵简子与史墨的一场对话,既道出了人们的疑惑,又留下了时人的解答。在鲁昭公流亡期间,鲁国民众顺服安定,国外诸侯并没有提出反对或加以讨伐,国君最终死在国外也无人怪罪。关键在于季氏获取了民众的支持,而早已失势的鲁君成为人民心中可有可无的人物。这一方面体现了《左传》以民为本的思想②,另一方面也看出《左传》虽然重视传统的礼仪与秩序,但亦尊重历史的变化,一句"社稷无常奉,君臣无常位,自古以然"可谓很好地概括了这样的观点。也许有人会怀疑,此类记载未必客观,或是倾向于这是掌权者比如季氏这样的人留下的史料,但即便如此,《左传》将这段记录完全照搬使用,其实就已经很好地体现了编纂者的态度。朱熹认为《左

---

① 杨伯峻:《春秋左传注》,北京:中华书局,1990年,第 1519—1520 页。
② 关于《左传》所体现的民本思想,可参考刘家和:《〈左传〉中的人本思想与民本思想》,《史学、经学与思想》,北京:北京师范大学出版社,2005年,第 355—365 页。

传》"以成败论是非,而不本于义理之正",仔细考量,朱熹所谓的"义理之正"无非是以后世社会中所认同的儒家伦理道德作为标准。合理与否,我们不妨回到儒家思想的源头,参照一下《论语》里孔子本人对管仲的几段评价。

《论语·八佾》记:

> 子曰:"管仲之器小哉!"或曰:"管仲俭乎?"曰:"管氏有三归,官事不摄,焉得俭?""然则管仲知礼乎?"曰:"邦君树塞门,管氏亦树塞门。邦君为两君之好,有反坫,管氏亦有反坫。管氏而知礼,孰不知礼?"①

《论语·宪问》记:

> 子路曰:"桓公杀公子纠,召忽死之,管仲不死。"曰:"未仁乎?"子曰:"桓公九合诸侯,不以兵车,管仲之力也。如其仁。如其仁。"②

《论语·宪问》记:

> 子贡曰:"管仲非仁者与?桓公杀公子纠,不能死,又相之。"子曰:"管仲相桓公,霸诸侯,一匡天下,民到于今受其赐。微管仲,吾其被发左衽矣。岂若匹夫匹妇之为谅也,自经于沟渎而莫之知也?"③

从上述引文可以看出,在孔老夫子心中,管仲显然算不上一个完美无缺的圣贤,有不知礼的行为也自然应受到批评,但这些细节上的"义理之不正"都无碍于孔子以心目中理想的标准"仁"来称许他。何故也?无非是因为"管仲相桓公,霸诸侯,一匡天下,民到于今受其赐"。即他能够取得历史的成功,努力作出"博施于民而能济众"的贡献,而没有为了常人道德要求中的为主死节而"自经于沟渎"。从某种

---

① （清）刘宝楠撰,高流水点校:《论语正义》,北京:中华书局,1990年,第123—128页。
② （清）刘宝楠撰,高流水点校:《论语正义》,北京:中华书局,1990年,第572—573页。
③ （清）刘宝楠撰,高流水点校:《论语正义》,北京:中华书局,1990年,第577—580页。

意上说,孔子的评价算不算"以成败论是非"呢?如果以此批评《左传》,却又怎能选择性无视《论语》中孔子的这些话呢?

有学者认为,《左传》令人震惊地将具有讽刺性的实用主义与理想性的道德言论混合在一起,这部分是因为其材料的不同来源,部分又体现了在中国政治思想史重要形成时期人们对政治混乱的不同反应。① 必须看到的是,《左传》记载的是一个发生着巨大变动的时代。随着时代的变动,当时人们的思想也在发生着变化,往往处于因循和革新二者的张力之中。很大程度上,现实的需要决定了张力的平衡点,而历史的发展趋势则决定了张力两极的消长变化。随着时间的推移,人们对那些在因循和革新中徘徊的矛盾无疑认识得更加明确,即逐渐感觉到历史的发展趋势不可阻挡。作者虽然对先王遗存的道德礼制传统还带有习惯性地尊奉和推崇,但在面临现实的矛盾与困惑时,也并没有教条地固守老一套不放,而是承认历史的变动,顺应时代的发展,更加重视人事的作用与现实的考量。《左传》对人与事的判断标准并不像朱熹说的只根据成败和利害那么简单。进一步探究,会发现所谓成败和利害的背后反映的是作者对现实的思考,而这种思考是以历史为准绳的。与古希腊人以为真理只能从永恒、静止的存在中去把握恰恰相反,古代中国人认为真理只能从变化、运动的存在中去把握②,因此可以说,修昔底德的《伯罗奔尼撒战争史》集中体现了古希腊哲学"实质主义"的特点,而作为中国早期史学代表的《左传》,虽然不一定是完全自觉的,但其所体现的实际上是一种历史的理性。③

四、言事相兼,说理与叙事——与《国语》的比较

《左传》对客观史事的记载,除了比《春秋》要详细具体得多,在

---

① Wai-yee Li, Pre-Qin Annals, In Andrew Feldherr, Grant Hardy, *The Oxford History of Historical Writing, Volume 1: Beginnings to AD 600*, New York: Oxford University Press, 2011, pp.430-431.
② 刘家和:《历史理性在古代中国的发生》,《史学、经学与思想》,北京:北京师范大学出版社,2005年,第50页。
③ 关于《左传》历史理性的特点,亦可参考本书第五章第一节。

第三章 《左传》对张力的发展

形式上也有一点较大的不同,那就是把记事和记言两者结合了起来。

刘知几《史通·载言》云:

> 古者言为《尚书》,事为《春秋》,左右二史,分尸其职。盖桓、文作霸,纠合同盟,春秋之时,事之大者也,而《尚书》阙纪。秦师败绩,缪公诚誓,《尚书》之中,言之大者也,而《春秋》靡录。此则言、事有别,断可知矣。逮左氏为书,不遵古法,言之与事,同在传中。然而言、事相兼,烦省合理,故使读者寻绎不倦,览讽忘疲。①

其实,这种"言事相兼"的形式最早可以追溯到《尚书》。按照传统的流行说法,"左史记言,右史记事,事为《春秋》,言为《尚书》"②,《尚书》应该是以记言为主,而《春秋》仅记事目,应该是以事为主。然而章学诚却指出:"《记》曰:'左史记言,右史记动。'其职不见于《周官》,其书不传于后世,殆礼家之愆文欤?后儒不察,而以《尚书》分属记言,《春秋》分属记事,则失之甚也。夫《春秋》不能舍传而空存其事目,则左氏所记之言,不啻千万矣。《尚书》典谟之篇,记事而言亦具焉;训诰之篇,记言而事亦见焉。古人事见于言,言以为事,未尝分事言为二物也。"③章氏反对将记言、记事二者绝对化,认为《尚书》中已言事兼备,言中可见事,记事亦具言;到了《春秋》,了解其记事也离不开《左传》,而《左传》中记言之处又何其之多呢。不过上古时期实际是否存在史官分主记言、记事之职,不可因此遽作推断,章氏以为左右史之职不见于《周官》,然前文已引黄以周考证知古书中大史即右史,内史即左史,两职《周礼》均有记载,虽所述职能与左右史有所差异,但并非毫无干系④,且《周礼》成

---

① (唐)刘知几著,(清)浦起龙通释:《史通通释》,上海:上海古籍出版社,2009年,第30页。
② 《汉书》,北京:中华书局,1962年,第1715页。
③ (清)章学诚著,叶瑛校注:《文史通义校注》,北京:中华书局,1985年,第31页。
④ 许兆昌先生提出,《周礼》所载周代史官,都没有明确记载所掌有秉笔记事、编纂史著一职。这是因为周代史官记事的本来目的并非为保存历史资料以供学术研究,而是为了监察君臣,并为后世立法垂宪。他以大史为例,以其首职即建典、法、则,恰可为证。参见许兆昌:《先秦史官的制度与文化》,哈尔滨:黑龙江人民出版社,2006年,第278—283页。

书较晚，所叙史官早期所掌职事有不尽然处，亦属正常。故章氏此说稍显武断，但他敏锐地指出了言与事之间不可割裂的密切关系，可谓有识之见。

《左传》无疑继承并发展了《尚书》这种言事相兼的记史方式。比如其对郑伯克段于鄢之事件的记载，按顺序可分为以下几部分：一、先介绍了郑庄公出生时的事，说明生母姜氏偏爱其弟叔段却不喜欢他，并屡次请郑武公立叔段为继承人，未得同意。二、接着讲述姜氏为叔段请求制邑，未获允许，而得到了京邑。但京邑规模过百雉，祭仲向庄公进谏，认为叔段图谋不轨，应有所措施，庄公未予采纳。三、叔段命西鄙、北鄙同时听命于自己。四、公子吕进谏，庄公不听。五、叔段又将西鄙、北鄙直接收为己邑，并扩大到廪延。六、公子吕再次进谏，庄公仍然不从。七、叔段做好准备，要袭击都城，姜氏作为内应。郑庄公知道后，命公子吕率兵攻打京，京城的人反叛叔段，叔段逃到鄢。庄公又攻打鄢，叔段逃到共。①在这七个部分中，大体上来看，一、三、五、七是记事，二、四、六是记言，非常充分地体现出《左传》记载历史"言事相兼"的特点。②这种记事与记言交错相结合的形式在《左传》中可以说比比皆是，它也使叙事变得更为生动。有学者便认为："这类言事相兼之叙事，大部分以事为起首。之所以如此设计，主要是为维持事件主线之清晰，以免在众多人物与事件相杂叙事中，使事件主轴模糊不清。就表达与接受角度而言，《左传》这样的设计，可说是长于叙事者。能先将事件主轴标明清楚，无论之后叙事如何复杂，人物对话如何纷乱，其事之脉络仍可保持清晰。"③确实，《左传》正是通过这样的叙事方式，将客观史事更加清楚形象地表现了出来。

---

① （晋）杜预注，（唐）孔颖达等正义：《春秋左传正义》，（清）阮元校刻：《十三经注疏》，北京：中华书局，1980 年影印本，第 1715—1716 页。
② 小仓芳彦先生认为，《左传》中记事的部分为史传，最先形成，相当忠实地传达了春秋时期的史实，记言的部分是在记事的基础上后来加入的，有解说的性质。详见（日）小仓芳彦：《〈左传〉中的霸与德——"德"概念的形成与发展》，刘俊文主编：《日本学者研究中国史论著选译》第七卷《思想宗教》，北京：中华书局，1993 年，第 8—16 页。
③ 陈致宏：《〈左传〉叙事与历史解释》，台南：台湾成功大学博士学位论文，2006 年，第 45 页。

第三章 《左传》对张力的发展

应该说，先秦时还有一部注重记言且与《左传》联系紧密的典籍不得不提，那就是《国语》。刘知几曾说："《国语》家者，其先亦出于左丘明。既为《春秋内传》，又稽其逸文，纂其别说，……其文以方《内传》，或重出而小异。"①在《国语》中，史事的记载有相当一部分与《左传》有重合，或有详略之差和记言记事之别，所以自古以来就有很多学者猜测两书之间的关系，此不具论。但就《国语》与《左传》比较而言，确实前者更重视对言的记录。而《国语·楚语上》记："教之《语》，使明其德，而知先王之务，用明德于民也。"韦昭注云："《语》，治国之善语。"②可见"语"这样的体裁承载着重要的政治道德的教育作用，这与《国语》的特点是十分相符的。《国语》正是通过对大量历史人物对话与故事的记载，来起到使人"明德"的效用。因为它既有故事，又有对话，所以也可被称为一种"事语"。但单从"言事相兼"的角度看，《左传》又未尝不是一种"事语"呢？所以有学者总结两书中的记言有一个共同点，即《左传》和《国语》中的言辞旨在通过将原则（史义——来自继承的知识和接受的文本）应用于历史事件的细节来证实道德和审美判断。③就前文的分析可知，《左传》与《伯罗奔尼撒战争史》不同，并没有将历史撰述应用在一种反历史的目的上，即为了证明某种预设的规则，所以这样的判断对《左传》来说是不成立的。那么《国语》的情况又是如何呢？张以仁先生在探讨两书之间的差异时曾说：

> 探究《国语》本质，知其旨在明德，使习者因而以知修齐治平之要在明德于民；其表现方式在托于言辞；而重点在说理。既不释经，也非叙事，与《左传》纪史以释经，以申"筝善抑恶"之义很不一样。④

张先生这段话简要地道明了《国语》与《左传》在撰作目的上的基

---

① （唐）刘知几著，（清）浦起龙通释：《史通通释》，上海：上海古籍出版社，2009年，第13页。
② 徐元诰撰，王树民、沈长云点校：《国语集解》，北京：中华书局，2002年，第485—486页。
③ David Schaberg, *A Patterned Past: Form and Thought in Early Chinese Historiography*, Cambridge, Mass.: Harvard University Asia Center, 2001, p.12.
④ 张以仁：《春秋史论集》，台北：联经出版事业公司，1990年，第106页。

本不同。朱渊清先生也认为，"事语"或许有史料的来源依据，但其目的不在记史，而是要宣扬某种价值。为了达到这个目的，甚至可以将具体内容加以改造、夸张甚至虚构，所以从根本上来说，它是一种文学叙事类型。①朱先生对"事语"类文献主要撰作目的看法与张先生大体相同，但他将其中的语言对话等同于文学创作，笔者觉得仍有待商榷。因为他也明确区分了两书之间的差别：《国语》就是"事语"的荟集，大型故事集是它的支配性特征。《左传》收入轶事基本就如《困学纪闻》所说的"传事不传义"，它们并不是为了一系列独立的价值目的而组织创作的故事，而是为《春秋》编年史而传事。②既然如此，两书同样记录了大量的对话和故事，如果只因为撰作目的不同，就差别化对待两书中的史料，将它们一个视为史著，一个视为文学叙事，显然是有失偏颇的。因为有学者曾通过比较晋公子重耳之亡的记事，分析得出结论：《国语》与《左传》在叙事上有所分歧时，似乎并非完全出于作者对史实的考虑，更多时候是由于作者对人物个性的塑造以及叙述的条理有不同解释和看法。③故朱先生若以《国语》记言多有虚设，有文学创作之嫌，那么《左传》恐怕亦难逃其责。如果再进一步深入思考的话，问题就远没有那么简单了，也涉及到当代史学理论的一个重要论题，即史学与文学的关系问题④，恐怕不是此处所能细论的。章学诚曾在给邵晋涵

---

① 朱渊清先生指出，"事语"未必不确有本事，但对本事的回忆也服务于某种道德价值的说明。"事语"的目的并不在建构事件因果连续的线性历史，也不在于确立一个记注事件的真实，而完全是为了宣扬某种价值，通常是道德价值，但也可以是政治价值或美学价值，取用资料完全出于现实功利而不在存留或复原真实的记注，因此"事语"允许夸张、拼合、改造乃至完全虚设假想。"事语"描绘细节过程，并结合过程中的人物语言对话，因此能够展现出十分形象生动的结果。"事语"是一种文学叙事类型，这是为了价值宣扬、根本是道德教育的目的，借助一定背景的历史事件或故事而再创作的文本，以凸现自己预设的价值。见朱渊清：《书写历史》，上海：上海古籍出版社，2009年，第56页。
② 朱渊清：《书写历史》，上海：上海古籍出版社，2009年，第58页。
③ （美）王靖宇：《中国早期叙事文研究》，上海：上海古籍出版社，2003年，第76页。
④ 如海登·怀特是从历史著作作为文学作品的角度出发来探讨这一问题的，他认为一种特定的历史情形应该如何塑造，这取决于历史学家在把一种特殊的情节结构和一组他希望赋予某种特殊意义的历史事件加以匹配时的微妙把握，这实质上是一种文学的，亦即虚构创作的运作过程。所有的历史叙事中都包含虚构成分，历史学家理解"实在物"与文学家理解"想象物"的方式并无不同。详可参考（美）海登·怀特：《话语的转义——文化批评文集》，董立河译，郑州：大象出版社，2011年，第88—107页。

的一封信中写道：

> 古人记言与记事之文，莫不有本。本于口耳之受授者，笔主于创，创则期于适如其事与言而已；本于竹帛之成文者，笔主于因，因则期于适如其文之指，或录成文而无所更易，或就字句而小作更张。①

所以无论记言还是记事，《左传》与《国语》中的记载应该有具体的史料来源。当然，两书所据史料或有同有不同，在史料基础上的加工整理也各有特点。大体来说，《左传》或许经过了更多的剪裁和润色，寓记言于叙事，整体风格显得更为精炼。《国语》却侧重记言，叙事上缺乏时间的联系，对话繁复以致于有时稍显芜杂。虽然《国语》与《左传》的撰作目的不同，但单以对相同史事的记载相比较，两书常常是详略有别，言与事各有偏重，部分史实或有小异，也有很多叙事大致相同。②史书中的言，使得作品与日常政治生活的关系更加密切，引导人们进行普遍性的思考，强化史学的实用性；而事则指向个别性，是在特定时间与地点下，特定人物所参与进行的特定史事。所谓的"言事相兼"即是言与事的结合，某种意义上也是一种普遍性与特殊性的结合，体现了史家"历记成败存亡祸福古今之道，然后知秉要执本"的特质。③

据史书记载，北魏孝文帝时，高祐与李彪在请求官方批准撰写国史的奏章中有这么一段话：

> 《尚书》者记言之体，《春秋》者录事之辞。寻览前志，斯皆言动之实录也。夏殷以前，其文弗具。自周以降，典章备举。史官之体，文质不同；立书之旨，随时有异。至若左氏，属词比事，两

---

① （清）章学诚著，仓修良编注：《文史通义新编新注》，杭州：浙江古籍出版社，2005 年，第 662 页。
② 关于《左传》与《国语》记载之异同，张以仁先生于《论〈国语〉与〈左传〉的关系》一文中所辨甚详，可参考张以仁：《张以仁先秦史论集》，上海：上海古籍出版社，2010 年，第 18—58 页。
③ 王晴佳，李隆国：《外国史学史》，北京：北京大学出版社，2017 年，第 35 页。

致并书，可谓存史意，而非全史体。①

上述引文中，关键在"至若左氏，属词比事，两致并书，可谓存史意，而非全史体"一句。这里所说的"属词比事"，与前文讨论过的属词比事的本义并不相同，实际是承上文"记言""录事"而来，"属词"即"记言"，"比事"即"录事"，"两致并书"其实指的就是"言事相兼"的撰述方式。《左传》因其记载丰富，实质上已能"存史意"，但形式上仍是《春秋》之传，故不能"全史体"。但自《左传》之后，随着纪传体的出现和兴起，配合"言事相兼"的叙事特点，这两者之间的组合便逐渐成为中国古代史书撰述的主流方式。晁福林先生曾将春秋战国时代史学领域的悄然变化总结为：三代传统史学从以问题为导向的说理模式，转向以叙事为中心的新范式。②按照这样的看法，《国语》显然偏重于前者，而《左传》无疑是后者的典型代表。

五、史事与想象：《左传》叙事的一种张力

《左传》言事相兼的叙事方式已于前述。但对这样的叙事方式，比如其中详细的语言对话描写，特别是一些没有第三者在场的情况，其可信程度到底能有几分，是否能够如实地反映客观史事，也引起了人们的怀疑。如钱钟书先生便曾谈道：

> 左氏……尤足为史有诗心、文心之证，则其记言是矣。吾国史籍工于记言者，莫先乎《左传》，公言私语，盖无不有。虽云左史记言，右史记事，大事书策，小事书简，亦只谓君廷公府尔。初未闻私家置左右史，燕居退食，有珥笔者鬼瞰狐听于傍也。上古既无录音之具，又乏速记之方，驷不及舌，而何其口角亲切，如聆謦欬欤？或为密勿之谈，或乃心口相语，属垣烛隐，何所据依？如僖公二十四年介之推与母偕逃前之问答，宣公二年鉏麑自杀前之慨叹，

---

① 《魏书》，北京：中华书局，1974年，第1260页。
② 晁福林：《从上博简〈武王践阼〉看战国时期的古史编撰》，《春秋战国史丛考》，苏州：苏州大学出版社，2015年，第192页。

皆生无傍证，死无对证者。注家虽曲意弥缝，而读者终不餍心息喙。纪昀《阅微草堂笔记》卷一一曰："鉏麑槐下之词，浑良夫梦中之噪，谁闻之欤？"……盖非记言也，乃代言也，如后世小说、剧本中之对话独白也。左氏设身处地，依傍性格身分，假之喉舌，想当然耳。①

钱先生指出，《左传》中不少对言语记载的真实程度是十分值得怀疑的，因为在当时许多情况下，如果想了解对话的内容，特别是那种私下的无他人在场对话的细节，是客观条件不允许的。所以《左传》能够那么详细记载对话的细节，如果真是史官亲耳所闻并不符合情理，既然如此，这些内容就不可能是记言，而只是作者通过想象的代言而已。这样的质疑可谓不无道理，正如钱先生所说，由于客观条件的限制，史书中想要对言语对话做到如实记录有着较大的困难，这自然会导致记言看上去不如记事真实。而章学诚在《与陈观民工部论史学》里比较史学中记事与记言的区别时提到：

> 记事之法，有损无增，一字之增，是造伪也。往往有极意敷张，其事弗显，刊落浓辞，微文旁缀，而情状跃然，是贵得其意也。记言之法，增损无常，惟作者之所欲，然必推言者当日意中之所有，虽增千百言而不为多，苟言虽成文，而推言者当日意中所本无，虽一字之增，亦造伪也。或有原文繁富，而意未昭明，减省文句，而意转刻露者，是又以损为增，变化多端，不可笔墨罄也。②

章氏以为记事重在如实，"一字之增，是造伪也"；记言贵在达意，只要是符合言者之意的，有所修饰，虽增千百言不为多，若是不合言者之意的，多一个字也是造伪。章氏之论稍显简单，仍有深入的空间，但大体允当。钱先生也认识到这一点，故认为："史家追叙真人实事，每须遥体人情，悬想事势，设身局中，潜心腔内，忖之度之，以揣

---

① 钱钟书：《管锥编》第1册，北京：中华书局，1979年，第164—165页。
② 章学诚：《章学诚遗书》，北京：文物出版社，1985年，第126页。

以摩,庶几入情合理。"①应该说,这样的情况在西方史学中也是存在的。古希腊史学家修昔底德在提到他对《伯罗奔尼撒战争史》中演说的撰写时说:

> 至于不同的人所发表的演说,有的是在这场战争即将爆发前,有的是在爆发后。其中有些是我本人听到的,有些则是别人从别处听到后告诉我的。对我来说,难以原原本本记下演说者的发言。故书中每一个演说人,在我看来,不过说出了我认为的在各种不同场合必需的话罢了,同时,我尽量贴近实际发言的大意。②

修昔底德非常诚实地承认了他在撰写演说词时部分存在编造的情况,所以有人认为这些演说词的修辞性远大于真实性,柯林武德对此甚至批评修昔底德的演说完全是出于他个人的主观标准对演说人动机和意图的重建,带有明显的程式化特点。③但也有学者认为,仔细揣摩修昔底德的这段文字,制约他还原演说词的主要因素只有两点,一是他自己的看法,另一个是作者的记忆力。如果修氏能按照他所说的标准去还原演说词,读者至少可以知道当时发言的大致内容。修氏的说法其实是否认了自己编造发言的可能,所以演说词应该是比较真实的。④相对折中的看法则提出:"当演讲包含着部分确被言说的言辞时——如人们所称的伯利克里的葬礼演说——它们也更接近于真实的理想。换言之,修昔

---

① 钱钟书:《管锥编》第1册,北京:中华书局,1979年,第166页。
② (古希腊)修昔底德:《伯罗奔尼撒战争史》,何元国译,北京:中国社会科学出版社,2017年,第17页。
③ 柯氏写道:"请看他那演说。……一个具有真正历史头脑的正直的人能允许自己使用那样一套程式吗?……从历史上说,使所有那些非常之不同的人物都用同一种方式在讲话,这难道不是粗暴吗?……在我看来,这些演说似乎本质上并不是历史学而是修昔底德对演说人行动的评论,是修昔底德对演说人的动机和意图的重建。即使这一点被否定了的话,关于这个问题的争论本身也可以看作是修昔底德的演说在文风和内容上都具有它的作者所特有的一套程式的证据;——作者的头脑不能完全集中在事件本身上,而是不断在脱离事件并走到隐藏在它们背后的某种教训里去,走到某种永恒不变的真理里去,用柏拉图的说法,事件只不过是真理的模型或复制品而已。"参见(英)柯林武德:《历史的观念(增补版)》,何兆武、张文杰、陈新译,北京:北京大学出版社,2010年,第31—32页。
④ (美)唐纳德·卡根:《伯罗奔尼撒战争的爆发》前言,曾德华译,上海:华东师范大学出版社,2014年,第3—4页。

底德笔下的演说词既包含已被言说的话语,也包括可能被言说或应被言说的话语。"①所以,有学者总结认为,修昔底德书中的演说辞不仅是他笔下演说者的"思想之真",更是修氏个人的"思想之真",体现了他对人类行为普遍规律的理性认识。②以上对修氏演说词真实性差异如此之大的评价,其实正体现了史家对史学求真与叙事修辞之间的一种张力的不同认识,问题在于修昔底德所处时代史学的标准与今天并非一致。有学者认为在近代以前的西方传统中,历史写作其实是修辞学的一个分支,古典史家为了提高说服力,更为注重历史的修辞和表达,他们在写作时承受着一种"修辞的压力"③。这种情况放在《左传》上也是类似的,但两者亦有不同之处。杜维运先生就指出:"(《左传》)以其所载辞令与西方希腊、罗马史家所拟演说词相比较,同样精彩,而一凭想象,一据文献。"④杜先生此语点明了中国古代与古希腊史学的一点重要差异:中国史学重视书面文献史料;而古希腊史学更愿意相信直接观察,即亲眼所见、亲耳所闻,然后是可靠亲历者的眼睛和耳朵,最后才是书面文献。《左传》与《伯罗奔尼撒战争史》的情况便很好地代表了两种传统的不同特点。刘知几《史通·申左》篇云:

> 寻《左氏》载诸大夫词令、行人应答,其文典而美,其语博而奥,述远古则委曲如存,征近代则循环可覆。必料其功用厚薄,指意深浅,谅非经营草创,出自一时,琢磨润色,独成一手。斯盖当时国史已有成文,丘明但编而次之,配经称传而行也。⑤

这是肯定了《左传》所记录的言辞文美义博,应来源于国史记言之成文实录,再来看修昔底德的说法,则显然有所不同:

---

① (美)恩斯特·布赖萨赫:《西方史学史》,黄艳红、徐翀、吴延民译,北京:北京大学出版社,2019年,第22页。
② 李永明:《修昔底德〈伯罗奔尼撒战争史〉中的演说辞及其真实性问题研究》,《史学史研究》2019年第1期,第52页。
③ 王晴佳、李隆国:《外国史学史》,北京:北京大学出版社,2017年,第162页。
④ 杜维运:《中国史学史》第1册,北京:商务印书馆,2010年,第93页。
⑤ (唐)刘知几著,(清)浦起龙通释:《史通通释》,上海:上海古籍出版社,2009年,第391—392页。

关于战争当中发生的事件，我不是偶然听到什么就认为值得记下来，也不以我个人的看法为准；我所记述的事件，要么是我亲身经历的，要么是从别的亲历者那里听来的，这些我都要尽力探究其中的每一个细节，以求符合事实。①

修氏的这段话恰好印证了前引杜维运先生的看法。意大利古典学家莫米利亚诺对此总结道，修昔底德没有像他描述现在那样描述过去，我们认为最保险的历史研究方法在修昔底德看来只是第二位的，只有在不可能获得确实和详细资料的情况下，才用来替代直接的观察。过去本身对于修昔底德来说并不重要，它是"现在"的序曲，从过去到现在的发展是线形的，修昔底德赋予历史进程永远不变的意义。说得更直接一点，正因为过去按照简单的进程发展到现在，唯一了解它的方式是从现在出发。现在是了解过去的基础，了解现在就能了解人性的作用，现在的经验可以为将来所用，或者是开启过去的钥匙。②可见在修氏这里，书中所有的内容都是为他的人性观念来服务的，是"主观见之于客观的活动"③，那么他所撰写的演说词与其说是对具体历史事件细节的还原，倒不如说是对他所处的城邦时代整体图景的再现，更重要的还有普遍人性的反复展示。正如凯利所评价的："对于这些演讲，他特别努力坚持它们的精神实质，而不总是形式。"④

从这点比较而言，至少《左传》记载的言辞，既不是为了证明某个预设的观念；亦非向壁虚构，而应有其史料文献的依据。但钱钟书先生进而又说："（《左传》）盖与小说、院本之臆造人物、虚构境地，不尽同而可相通；记言特其一端……《左传》记言而实乃拟言、代言，谓是后世小说、院本中对话、宾白之椎轮草创，未遽过也。"⑤钱先生此

---

① （古希腊）修昔底德：《伯罗奔尼撒战争史》，何元国译，北京：中国社会科学出版社，2017年，第17页。
② （意）莫米利亚诺：《现代史学的古典基础》，冯洁音译，上海：华东师范大学出版社，2009年，第52—56页。
③ 王晴佳，李隆国：《外国史学史》，北京：北京大学出版社，2017年，第36页。
④ （美）唐纳德·R.凯利：《多面的历史：从希罗多德到赫尔德的历史》，陈恒、宋立宏译，北京：生活·读书·新知三联书店，2003年，第52页。
⑤ 钱钟书：《管锥编》第1册，北京：中华书局，1979年，第166页。

处视《左传》之记言与文学小说的虚构虽不完全相同但可相通,甚至以《左传》记言为后世小说对话之滥觞。诚然,《左传》中对语言的记载定有史家想象之处,而其表述在形式上所具有的文学性色彩与小说中的对话也有近似之处。但这两者之间显然存在着一定的界限与区别,其中最为根本的一点是史家的想象必须以文献史料为依据,在此基础上为了使叙事更加完整有意义,可以运用合情合理的想象加以补充。但这样的想象不是任意的虚构臆造,而是受史料所制约的:即想象虚构的部分只有在与已有史料的事实相融贯,不发生逻辑冲突时,才是合理可信的。《左传》记言所运用的想象也是如此,它使得事实的描写更为生动有意义,也使得读者更容易接受。从这种意义上来说,《左传》的记言不但没有降低,反而增加了其所记载的客观史事之可信性。

其实在《左传》中,无论是记言还是记事,作者都必须运用适当的想象。首先,《左传》作者在作书时要搜集所能见到的各种史料并将其重新组织整合,这样的过程并非简单的剪刀加浆糊的工作,而是一个理解批判史料并重新建构史料的过程,理解批判与组织建构都离不开作者的想象;其次,史官对史事的原始记录不可能做到事无巨细,面面俱到,而往往是片断的、不完整的。既然客观记录中存在一定的断裂,《左传》的作者在理解组织各种史料时,就不得不依靠主观的想象与推演来弥合其中的断裂,当然这样的想象并不是任意的幻想,否则就与历史小说没有区别了;而必须是有客观史料证据作限定的,即我们想象的构造并不包含任何不为证据所必需的东西[①]。它不能摆脱史实的限制,也不能违背事件之间关联的基本逻辑,史家必然会受到史料本身所固有的结构性和关联性的限制,并在此基础上再将事件通过合理的想象,创造性地重新整合、构建并转化为历史叙事,而也正是这样的想象方使得历史的叙述变得更加连贯而有意义。

不过人们可能还是会有所怀疑:想象既然是主观的,那如何能够保证历史的客观真实。即使主观想象要以客观史料作依据,不得任意发

---

① 以上说法参考了柯林武德有关历史想象的论述,详见(英)柯林武德:《历史的观念(增补版)》,何兆武、张文杰、陈新译,北京:北京大学出版社,2010年,第241页。

挥，可这似乎仍然与中国史学的实录传统有所相违。刘知几曾批评《春秋》的书法歪曲了史实，让人难以理解（"未谕"），认为真正的实录应该客观地记录史事，善恶必书，如实地反映历史的实际。史书的记载要排除主观的好恶，好比明镜照物、虚空传响一样，能够"传真"，即最大程度地反映事实。①刘氏的见解体现了他对史学客观性的一种追求，他对《春秋》的质疑在那个时代也是难能可贵的，体现了其史学求真的纯粹精神。虽然他这样的求真精神是以扬善贬恶的致用性为依归的，但史学的求真与致用本来就是相辅相成的。其实按他的要求，《春秋》纵然未能如明镜照物、虚空传响一般反映客观历史，即使是他所推崇的《左传》，又何尝能达到这样的标准呢。从西方史学史的发展来看，我们可以发现，刘知几的这种观点与德国近代客观主义史学代表兰克的"如实直书（wie es eigentlich gewesen）"看起来有一定的类似之处，虽然它们也存在某种根本性的差异②，不过单就两者的相似点而言，在今天看来无疑是带有些天真的。史学的求真是极其复杂的，历史的记载离不开人，历史由人创造，也由人认识和书写，史学的主观要尽可能的符合客观，但离开了主观（人）的客观（史学）是不存在的，想要达到那种完完全全的客观史实之真是不可能的也是没有必要的。历史学的特性就在于历史研究的主客体都是同一个人类的精神。从这个角度出发，可以说，历史学的客观性就应包括了历史学家的主观性在内，真正的客观必须是承认主观因素的客观。历史学家的主观精神因素越是强

---

① "盖明镜之照物也，妍媸必露，不以毛嫱之面或有疵瑕，而寝其鉴也；虚空之传响也，清浊必闻，不以缧驹之歌时有误曲，而辍其应也。夫史官执简，宜类于斯。苟爱而知其丑，憎而知其善，善恶必书，斯为实录。观夫子修《春秋》也，多为贤者讳。狄实灭卫，因桓耻而不书；河阳召王，成文美而称狩。斯则情兼向背，志怀彼我。苟书法其如是也，岂不使为人君者，靡惮宪章，虽玷白圭，无惭良史也乎？"详见（唐）刘知几著，（清）浦起龙通释：《史通通释》，上海：上海古籍出版社，2009年，第374页。

② 雷家骥先生便指出，刘知几与兰克虽然同样追求历史记录的如实客观，但不同的是兰克学派是为了反说教性历史而发展形成，而刘知几的目的却恰恰在于经世致用。见雷家骥：《中国古代史学观念史》，北京：北京师范大学出版社，2018年，第614页。李纪祥先生也强调，刘知几的"传真"之"真"，不仅是真假之真，也是是非之真，以彰善贬恶为主，重在"当世"性。详见李纪祥：《中国史学传统中的"实录"意涵及其现代意义》，《北京师范大学学报》（社会科学版）2004年第5期，第72页。

有力，他的历史认识和历史理解也才能越是"客观"①。刘家和先生指出，刘知几这种观点的错误在于将真与主观简单对立起来。其实，主观既可以使人们背离历史进程的真实，又可以使人们在研究的过程中逼近真实。正是由于人们的主观能力总是处于一定的历史限度以内，我们把握历史之真的能力也是有限度的。历史的进程总是涵盖多方面和多层次内容的，而历史的记载不可能涉及所有的方面和层次，史学所能反映历史进程之真，总是在一定方面和一定层次上的。②所以，在《左传》对客观史事的记载中，虽然存在主观想象的成分，但这样的主观想象"是建立在对自身生命体验、对人性、人情和事理的深刻理解之上，尤其是要受相关历史实在的制约，不能与已知证据相冲突"③，目的是为了更好地体现客观。因为主观既能让人背离客观真实，也可以使人逼近客观真实，在事实限定范围内合理的主观想象不仅没有损害《左传》客观叙事之真，反而更添其客观叙事之美。这无疑也体现了《左传》史事记载中一种主客之间的张力。对于怀疑《左传》记载之客观真实的看法，汪荣祖先生曾有如下的评论：

> 人事乃史家所知之人事（facts known to the historians），人事之因由乃史家所悬想之因由（historical reasons or causes were historians' thoughts）。悬想者亦即史家对史事之忖度耳。其想当然耳之所以异于剧本对话独白者，即在"设身处地，依傍性格身份"，固有异于向壁虚构也。记言固然不免代言，记事或亦属代记，盖"遥想古人，叙事陈词，乃史家之叙词，未必即古人之叙词也"（the temporal and causal perspective implicit in the narrative sentence is that of the historian and not necessarily that of the agent）。欲变史家"陈述之辞"（narrative sentences）为古人"行动之辞"（action sentences），以重建确切之往事，犹为今日史家之鹄的，非丘明可逆

---

① 彭刚：《精神、自由与历史——克罗齐历史哲学研究》，北京：清华大学出版社，1999年，第110—111页。
② 刘家和：《史学的求真与致用问题》，《史学、经学与思想》，北京：北京师范大学出版社，2005年，第15页。
③ 周建漳：《历史哲学》，北京：北京大学出版社，2015年，第288页。

料也。春秋二百余年天子诸侯盛衰之事，今犹知其梗概，岂非拜《左传》之赐乎？①

汪先生之言可谓切实中肯，清楚地道出了历史书写追求客观性的不易与《左传》记载历史的重要价值，故特以此代作为本节之结语。

---

① （美）汪荣祖：《史传通说——中西史学之比较》，北京：中华书局，2003年，第42—43页。

第四章 《公羊传》对张力的发展

第一节 《公羊传》的口传与问答形式

《公羊传》专为解释《春秋》而作，重在阐发《春秋》经文中的书法大义。关于它的成书及流传情况，《汉书·艺文志》云："《公羊传》十一卷。"班固自注曰："公羊子，齐人。"颜师古注曰："名高。"[1]《汉书·艺文志》又云："《春秋》所贬损大人当世君臣，有威权势力，其事实皆形于传，是以隐其书而不宣，所以免时难也。及末世口说流行，故有《公羊》、《穀梁》、《邹》、《夹》之传。"[2]按照《汉书》的说法，《公羊传》本为齐人公羊高所作，因为要免时难，所以一直以口说形式流行。至于它的具体流传，《公羊解诂》徐彦疏引戴宏《序》云："子夏传与公羊高，高传与其子平，平传与其子地，地传与其子敢，敢传与其子寿。至汉景帝时，寿乃其[3]弟子齐人胡毋子都著

---

[1] 《汉书》，北京：中华书局，1962年，第1713、1714页。
[2] 《汉书》，北京：中华书局，1962年，第1715页。
[3] 原文作"其"，盖"与"或"共"之讹。

于竹帛。"①可见《公羊传》一书虽然口头流传甚久，但直到汉景帝时才形成书面的定本。戴宏虽然是汉人，但他所描述的师承传统，也许并不可靠。崔述便怀疑道："子夏生于春秋之末，下去汉景帝时四百有余岁矣，安得五传而至胡母（毋）子都！此乃传《公羊》者自侈其说，以为其师亲受业于子夏，以炫耀当世而不足信。"②崔述认为若按戴宏之言，传承五代与相隔年代之间并不相符，所以并不可信。但正如《四库全书总目提要》所云："今观传中有'子沈子曰''子司马子曰''子女子曰''子北宫子曰'，又有'高子曰''鲁子曰'，盖皆传授之经师，不尽出于公羊子。"③那么显然《公羊传》的传授并非仅有公羊氏而已，在长期的流传中，不同时代的经师都曾加入自己的内容。所以在戴宏所言的公羊氏之外，应该还有其他的传授者，或许是因为时代久远或其他原因，某些具体的传承关系已经慢慢失落模糊，仅剩公羊氏几代人的传承还比较清楚吧。所以，对于现存的一些历史上的说法，我们还是应当抱有一种谨慎的存疑态度。

《公羊传》之所以早期采取口传的形式流传，太史公尝云："七十子之徒口授其传指，为有所刺讥褒讳挹损之文辞不可以书见也"④，《汉书·艺文志》的说法也是类似的，即主要是为了避讳当世之文纲。或许也正是因为长期口传的缘故，《公羊传》一个很明显的特点是大多以口语化自问自答的形式来解释《春秋》。在先秦文献中，《论语》《易传》里间或也可见问答的方式，但都没有《公羊传》使用得那么频繁且独具特色。为了阐释《春秋》中的微言大义，《公羊传》对于经文中的疑问往往设问作答，一环扣一环，层层推进，以对经文中的训诂、书法及大义三个方面作出自己的阐发。而这样的问答式，因为由问题引发，前后具有一定的逻辑联系，所以也有利于它在未书于竹帛之时的记忆和流传。比如隐公元年《春秋》经文首句"元年春王正月"的解释，

---

① （汉）何休解诂，（唐）徐彦疏：《春秋公羊传注疏》，（清）阮元校刻：《十三经注疏》，北京：中华书局，1980年影印本，第2190页。
② （清）崔述撰著，顾颉刚编订：《崔东壁遗书》，上海：上海古籍出版社，1983年，第401页。
③ （清）永瑢等：《四库全书总目》，北京：中华书局，1965年，第210—211页。
④ 《史记》，北京：中华书局，1959年，第509页。

《公羊传》充分展示了这一问答形式的特点:

> 元年者何?君之始年也。春者何?岁之始也。王者孰谓?谓文王也。曷为先言王而后言正月?王正月也。何言乎王正月?大一统也。公何以不言即位?成公意也。何成乎公之意?公将平国而反之桓。曷为反之桓?桓幼而贵,隐长而卑,其为尊卑也微,国人莫知。隐长又贤,诸大夫扳隐而立之。隐于是焉而辞立,则未知桓之将必得立也。且如桓立,则恐诸大夫之不能相幼君也,故凡隐之立为桓立也。隐长又贤,何以不宜立?立适以长不以贤,立子以贵不以长。桓何以贵?母贵也。母贵则子何以贵?子以母贵,母以子贵。①

全部传文都由一问一答的形式展开,其中前几句提出"元年""春""王"分别是什么以及"王"为什么要放在"正月"前面的问题,并一一作了解答,这是解释《春秋》经文字面意思的(训诂)②;紧接着对为什么《春秋》经文不书"隐公即位"作出了问与答,这是解释书法的;剩下的部分是由书法进而引出的对尊卑长幼与立君之间关系的问答,这是阐发大义的。这段文字非常典型地体现了《公羊传》解释《春秋》的三个方面以及其与问答形式的具体结合。再如《公羊传·桓公六年》解经文"蔡人杀陈佗"之传:"陈佗者何?陈君也。陈君则曷为谓之陈佗?绝也。曷为绝之?贱也。其贱奈何?外淫也。恶乎淫?淫于蔡,蔡人杀之。"③这段文字更是通过连续的设问作答,显示出《公羊传》解释经文一环扣一环,层层推进的问答形式。其实,《公羊传》采取问答形式的解经方式,一点很重要的作用就是可以使读者按照它的思路与关注焦点对《春秋》进行思考。《公羊传》的提问,其实是预设了思考的前提和方向,待读者顺而进入其理路;再进一步通过回答十分自然地展现出它想要阐发的大义来。所以,问答形式与《公羊传》以义

---

① (汉)何休解诂,(唐)徐彦疏:《春秋公羊传注疏》,(清)阮元校刻:《十三经注疏》,北京:中华书局,1980年影印本,第2196—2197页。
② 其实在《公羊传》中,解释经文字面意思(训诂)与解释书法很多时候是结合在一起的,这里分成两方面只是析而言之。
③ (汉)何休解诂,(唐)徐彦疏:《春秋公羊传注疏》,(清)阮元校刻:《十三经注疏》,北京:中华书局,1980年影印本,第2216页。

解经的特点可以说是一对非常理想的组合。

第二节　《公羊传》对《春秋》的解释

《公羊传》往往从对《春秋》经文字面的提问切入，进而阐发大义。可是我们发现，它最为关注的并不是经文记录了哪些客观事实，而是为什么要如此记录以及如此记录背后蕴含着哪些意义。也就是说《公羊传》关注的是《春秋》背后的作者想要传达什么意图，如何传达，这显然是对作者主体意识的一种重视。具体而言，则表现在《公羊传》重在分析《春秋》书法以及春秋书法背后所隐含的孔子褒贬之义。刘歆《移让太常博士书》云："及夫子没而微言绝，七十子终而大义乖。"① 按照这样的说法，孔子作《春秋》，《春秋》有微言，有大义。《春秋》中隐微而却富含意蕴的文字是微言，包含在微言中的深刻道理是大义，由微言而见大义，这一切都与孔子是分不开的。若不明此理，则难免微言绝而大义乖了。《公羊传》正是遵循这样一个理路，从经文的字面分析入手，对《春秋》背后作者的主观意图进行充分的挖掘和阐释。下面我们就来具体看一看，《公羊传》是怎样进行解释的。

一、书与不书

《史记·孔子世家》中记载孔子作《春秋》，"笔则笔、削则削，子夏之徒不能赞一词"②。《公羊传》解释《春秋》，对于这点可以说是非常重视的，具体而言，笔是"书"，削则是"不书"。传文中经常可以见到有关"书"与"不书"的讨论，类似"……不书……何以书"的提问可谓比比皆是，《公羊传》十分自觉地从这种不当书而书的经文

---

① 《汉书》，北京：中华书局，1962年，第1968页。
② 《史记》，北京：中华书局，1959年，第1944页。

中发现了特异之处,并进而追问,寻绎作者之所以如此记的缘由以及蕴含其中的褒贬。因为《春秋》本为鲁史,记录详内略外也很正常,所以对于一些国外不重要的史事通常不加以记载,但一旦记载,自然有一些特别的原因,《公羊传》很好地注意到这一点。如桓公五年《春秋》经曰:"冬,州公如曹。"《公羊传》云:"外相如不书,此何以书?过我也。"①庄公十一年《经》曰:"秋,宋大水。"《传》云:"何以书?记灾也。外灾不书,此何以书?及我也。"②襄公十五年《经》曰:"刘夏逆王后于齐。"《传》云:"刘夏者何?天子之大夫也。刘者何?邑也。其称刘何?以邑氏也。外逆女不书,此何以书?过我也。"③昭公二十五年《经》曰:"十有二月,齐侯取运。"《传》云:"外取邑不书?此何以书?为公取之也。"④这四条都是记国外之事,《春秋》本不当书,但《公羊传》指出之所以书是因与鲁国有牵涉,不过均是就史实而解释,且点到为止,并没有进一步阐发褒贬大义。

还有一些例子,同样也是国外的事情不当书而书,《公羊传》的解释就不仅于点明史实,还进而表明褒贬之义。比如隐公二年《春秋》经曰:"九月,纪履緰来逆女。"《公羊传》云:"外逆女不书,此何以书?讥。何讥尔?讥始不亲迎也。始不亲迎昉于此乎?前此矣。前此则曷为始乎?此托始焉尔。曷为托始焉尔?《春秋》之始也。"⑤"外逆女"本不当书,但此处记载了。当然,因为这里是来迎娶鲁女,和本国有牵涉,所以《春秋》加以记载也没什么不对,但《公羊传》认为"外逆女不书",此处之所以书是因为不合亲迎的礼制。本不当书之事因非礼之行为而书之,以示讥贬。也正是出于对礼制的重视,《公羊传》对

---

① (汉)何休解诂,(唐)徐彦疏:《春秋公羊传注疏》,(清)阮元校刻:《十三经注疏》,北京:中华书局,1980年影印本,第2216页。
② (汉)何休解诂,(唐)徐彦疏:《春秋公羊传注疏》,(清)阮元校刻:《十三经注疏》,北京:中华书局,1980年影印本,第2232页。
③ (汉)何休解诂,(唐)徐彦疏:《春秋公羊传注疏》,(清)阮元校刻:《十三经注疏》,北京:中华书局,1980年影印本,第2306页。
④ (汉)何休解诂,(唐)徐彦疏:《春秋公羊传注疏》,(清)阮元校刻:《十三经注疏》,北京:中华书局,1980年影印本,第2329页。
⑤ (汉)何休解诂,(唐)徐彦疏:《春秋公羊传注疏》,(清)阮元校刻:《十三经注疏》,北京:中华书局,1980年影印本,第2202—2203页。

一些不当书而书之事却大加褒扬,如襄公三十年《经》曰:"秋,七月,叔弓如宋,葬宋共姬。"《传》云:"外夫人不书葬,此何以书?隐之也。何隐尔?宋灾,伯姬卒焉。其称谥何?贤也。何贤尔?宋灾,伯姬存焉,有司复曰:'火至矣,请出。'伯姬曰:'不可。吾闻之也:妇人夜出,不见傅母不下堂。傅至矣,母未至也。'逮乎火而死。"①《公羊传》认为"外夫人不书葬",而这里书葬是因为对她的死表示哀痛,伯姬因为遵循礼制的行为得到了"贤"的评价,不但在《春秋》本不该记载的情况下得以记载,而且用的还是她的谥号,以示赞许。所以这里不当书而书的关键并不在于是否为鲁国国外之事,而在于是否符合礼制。《公羊传》由礼制来解释《春秋》不书而书的例子还有很多。比如庄公二十二年,《经》曰:"冬,公如齐纳币。"《传》云:"纳币不书,此何以书?讥。何讥尔?亲纳币,非礼也。"②庄公二十九年《经》曰:"春,新延厩。"《传》云:"新延厩者何?修旧也。修旧不书,此何以书?讥。何讥尔?凶年不修。"③这两条记录按常规本来都不当书,《公羊传》指出原因就在于非礼,所以《春秋》要用不当书而书的特殊方式表示讥贬。

对于类似的情形,《公羊传》还总结出了"常事不书"的说法,这在传义中一共出现了三处。一是桓公四年《经》曰:"春正月,公狩于郎。"《传》云:"狩者何?田狩也,春曰苗,秋曰蒐,冬曰狩。常事不书,此何以书?讥。何讥尔?远也。诸侯曷为必田狩?一曰干豆,二曰宾客,三曰充君之庖。"④二是桓公八年《经》曰:"春,正月己卯,烝。"《传》云:"烝者何?冬祭也。春曰祠,夏曰礿,秋曰尝,冬曰烝。常事不书,此何以书?讥。何讥尔?讥亟也。亟则黩,黩则不

---

① (汉)何休解诂,(唐)徐彦疏:《春秋公羊传注疏》,(清)阮元校刻:《十三经注疏》,北京:中华书局,1980年影印本,第2314页。
② (汉)何休解诂,(唐)徐彦疏:《春秋公羊传注疏》,(清)阮元校刻:《十三经注疏》,北京:中华书局,1980年影印本,第2237页。
③ (汉)何休解诂,(唐)徐彦疏:《春秋公羊传注疏》,(清)阮元校刻:《十三经注疏》,北京:中华书局,1980年影印本,第2241页。
④ (汉)何休解诂,(唐)徐彦疏:《春秋公羊传注疏》,(清)阮元校刻:《十三经注疏》,北京:中华书局,1980年影印本,第2215页。

第四章 《公羊传》对张力的发展

敬。君子之祭也,敬而不黩。疏则怠,怠则忘。士不及兹四者,则冬不裘,夏不葛。"①三是桓公十四年《经》曰:"乙亥,尝。"《传》云:"常事不书,此何以书?讥。何讥尔?讥尝也。曰:犹尝乎!御廪灾,不如勿尝而已矣。"②这三条有关田狩与祭祀的传文都谈到了"常事不书",即认为如果是常规进行的普通仪式活动,《春秋》并不加以记载,如果一旦在经文里加以记载,就意味着有非常之事。这三条的非常之处在于其进行"不时"或"不地",是非礼的行为,所以要特别加以载录,以示讽刺。有学者认为,"常事不书"并不仅仅是一个选择素材的问题,而是让什么呈示出来接受判断的问题。《春秋》记载了不该记载的事情,因此这些事情必有反常之处,了解当时历史背景的人是知道其中的奥秘的。实际上,《春秋》的每一个叙述都包括了在场者(事件)和不在场者(史官载录规范),而"常事不书"给出了一个敞开之境,使得"在场者能够入于澄明而持存,不在场者能够出于澄明而逃逸并在隐匿中保持其存留",不管在场还是不在场,它们因为互相比较而存在。③其实在《春秋》中除了不当书而书,亦有当书而不书,比如前文所述的隐公元年不书公即位,隐公见弑而不书葬等。李纪祥先生认为:"不书"其实是一种"空白叙述",是指向"空白"的"已书写",而非"未书写",更是一种特殊的书写立场,出自有意图的作者行动,必须加以关注与解读。④这样的看法无疑十分准确地抓住了《春秋》经的表述特点,其实无论不当书而书还是当书而不书,都是是史官(孔子)一种表达自己臧否态度的特定书写方式,目的是为了让读者在不合常规的记录中发现反常之处。《公羊传》紧紧抓住这一点,对于《春秋》中出现的不正常的书与不书的情况加以追问,以期达到还原

---

① (汉)何休解诂,(唐)徐彦疏:《春秋公羊传注疏》,(清)阮元校刻:《十三经注疏》,北京:中华书局,1980年影印本,第2218页。
② (汉)何休解诂,(唐)徐彦疏:《春秋公羊传注疏》,(清)阮元校刻:《十三经注疏》,北京:中华书局,1980年影印本,第2221页。
③ 过常宝:《"春秋笔法"与古代史官的话语权力》,《北京师范大学学报》(社会科学版)2003年第4期,第24页。
④ 李纪祥:《〈春秋〉中的"空白"叙事:"阙文"与"不书"》,《文史哲》2015年第4期,第21页。

《春秋》书写意图的目的，而这样的书写意图也正是《春秋》作者主观意识的一种体现。所以可以说，《公羊传》很好地注意到《春秋》记载中主观意识的一面，并通过对它的解释使这一面很好地彰显出来。

二、讳而不隐

在书与不书之外，《公羊传》认为《春秋》中有很多隐讳的书写，往往通过对文辞的变换来起到表达事实与大义的作用。比如本书第二章第二节所举的鲁公见弑却讳称薨，这样书写是因为要"于内大恶讳"。类似的情况在《春秋》中还有很多，《公羊传》对此也有详细的阐发。

比如隐公二年《经》曰："无骇帅师入极。"《公羊传》云："无骇者何？展无骇也。何以不氏？贬。曷为贬？疾始灭也。始灭昉于此乎？前此矣。前此则曷为始乎此？托始焉尔。曷为托始焉尔？《春秋》之始也。此灭也，其言入何？内大恶，讳也。"①昭公四年《经》曰："九月，取鄫。"《传》云："其言取之何？灭之也。灭之则其言取之何？内大恶，讳也。"②在两个例子经文背后事实的真相都是灭他人之国的行为，按照《公羊传》的说法，这也是《春秋》所深恶痛绝的。但《春秋》这两处经文却变"灭"为"入"和"取"，因为这是鲁人所为，要内大恶讳，所以不能称"灭"，而必须有所避讳。其实不光是为内讳，《春秋》还往往为尊者讳，如庄公元年，《经》曰："齐师迁纪、郱、鄑、郚。"《传》云："迁之者何？取之也。取之则曷为不言取之也？为襄公讳也。外取邑不书，此何以书？大之也。何大尔？自是始灭也。"③庄公三十年《经》曰：秋，七月，齐人降鄣。《传》云："鄣者何？纪之遗邑也。降之者何？取之也。取之则曷为不言取之？为

---

① （汉）何休解诂，（唐）徐彦疏：《春秋公羊传注疏》，（清）阮元校刻：《十三经注疏》，北京：中华书局，1980年影印本，第2202页。
② （汉）何休解诂，（唐）徐彦疏：《春秋公羊传注疏》，（清）阮元校刻：《十三经注疏》，北京：中华书局，1980年影印本，第2317页。
③ （汉）何休解诂，（唐）徐彦疏：《春秋公羊传注疏》，（清）阮元校刻：《十三经注疏》，北京：中华书局，1980年影印本，第2225页。

桓公讳也。外取邑不书，此何以书？尽也。"这两个例子一个变"取"为"迁"，一个变"取"为"降"，都是为齐国国君隐讳。

这几个例子里，《公羊传》指出了《春秋》经文中存在的隐讳之处，那么对于隐讳书法如何能体现《春秋》作者的主观意识，《公羊传》又是怎样说明的呢？下面这个例子应该是很好的一个体现。庄公四年《经》曰："冬，公及齐人狩于郜。"《传》云："公曷为与微者狩？齐侯也。齐侯则其称人何？讳与雠狩也。前此者有事矣，后此者有事矣，则曷为读于此焉讥？于雠者将壹讥而已，故择其重者而讥焉，莫重乎其与雠狩也。于雠者则曷为将壹讥而已？雠者无时，焉可与通；通则为大讥，不可胜讥，故将壹讥而已，其余从同。"② 《春秋》经文止载鲁庄公与齐人狩猎于郜，再简洁不过的记录。《公羊传》却上来就指出，庄公为什么会与低微的人在一起打猎？原来齐人就是齐襄公。那为什么不称齐侯却称齐人呢？这是为鲁公隐讳，因为他与杀父仇人一同打猎。怎么能与仇人交往呢？那是莫大的讥讽。《公羊传》这样的说明正反映了隐讳笔法是如何揭示史官（孔子）想要表达的事实的。按照《公羊传》的解释，《春秋》为了避讳，不方便直接记录鲁庄公与杀父仇人齐侯一起狩猎，所以书作"齐人"。至于为什么鲁公与齐侯的交往《春秋》只有这一次书作"齐人"，《公羊传》认为只举一次有代表性的例子就可以囊括其他了。《公羊传》将齐人解释为齐国地位低微的人，这样的隐讳记录虽然没有直接反映事实，但却足以引起读者的怀疑，并会进而引发读者追问此处的具体情况究竟如何。如此看来则只是讳而不隐，事实真相也就并未因为隐讳而被完全掩盖。《公羊传》的解释看起来是很圆满的，但亦有学者提出怀疑，如赵匡云："《春秋》未有与诸侯会而书彼君为人者。若此非齐侯，则实与微者狩，复书为何哉？若实是齐侯，即当书云及齐侯狩于郜，而不书公。此则讳公之义，义与盟义

---

① （汉）何休解诂，（唐）徐彦疏：《春秋公羊传注疏》，（清）阮元校刻：《十三经注疏》，北京：中华书局，1980年影印本，第2241页。
② （汉）何休解诂，（唐）徐彦疏：《春秋公羊传注疏》，（清）阮元校刻：《十三经注疏》，北京：中华书局，1980年影印本，第2227页。

同，不应讳齐侯也。"①这是怀疑齐人并非齐侯，但也不是身份低微的人。傅隶朴先生也指出："庄公时鲁与齐之交往，前后不止一次，而经于齐侯皆称侯，齐大夫皆称人，从无混举之例……庄公不复仇反而往齐地与齐大夫为狩猎之乐，不自尊重如是，故齐人叹其忘父仇纵母奸，而作猗嗟一诗以刺之。"②可以说，这样的质疑是很有力的，《公羊传》确实多有不顾史实，穿凿臆断之处。关于这条经文，《左传》并无相关史事的记载，所以无从得知其详。或许此处齐人确实不是齐侯，但无论如何，《公羊传》这种探索《春秋》如何通过隐讳书法来表达事实的自觉意识，是值得我们重视的。

关于隐讳书法与客观事实之间的联系，有学者认为：讳书本身采取的是名不副实、掩盖事实的手法，而目的是再现罪恶事实、不隐客观事实。这似乎是一个二律背反。因而从认知角度看，为尊者讳不能误解为屈从尊者而故意歪曲事实、混淆视听，而应该理解为旨在再现历史之真的特殊言说方式和灵活表达策略。如果读者能参透"讳"这种表现手法的独特性，理解"讳"所蕴含的事实之真和价值之真的双重命意，那么历史之真实际上也就由此可以进入澄明之境。③其实，《春秋》中的这种讳书笔法，好比在历史之上架设了许多机关，而《公羊传》就是打开这些机关的钥匙。形式上的讳起到的实际作用却往往是"欲盖弥彰"，或许这恰恰是讳书者的用意所在，让读者参透"讳"这样的手法，也正是《公羊传》试图告诉我们的。《公羊传》大张旗鼓地对《春秋》中史官（孔子）主观的隐讳笔法进行探究分析，一层层揭开了蒙在史事之上的迷障，阐发了《春秋》书写中的微言大义，从某种意义上说，也起到了带领读者逐渐接近客观事实的作用。

三、实与而文不与

关于《春秋》经文的解释，还有一点很重要的就是《公羊传》发掘

---

① （唐）陆淳：《春秋集传辨疑》，北京：中华书局，1985年《丛书集成初编》本，第34页。
② 傅隶朴：《春秋三传比义》，北京：中国友谊出版公司，1984年，第220—221页。
③ 平飞：《尊尊与为尊者讳：春秋公羊义的二重性探析》，《东方论坛》2008年第5期，第6页。

第四章 《公羊传》对张力的发展

了其中文与实不相符合的情况，称之为"实与而文不与"，并借此阐发大义。文实不符，看似悖论，那么《公羊传》是如何解释这一点的呢，传文中一共有六条事例，兹分列于下：

一、僖公元年《春秋》经曰："齐师、宋师、曹师次于聂北，救邢。"《公羊传》云："救不言次，此其言次何？不及事也。不及事者何？邢已亡矣。孰亡之？盖狄灭之。曷为不言狄灭之？为桓公讳也。曷为为桓公讳？上无天子，下无方伯，天下诸侯有相灭亡者，桓公不能救，则桓公耻之。曷为先言次而后言救？君也。君则其称师何？不与诸侯专封也。曷为不与？实与而文不与。文曷为不与？诸侯之义不得专封也。诸侯之义不得专封，则其曰实与之何？上无天子，下无方伯，天下诸侯有相灭亡者，力能救之，则救之可也。"①

二、僖公二年《春秋》曰："春，王正月，城楚丘。"《传》云："孰城之？城卫也。曷为不言城卫？灭也。孰灭之？盖狄灭之。曷为不言狄灭之？为桓公讳也。曷为为桓公讳？上无天子，下无方伯，天下诸侯有相灭亡者，桓公不能救，则桓公耻之也。然则孰城之？桓公城之。曷为不言桓公城之？不与诸侯专封也。曷为不与？实与而文不与。文曷为不与？诸侯之义，不得专封。诸侯之义不得专封，则其曰实与之何？上无天子，下无方伯，天下诸侯有相灭亡者，力能救之，则救之可也。"②

三、僖公十四年《经》曰："春，诸侯城缘陵。"《传》云："孰城之？城杞也。曷为城杞？灭也。孰灭之？盖徐、莒胁之。曷为不言徐、莒胁之？为桓公讳也。曷为为桓公讳？上无天子，下无方伯，天下诸侯有相灭亡者，桓公不能救，则桓公耻之也。然则孰城之？桓公城之。曷为不言桓公城之？不与诸侯专封也。曷为不与？实与而文不与。文曷为不与？诸侯之义不得专封也。诸侯之义不得专封，则其曰实与之何？上无天子，下无方伯，天下诸侯有相灭亡者，力能救之，

---

① （汉）何休解诂，（唐）徐彦疏：《春秋公羊传注疏》，（清）阮元校刻：《十三经注疏》，北京：中华书局，1980年影印本，第2246页。
② （汉）何休解诂，（唐）徐彦疏：《春秋公羊传注疏》，（清）阮元校刻：《十三经注疏》，北京：中华书局，1980年影印本，第2247页。

则救之可也。"①

四、文公十四年《经》曰:"晋人纳接菑于邾娄,弗克纳。"《传》云:纳者何? 入辞也。其言弗克纳何? 大其弗克纳也。何大乎其弗克纳? 晋郤缺帅师,革车八百乘,以纳接菑于邾娄,力沛若有余而纳之。邾娄人言曰:"接菑,晋出也;貜且,齐出也。子以其指,则接菑也四,貜且也六。子以大国压之,则未知齐、晋孰有之也,贵则皆贵矣。虽然,貜且也长。"郤缺曰:"非吾力不能纳也,义实不尔克也。"引师而去之,故君子大其弗克纳也。此晋郤缺也,其称人何? 贬。曷为贬? 不与大夫专废置君也。曷为不与? 实与而文不与。文曷为不与? 大夫之义,不得专废置君也。"②

五、宣公十一年《经》曰:"冬,十月,楚人杀陈夏征舒。"《传》云:"此楚子也,其称人何? 贬。曷为贬? 不与外讨也。不与外讨者,因其讨乎外而不与也,虽内讨亦不与也。曷为不与? 实与而文不与。文曷为不与? 诸侯之义,不得专讨也。诸侯之义不得专讨,则其曰实与之何? 上无天子,下无方伯,天下诸侯有为无道者,臣弑君,子弑父,力能讨之,则讨之可也。"③

六、定公元年《经》曰:"三月,晋人执宋仲几于京师。"《传》云:"仲几之罪何? 不衰城也。其言于京师何? 伯讨也。伯讨则其称人何? 贬。曷为贬? 不与大王专执也。曷为不与? 实与而文不与。文曷为不与? 大夫之义,不得专执也。"④

以上六个例子讲的史事在实际层面上都是值得肯定的,可因为"上无天子,下无方伯,天下诸侯有相灭亡者,力能救之,则救之可也""天下诸侯有为无道者,臣弑君,子弑父,力能讨之,则讨之可也"

---

① (汉)何休解诂,(唐)徐彦疏:《春秋公羊传注疏》,(清)阮元校刻:《十三经注疏》,北京:中华书局,1980年影印本,第2253—2254页。
② (汉)何休解诂,(唐)徐彦疏:《春秋公羊传注疏》,(清)阮元校刻:《十三经注疏》,北京:中华书局,1980年影印本,第2273页。
③ (汉)何休解诂,(唐)徐彦疏:《春秋公羊传注疏》,(清)阮元校刻:《十三经注疏》,北京:中华书局,1980年影印本,第2284页。
④ (汉)何休解诂,(唐)徐彦疏:《春秋公羊传注疏》,(清)阮元校刻:《十三经注疏》,北京:中华书局,1980年影印本,第2334页。

第四章 《公羊传》对张力的发展

"大夫受命不受辞,出竟有可以安社稷、利国家者,则专之可也"①。所以虽然做了有利于实际的事,但是按照传统的礼义,诸侯不得专封、不得专讨;大夫不得专废置君、不得专执,这里的"专"就是擅自的意思。对于这些行为正确的人,虽然可以"实与",即实际上赞同,但仍必须"文不与",即在字面上要予以批评。这正反映了历史变动时期的特殊状况,对于此点,刘家和先生指出:面对历史的变化,公羊家采取了承认的态度。所以他们发明了"实与"的办法;由于传统的"礼乐征伐自天子出"的原则又不能废弃,他们就加了一个"文不与"。所以,"实与而文不与"的矛盾,所反映的正是客观历史过程中的矛盾。②正因为存在这样的矛盾,《公羊传》认为史官(孔子)在主观上对此类行为是赞同的,但不方便在记录中直接表达出来,便采取了"实与而文不与"的方式。这样的记录虽然在表面上对此类行为并不认可,甚至有贬抑的用辞,但实际上仍通过看似悖论的方式体现了一定程度上的称许。《公羊传》注意到"实与而文不与"的表达方式,也正是源自它对《春秋》记录中主体意识的挖掘与重视。其实关于"实与而文不与"的问题,董仲舒在《春秋繁露》的开篇还有着更为详细的探讨:

> 楚庄王杀陈夏征舒,《春秋》贬其文,不予专讨也。灵王杀齐庆封,而直称楚子,何也?曰:庄王之行贤,而征舒之罪重。以贤君讨重罪,其于人心善。若不贬,孰知其非正经。《春秋》常于其嫌得者,见其不得也。是故齐桓不予专地而对,晋文不予致王而朝,楚庄弗予专杀而讨。三者不得,则诸侯之得,殆此矣。此楚灵之所以称子而讨也。《春秋》之辞,多所况,是文约而法明也。问者曰:不予诸侯之专封;复见于陈蔡之灭。不予诸侯之专讨,独不复见于庆封之杀,何也?曰:《春秋》之用辞,已明者去之,未明者著之。今诸侯之不得专讨,固已明矣。而庆封之罪未有所见也,故称楚子

---

① (汉)何休解诂,(唐)徐彦疏:《春秋公羊传注疏》,(清)阮元校刻:《十三经注疏》,北京:中华书局,1980年影印本,第2236页。
② 刘家和:《史学的悖论与历史的悖论》,《史学、经学与思想》,北京:北京师范大学出版社,2005年,第394页。

以伯讨之，著其罪之宜死，以为天下大禁。曰：人臣之行，贬主之位，乱国之臣，虽不篡杀，其罪皆宜死，比于此其云尔也。①

董仲舒首先以楚庄王杀陈夏征舒为例，认为楚庄王乃贤君，而夏征舒弑君罪重，以贤君讨罪重，显然是大家都认同的，但《春秋》却贬其文，仍书作"楚人"，认为这样的行为有专擅僭越之罪，并不符合礼义，这就是于其得中见不得。《春秋》对与此类似的齐桓专封、晋文专致也是"实与而文不与"，《春秋》责备贤者，对于这样的贤君尚且有所不与，贬其文，既然此三者不得，则诸侯之得就可想而知了。而楚灵王讨庆封，楚灵王奸诈，尚且书作"楚子"，这是因为庆封之罪更重，"故称楚子以伯讨之，著其罪之宜死，以为天下大禁"，这就是于不得中见所得。不论是"文"还是"实"，《春秋》之用辞，已明者去之，未明者著之。不予诸侯专封专讨，是已明者，而庆封之罪在《春秋》中却未有所见，故称"楚子"讨之，以彰其罪。董仲舒的这些解读比之《公羊传》更是后出转精，非常到位地把握了《公羊传》的精神，并有着进一步的阐发。《公羊传》非常关注《春秋》书写中语言的选择和运用，认识到作者主观意识对于历史书写的重要性；而董仲舒在《公羊传》基础上进一步发展，无疑是把对《春秋》记载中主观因素的分析与理解推向了新的阶段。

---

① 苏舆撰，钟哲点校：《春秋繁露义证》，北京：中华书局，1992年，第2—5页。

第五章 《春秋》泓之战记载之三传比析

通观三传,《左传》重在记史,而《公羊传》《穀梁传》重在解经。所以三传对《春秋》的说明和解释存在很多的歧异,也与它们本身的性质有关。即便是《公羊传》《穀梁传》均为解经而作,二者之间往往也不尽相同。这些差异必然会给我们带来很多疑问,而问题的出现却又是促使我们进一步去发掘深层原因的动力所在。如三传文本中有关泓之战里对宋襄公的记载和评论的各执一辞,就十分具有代表性,不失为体现三传各自思想特点的一个缩影。而由此切入再进一步地思考和探讨,亦可以小见大。

第一节 《左传》记载所体现的史学特点与历史理性

提到宋襄公,就不得不提那次著名的泓之战。《春秋》经僖公二十二年记载："冬，十有一月己巳朔，宋公及楚人战于泓，宋师败绩。"经文十分简明扼要，交代了事情发生的具体时间、人物及其结果。但至于事情的详细过程，仅凭经文则无从得知。这里，《左传》便可以起到进一步补充说明的作用。

  楚人伐宋以救郑。宋公将战，大司马固谏曰："天之弃商久矣，君将兴之，弗可赦也已。"弗听。冬，十一月己巳朔，宋公及楚人战于泓。宋人既成列，楚人未既济。司马曰："彼众我寡，及其未既济也，请击之。"公曰："不可。"既济而未成列，又以告。公曰："未可。"既陈而后击之，宋师败绩。公伤股。门官歼焉。①

通过《左传》的记载可以了解到，此战宋襄公没有听从司马的多次劝谏，坚持等待楚军渡河并列阵完毕之后才展开攻击。结果，宋军败下阵来，他自己也受了伤。宋襄公的行为在我们今天看来似乎十分不合常理，楚军强大，他却主动放弃有利战机。但他为什么在战场上会作出这样的决定呢？面对国人的埋怨，宋襄公有着自己的解释：

  国人皆咎公。公曰："君子不重伤，不禽二毛。古之为军也，不以阻隘也。寡人虽亡国之余，不鼓不成列。"②

宋襄公认为自己遵循的是古法，是理所当然的，可是子鱼却提出了反驳的意见：

  子鱼曰："君未知战，勍敌之人，隘而不列，天赞我也；阻而鼓之，不亦可乎？犹有惧焉。且今之勍者，皆吾敌也。虽及胡耇，获则取之，何有于二毛？明耻、教战，求杀敌也。伤未及死，如何勿重？若爱重伤，则如勿伤；爱其二毛，则如服焉。三军以利用也，

---

① （晋）杜预注，（唐）孔颖达等正义：《春秋左传正义》，（清）阮元校刻：《十三经注疏》，北京：中华书局，1980年影印本，第1813页。
② （晋）杜预注，（唐）孔颖达等正义：《春秋左传正义》，（清）阮元校刻：《十三经注疏》，北京：中华书局，1980年影印本，第1814页。

第五章 《春秋》泓之战记载之三传比析

金鼓以声气也。利而用之,阻隘可也;声盛致志,鼓儳可也。"①

子鱼从实际的角度出发,认为宋襄公不懂为战。如果打仗时不抓住有利战机,还去怜惜对方的老弱伤员,不如早点投降算了。《左传》十分详细地交代了事情的来龙去脉,显然是以传事为主。最后宋襄公和子鱼的对话,则更为清晰地体现了人物的特点。虽然《左传》看似只是客观地记载史事和引述评论,但这所谓的"客观"中也必然会透露出《左传》的"主观"思想。比如,是否可以说,《左传》用子鱼反驳宋公的话作为这件事的结尾,就意味着《左传》赞同子鱼的观点呢?结合泓之战前《左传》对于宋襄公相关史事的记载来看,似乎可以这么看。因为子鱼曾多次针对宋襄公的行为提出质疑和发出感慨②,而且后来《左传》记载的事实证明了子鱼的话是正确的。不过,范宁认为"左氏艳而富,其失也巫",杨士勋疏曰:"巫者,谓多叙鬼神之事,预言祸福之期。"③正如范氏所说,《左传》多记预言,而且预言基本得到了应验。可以肯定的是,这些预言应出于《左传》的作者(或者说编者)的追述(至于这些带有预言性质的评论是对前人言论中与事件结果相符那部分的选择性采用还是出自后人的附益,仍须具体分析),所以子鱼的评论无不中也不是什么奇怪的事。《左传》的作者择取加入这些言论不单单是为了使《左传》的记叙更加丰富生动,其实还体现了更多的内容,即作者本身的思想和倾向性。可是如果认为《左传》是赞同子鱼的话,那么就出现一个问题,即《左传》中对人物语言的记载体现的到底是人物的思想还是《左传》作者的思想,抑或是二者兼而有之呢?这是

---

① (晋)杜预注,(唐)孔颖达等正义:《春秋左传正义》,(清)阮元校刻:《十三经注疏》,北京:中华书局,1980年影印本,第1814页。
② 如《左传·僖公十九年》记:宋人围曹,讨不服也。子鱼言于宋公曰:"文王闻崇德乱而伐之,军三旬而不降,退修教而复伐之,因垒而降。《诗》曰:'刑于寡妻,至于兄弟,以御于家邦。'今君德无乃犹有所阙,而以伐人,若之何?盍姑内省德乎?无阙而后动。"再如《左传·僖公二十一年》记:秋,诸侯会宋公于盂。子鱼曰:"祸其在此乎!君欲已甚,其何以堪?"于是楚执宋公以伐宋。冬,会于薄以释之。子鱼曰:"祸犹未也,未足以惩君。"参见(晋)杜预注,(唐)孔颖达等正义:《春秋左传正义》,(清)阮元校刻:《十三经注疏》,北京:中华书局,1980年影印本,第1810、1811页。
③ (晋)范宁注,(唐)杨士勋疏:《春秋榖梁传注疏》,(清)阮元校刻:《十三经注疏》,北京:中华书局,1980年影印本,第2361页。

一个值得深入思考的问题，但也是一个十分复杂的问题，恐怕不是此处所能细论的。①

退一步讲，假设《左传》在这里是倾向于子鱼的观点，那么《左传》的评判标准又是什么呢？朱熹曾云："左氏之病，是以成败论是非，而不本于义理之正。"②又说："（《左传》）只知有利害，不知有义理。……读得《左传》熟，直是会趋利避害。"③如果按朱熹的意见，《左传》就是以成败和利害作为评判的标准，能够取得成功和趋利避害的人和事就是《左传》所认同的。这样的看法似乎有一定的根据，不能完全算错，但是未免有些简单片面。朱熹显然是站在理学家的立场上从经学的角度对《左传》进行批评的。正如前文所引，朱熹既然认为《左传》是史学，其特点是记事瞻详；可他又以经学义理绳之，难免有些自相抵牾。必须看到的是，《左传》记载的是一个发生着巨大变动的时代。随着时代的变动，当时人们的思想也在发生着变化，往往处于因循和革新二者的张力之中。很大程度上，现实的需要决定了张力的平衡点，而历史的发展趋势则决定了张力两极的消长变化。以泓之战为例，宋襄公和子鱼的观点可以说完全不同，宋襄公虽然搬出古法为据，但是从战败的结果和"国人皆咎公"来看，古法在现实中已经不合时宜了。子鱼的看法可能代表了当时人们的主流意见，应该也是《左传》作者所认同的。《左传》成书大约不晚于战国中期④，其作者所处时代的动荡变革程度比春秋时可谓有过之而无不及。战国时期，人们对那些春秋时就在因循和革新中徘徊的矛盾无疑认识得更加明确，即逐渐感觉到历史的发展趋势不可阻挡。子鱼的意见是现实的、顺应历史趋势的，这在《左传》作者那时看来，更是再自然不过的了。

由上述分析可知，《左传》是史学，在记史的同时也体现出作者的

---

① 李惠仪先生便认为解读《左传》最困难的地方，正在于判断哪些部分揭示了春秋统治阶层的行为和价值观，哪些部分含有后来文本形成时的意识形态和修辞风格。见（美）李惠仪：《〈左传〉的书写与解读》，文韬、徐明德译，南京：江苏人民出版社，2016年，第75页。
② （宋）黎靖德编，王星贤点校：《朱子语类》第6册，北京：中华书局，1986年，第2149页。
③ （宋）黎靖德编，王星贤点校：《朱子语类》第6册，北京：中华书局，1986年，第2150页。
④ 关于《左传》的成书及性质问题，自古以来就争辩不休，前贤多有讨论。至于其成书年代，近年来，学者虽仍有分歧，但大都处于一个比较接近的范围内，大体不超过战国中期。

思想，但它对人与事的判断标准并不像朱熹说的成败和利害那么简单。进一步探究，会发现所谓成败和利害的背后反映的是作者对现实的思考，而这种思考是以历史为准绳的。通过阅读可以发现，不仅此处，还有很多实例，如对"周郑交质""子产铸刑书"等事的记载也都体现了《左传》在进行历史记述的同时也看到了历史急剧的变化，但作者并没有固守老一套不放，而是承认历史的变动，顺应时代的发展，更加重视人事的力量。因此可以说，《左传》所体现的实际上是一种历史的理性。

第二节 《公羊传》《穀梁传》对宋襄公之评价体现了二传着眼点不同

相比于《左传》的史学特点，《公羊传》和《穀梁传》无疑有着显著的经学特点。二者均专为解经而作，重视对《春秋》经文义例的诠释和阐发。但引人注意的是，对于泓之战中宋襄公的行为，二传却有着截然相反的看法。这又能给我们带来怎样的启发和思考呢？先来看《公羊传》。

《公羊传·僖公二十二年》记：

> 偏战者日尔，此其言朔何？《春秋》辞繁而不杀者，正也。何正尔？宋公与楚人期，战于泓之阳。楚人济泓而来。有司复曰："请迨其未毕济而系之。"宋公曰："不可。吾闻之也：'君子不厄人。'吾虽丧国之余，寡人不忍行也。"既济，未毕陈，有司复曰："请迨其未毕陈而击之。"宋公曰："不可。吾闻之也：君子不鼓不成列。"已陈，然后襄公鼓之，宋师大败。故君子大其不鼓不成列，临大事而不忘大礼，有君而无臣，以为虽文王之战，亦不过此也。①

---

① （汉）何休解诂，（唐）徐彦疏：《春秋公羊传注疏》，（清）阮元校刻：《十三经注疏》，北京：中华书局，1980年影印本，第2259页。

众所周知，《公羊传》《穀梁传》二传解经的主要特点就是指出经文里所谓的"春秋笔法"，归纳总结所谓的"义例"。尤其是《公羊传》，更是常常对其中蕴含的"微言大义"进行不厌其烦的阐释。先不论这些解释是否符合事实，此处首先指明了泓之战是"偏战"。所谓"偏战"，何休注云："偏，一面也。结日定地，各居一面，鸣鼓而战，不相诈。"①这就是说此战是交战双方事先约好时间地点各据一面的正规之战。"偏战"按例通常写明交战日，但这里写明日之干支后还指出当日是朔日，《公羊传》认为《春秋》有意用繁复的文辞是赞扬襄公此战的光明正大。接着对事情经过的叙述与《左传》基本一致，只是在襄公发表言论的时间上略有差异，可见二者应该有着大致相同的史料来源。可最后《公羊传》并没有采用子鱼的批评，而是借君子之言对宋襄公的行为大加赞扬，认为他临战之时仍不忘大礼，甚至可与文王相媲美，之所以会失败只是因为"有君而无臣"。可见《公羊传》的评价标准与宋襄此战的成败无关，而是看其行事是否符合礼义。那么《穀梁传》的看法又如何呢。

《穀梁传·僖公二十二年》记：

> 日事遇朔曰朔。《春秋》三十有四战，未有以尊败乎卑、以师败乎人者也。以尊败乎卑、以师败乎人，则骄其敌。襄公以师败乎人，而不骄其敌，何也？责之也。泓之战，以为复雩之耻也。雩之耻，宋襄公有以自取之。伐齐之丧，执滕子，围曹，为雩之会，不顾其力之不足，而致楚成王。成王怒而执之，故曰：礼人而不答，则反其敬；爱人而不亲，则反其仁；治人而不治，则反其知。过而不改，又之，是谓之过。襄公之谓也。古者被甲婴胄，非以兴国也，则以征无道也。岂曰以报其耻哉！宋公与楚人战于泓水之上，司马子反曰："楚众我少，鼓险而击之，胜无幸焉！"襄公曰："君子不推人危，不攻人厄，须其出。"既出，旌乱于上，陈乱于下。子反曰："楚众我少，击之，胜无幸焉！"襄公曰："不鼓不成列，须其

---

① （汉）何休解诂，（唐）徐彦疏：《春秋公羊传注疏》，（清）阮元校刻：《十三经注疏》，北京：中华书局，1980年影印本，第2219页。

成列而后击之。"则众败而身伤焉,七月而死。倍则攻,敌则战,少则守。人之所以为人者,言也;人而不能言,何以为人?言之所以为言也,信也;言而不信,何以为言?信之所以为信者,道也;信而不道,何以为道?道之贵者时,其行势也。①

与《公羊传》对宋襄的大肆褒奖不同,《穀梁传》认为此战起于"复雩之耻",并联系宋襄之前"伐齐之丧,执滕子,围曹,为雩之会"等行为,指出他有诸多错失,却过而不改,又不知战,所以失败纯粹是咎由自取。且不论泓之战是否是因为要复雩之耻,《穀梁传》对宋襄完全持一种谴责的态度则是毫无疑问的。那么同样的事情,为何二传的观点竟如此迥异呢,很是耐人寻味。至此,不妨再回过头分析一下二传对宋襄评价的出发点和依据到底是什么?

《公羊传》称颂宋襄,赞许的正是其"偏战""不厄人""不鼓不成列"。孔广森在《春秋公羊通义》中引《司马法》曰:"(古者)逐奔不过百步,纵绥不过三舍,明其理也;不穷不能,而哀怜伤病,明其仁也;成列而鼓,明其信也;争义不争利,明其义也。此所谓文王之战也。"②按照《司马法》的记载,这些行为都是符合古法且有其背后意义的。所以《公羊传》由此认为宋襄在泓之战中的行事符合礼信仁义,颇有王道之风。不过就算是这样,《公羊传》完全不在意此战成败,反而大肆赞美宋襄这些在战场上看似愚蠢的行为,多少还是让人觉得有些奇怪。如果仅从《公羊传》此处文本来看是无法进一步理解其原因的,这涉及对《公羊传》整体思想的把握。但是《春秋繁露》里一段关于宋襄公的评述或许可以帮助我们。

《春秋繁露·俞序》云:

> 《春秋》之道,大得之则以王,小得之则以霸。……霸王之道,皆本于仁。仁,天心,故次以天心。爱人之大者,莫大于思

---

① (晋)范宁注,(唐)杨士勋疏:《春秋穀梁传注疏》,(清)阮元校刻:《十三经注疏》,北京:中华书局,1980年影印本,第2400页。
② (清)孔广森:《春秋公羊通义》,(清)阮元主编:《清经解》第4册,上海:上海书店出版社,1988年,第728页。

患而豫防之。……不爱民之渐乃至于死亡，故言楚灵王晋厉公生弑于位，不仁之所致也。故善宋襄公不厄人，不由其道而胜，不如由其道而败，《春秋》贵之，将以变习俗而成王化也。（苏舆注曰："仁礼信义，所谓王化者与？《春秋》拨乱反正，去诈归仁。王者不可见，苟足见王心者，已贵之矣。"）故子夏言《春秋》重人，诸讥皆本此。①

这段话明确地指出《春秋》（《公羊传》）之所以看重宋襄是因为他的行事可以"变习俗而成王化"。可"变习俗而成王化"又为何值得大书特书呢？《俞序》文中虽然提到王道、霸道皆得自于《春秋》而本于仁，但是在儒者的心中二者的差别恐怕不可以道里计。董仲舒便称："仲尼之门，五尺之童羞称五伯，为其先诈力而后仁谊也。苟为诈而已，故不足称于大君子之门也。五伯比于他诸侯为贤，其比三王，犹武夫之与美玉也。"②所以他认为孔子作《春秋》，乃借事明义，以寄托其王道之理想。《公羊传》对于"霸道"的态度是"实与而文不与"，"实与"是因为当时"上无天子，下无方伯，天下诸侯有相灭亡者，力能救之，则救之可也"③；"文不与"是因为"不与诸侯专封"，且还有着更高的"王道"的理想与追求。而春秋乱世中"王者不可见，苟足见王心者，已贵之矣"，宋襄公这种看似迂腐的行为对于《公羊传》追求王化的理想恰恰是极为难得的好例子，颇有"行一不义、杀一不辜，而得天下，皆不为也"④的圣人之风，所以才会被不遗余力地大加赞扬。至于"不由其道而胜，不如由其道而败"这样的话也正同董仲舒所说的"正其谊不谋其利，明其道不计其功"⑤如出一辙，可见有了宋襄公这样一个活生生的"变习俗而成王化"的教材，泓之战的成败已远不

---

① 苏舆撰，钟哲点校：《春秋繁露义证》，北京：中华书局，1992年，第161—162页。
② 《汉书》，北京：中华书局，1962年，第2524页。
③ （汉）何休解诂，（唐）徐彦疏：《春秋公羊传注疏》，（清）阮元校刻：《十三经注疏》，北京：中华书局，1980年影印本，第2254页。
④ （汉）赵岐注，（宋）孙奭疏：《孟子注疏》，（清）阮元校刻：《十三经注疏》，北京：中华书局，1980年影印本，第2686页。
⑤ 《汉书》，北京：中华书局，1962年，第2524页。

第五章 《春秋》泓之战记载之三传比析

是《公羊传》所关心的问题了。了解了《公羊传》看重宋襄的原因,就不由会进一步追问所谓"王道"的根本又在于何呢?其实不难看出,《俞序》将其归纳为"仁",其体现就是爱人重民。宋襄公在战场上"不厄人",哪怕是敌人,也是"不重伤、不禽二毛",虽然迂腐之至,却可谓"爱人"之极,《公羊传》因而许之。

有趣的是,反观《穀梁传》对宋襄公的批评,恰恰是因为他不爱民。由于伤重,泓之战后的来年,《春秋经》记载宋襄公兹父卒。《穀梁传·僖公二十三年》曰:"兹父之不葬,何也?失民也。其失民,何也?以其不教民战,则是弃其师也。为人君而弃其师,其民孰以为君哉。"①《穀梁传》认为经文里记宋襄公卒却不书葬是贬其失民。的确,战场之上,对敌人的仁慈,就是对自己的残忍。战争的失利,受苦的是自己的军队和百姓。宋襄在泓之战中的行为显然是不得民心的,一再放弃可能的胜利机会,导致众败身伤,是谓弃其民,所以国民不以其为君。可见与《公羊传》的寄托理想不同,《穀梁传》从现实的利益出发,看重的是对国家和民众的实质影响。很大程度上正是宋襄的愚蠢导致了战争的失败和民众的苦难,故《穀梁传》讥之。《公羊传》《穀梁传》二传之着眼点显然有异,对宋襄公的看法大相径庭也就不足为奇了。而何休、郑玄二人对僖公二十三年《穀梁传》这段文字的争论,恰可为此作一注脚。

何休《穀梁废疾》云:

> 所谓教民战者,习之也。《春秋》贵偏战而恶诈战,宋襄公所以败于泓者,守礼偏战也,非不教其民也。孔子曰:'君子去仁,恶乎成名?造次必於是,颠沛必於是。'未有守正以败而恶之也。《公羊》以为不书葬为襄公讳,背殡出会,所以美其有承齐桓尊周室之美志。②

何休认为宋襄公败于泓,并非是由于不教其民,而是由于守礼偏

---

① (晋)范宁注,(唐)杨士勋疏:《春秋穀梁传注疏》,(清)阮元校刻:《十三经注疏》,北京:中华书局,1980年影印本,第2400页。
② (晋)范宁注,(唐)杨士勋疏:《春秋穀梁传注疏》,(清)阮元校刻:《十三经注疏》,北京:中华书局,1980年影印本,第2400页。

战。可是宋襄守礼偏战为什么反而导致失败呢，言下之意无非就是指楚人不守信而诈战。我们知道，这不符合事实。何休在这一点上是强词夺理，可以说是有些狡辩了。不过他并未在此战成败原因上继续纠缠下去，而是话锋一转，说起了泓之战里宋襄公的仁义和符合正道。如此仁者，守正以败，焉能恶之。何休认为卒而不书葬显然应像《公羊传》所说，是为他隐讳，讳其"背殡出会宰周公，有不子之恶，后有征齐忧中国尊周室之心，功足以除恶，故讳不书葬"①。

对此，郑玄《起废疾》驳之曰：

> 教民习战而不用，是亦不教也。诈战谓不期也。既期矣，当观敌为策，倍则攻，敌则战，少则守。今宋襄公于泓之战违之，又不用其臣之谋而败，故徒善不用贤良，不足以兴霸主之功，徒言不知权谲之谋，不足以交邻国、会远疆。②

郑玄指出，教民战而不用，等于未教。诈战是未协定战期而擅自开战，既然定好了交战日期，并按时开战，怎么能说是诈战呢？既然不是诈战，那么定好日期，两军摆好阵势，当根据军情伺机而动。而宋襄不懂为战之法，又不用臣下之谋，自当失败。郑玄认为像宋襄这样的君主，"不度德，不量力"③，是根本不可能兴霸业、交邻国、会远疆的。通过对二人争论的分析，可以发现，《穀梁传》文本里的"不教民战"不过是一个引子，何休由此批起，郑玄亦由此驳起。接下来的对话如果说在偏战诈战问题上两人还算是正面交锋的话，再往后完全是各说各话，基本互不相干了。何休大谈宋襄之仁义，借此阐发尊王攘夷之大义。郑玄则大谈宋襄之迂腐，借此论述成就事功之条件，可见二人之着眼点根本不同——其实这也正体现了《公羊传》《穀梁传》二传本身着眼点之不同。

---

① （汉）何休解诂，（唐）徐彦疏：《春秋公羊传注疏》，（清）阮元校刻：《十三经注疏》，北京：中华书局，1980年影印本，第2252页。
② （晋）范宁注，（唐）杨士勋疏：《春秋穀梁传注疏》，（清）阮元校刻：《十三经注疏》，北京：中华书局，1980年影印本，第2400页。
③ （汉）郑玄：《箴膏肓》，《诗·大明》篇《正义》引，（清）阮元校刻：《十三经注疏》，第509页。

第五章 《春秋》泓之战记载之三传比析

但是我们还应看到，二传异中亦有同。在对宋襄公截然相反的评价背后，却有些东西是二传都共同认可的。而同中可见异，也正是对这些相同东西的不同看待和处理方式彰显了二者之间的差异。比如《公羊传》追求王道，推重礼法仁义；可《穀梁传》也并非不推重礼法仁义，但是它认为"礼人而不答，则反其敬；爱人而不亲，则反其仁；治人而不治，则反其知"，即不应该不顾后果一味地推行礼法仁义，而是有一个限度，要根据实际情况反省是否必要合适。再如《公羊传》贵偏战而恶诈战，在战争中提倡遵守言而有信的原则；《穀梁传》其实同样反对诈战，认为"人之所以为人者，言也；人而不能言，何以为人？言之所以为言也，信也；言而不信，何以为言？信之所以为信者，道也；信而不道，何以为道"。在这点上，《公羊传》《穀梁传》二传的看法是基本一致的。不过除此之外，《穀梁传》还强调"倍则攻，敌则战，少则守""道之贵者时，其行势也"，认为对"道"的把握也是要随着时势发展变化而及时调整的，这显然是指也要兼重客观实际条件的结果。但《公羊传》之所以贵偏战，还有着更深一层的意味在里面。正所谓"春秋无义战"[①]，《春秋繁露·竹林》曰："《春秋》之于偏战也，善其偏，不善其战，有以效其然也。《春秋》爱人，而战者杀人，君子奚说善杀其所爱哉？故《春秋》之于偏战也，犹其于诸夏也。引之鲁，则谓之外；引之夷狄，则谓之内。比之诈战，则谓之义；比之不战，则谓之不义。"[②]由此可以看出，《公羊传》是有着极高的理想期待的，认为即使是所谓的偏战也不是什么绝对的仁义，只要是战争就会杀人，而《春秋》爱人，之所以善偏战只不过是"善其偏，不善其战"，退而求其次罢了。

从上文分析看来，《公羊传》似乎是极其理想主义的。与《公羊传》的只论道义、不论成败相比，《穀梁传》显然更为理性现实，着眼于寻找道义与实际效果之间的平衡点，而往往立足于后者。但问题是不是就算彻底清楚了呢？我想还不够，认识一个事物不仅要看它的表面，还应该进一步挖掘其更深层次的内涵。《公羊传》理想，《穀梁传》现实，这是

---

① （汉）赵岐注，（宋）孙奭疏：《孟子注疏》，（清）阮元校刻：《十三经注疏》，北京：中华书局，1980年影印本，第2773页。
② 苏舆撰，钟哲点校：《春秋繁露义证》，北京：中华书局，1992年，第49—50页。

我们的初步理解。可再一分析,《公羊传》的理想怎能离得开现实,《穀梁传》的现实又何尝不是一种理想呢?《公羊传》之所以会设立那么高的理想期待,多少不正源自于对现实的不满吗?而其最终目的不也就是能使理想变为现实吗?为了实现较高的理想,《公羊传》守经,却也懂得权变。现实中的某些事情从理想层面看是错误的,但是在特定条件下起到正面的作用,《公羊传》同样可以"实与而文不与",隐晦地表示肯定。即使是大加赞扬的宋襄,其实际为人又怎能当得起《公羊传》理想中的期许呢?不能不说是《公羊传》有意对宋襄加以塑造,用他作为寄托理想的对象,希望"变习俗而成王化"。可见,《公羊传》的理想始终是归依于现实的。反观《穀梁传》,往往从实际的利益出发看问题,注意事实的结果对于国家和民众的影响,重视民生。说它现实不假,但《穀梁传》对宋襄不教民战的谴责,以及书中诸如"民者,君之本也"①、"有志乎民"②,"国无九年之畜曰不足,无六年之畜曰急,无三年之畜曰国非其国也。诸侯无粟,诸侯相归粟,正也。……古者税什一。丰年补败,不外求而上下皆足也。虽累凶年,民弗病也。一年不艾而百姓饥,君子非之"③之类的话所体现的其实不也正是一种追求与理想吗?

司马迁述孔子作《春秋》之旨曰:"我欲载之空言,不如见之于行事之深切著明也。"④而"《春秋》文成数万,其指数千"⑤,但其辞文约简,其义难尽晓,且后世"弟子人人异端,各安其意"⑥,给《春秋》的解释和发挥留下了很大的空间。这从三传关于泓之战的记载就可见一斑,更毋论后人的注解了。值得注意的是,《史记·宋微子世家》记泓之战几乎全采《左传》文,以其记事瞻详得当。可是太史公在文章的结尾却说:"襄公既败於泓,而君子或以为多,伤中国阙礼义,褒之

---

① (晋)范宁注,(唐)杨士勋疏:《春秋穀梁传注疏》,(清)阮元校刻:《十三经注疏》,北京:中华书局,1980年影印本,第2401页。
② (晋)范宁注,(唐)杨士勋疏:《春秋穀梁传注疏》,(清)阮元校刻:《十三经注疏》,北京:中华书局,1980年影印本,第2392页。
③ (晋)范宁注,(唐)杨士勋疏:《春秋穀梁传注疏》,(清)阮元校刻:《十三经注疏》,北京:中华书局,1980年影印本,第2388页。
④ 《史记》,北京:中华书局,1959年,第3297页。
⑤ 《史记》,北京:中华书局,1959年,第3297页。
⑥ 《史记》,北京:中华书局,1959年,第509—510页。

也，宋襄之有礼让也"①，完全是引述《公羊传》之义。这里或可见司马迁"厥协《六经》异传"②，兼采众家的特点。可这是否意味着他对宋襄公是持一种褒扬的态度呢，恐怕不那么简单。因为同样是司马迁，在《史记·律书》中还有这样一段话："不权轻重，猥云德化，不当用兵，大至君辱失守，小乃侵犯削弱，遂执不移等哉"。《索隐》引徐广注云："如宋襄公是也"③。司马迁在此虽没有指明是宋襄公，可这几句话若不是指宋襄这样的人又是指谁？徐广只不过说出司马迁没有明说的话罢了。如果徐广的注释无误，那么司马迁在同一部《史记》中岂不是看法前后矛盾吗？④还是说矛盾中包含着更多的深意？⑤若再联系《公羊传》《榖梁传》对宋襄公的评价来思考，这样的问题恐怕也是颇为耐人寻味的。

---

① 《史记》，北京：中华书局，1959年，第1633页。
② 《史记》，北京：中华书局，1959年，第3319页。
③ 《史记》，北京：中华书局，1959年，第1241页。
④ 梁玉绳云："史公采摭极博，于《尚书》兼今古文，于《诗》兼齐、鲁、韩，于《春秋》兼三《传》，然未免择而不精之诮。"（清）梁玉绳：《史记志疑》，中华书局，1981年，第968页。
⑤ 日本学者中井积德曰："太史公…非以宋襄为是也，言宋襄一败涂地，无足取也已；然君子或多之者，非实以为善也，盖伤礼义废缺之甚，故于宋襄多之而不讥，其意可悲也云尔。"（汉）司马迁撰，（日）泷川资言考证，（日）水泽利忠校补：《史记会注考证附校补》，上海：上海古籍出版社，1986年，第960页。

第六章 《春秋》昭公十二年"伯于阳"考异

第一节 问题的提出

《春秋》经昭公十二年记:

十有二年春,齐高偃帅师纳北燕伯于阳。

当年《左传》记曰:

十二年春,齐高偃纳北燕伯款于唐,因其众也。①

《左传》所述与经文大致相同,并进一步明确指出北燕伯名款以及伯于阳的原因;唯地点有异,但根据杜预的解释,阳、唐实一地也。②可见《左传》此处解经简单明了。而《公羊传》此处的解释却

---

① (晋)杜预注,(唐)孔颖达等正义:《春秋左传正义》,(清)阮元校刻:《十三经注疏》,北京:中华书局,1980年影印本,第2061页。
② (晋)杜预注,(唐)孔颖达等正义:《春秋左传正义》,(清)阮元校刻:《十三经注疏》,北京:中华书局,1980年影印本,第2061页。

截然不同：

> 伯于阳者何？公子阳生也。子曰："我乃知之矣"。在侧者曰："子苟知之，何以不革？"曰："如尔所不知何？《春秋》之信史也，其序则齐桓、晋文，其会则主会者为之也，其词则丘有罪焉耳。"①

按照《左传》的解释看来本毫无问题的经文，为什么《公羊传》此处却横生异说呢？有很多学者认为《公羊传》此说实不可信。童书业先生便认为："左氏之说明白可据，自属可信。《公羊》之说，迂曲不中事理，可笑孰甚！且托为孔子之言以掩护其曲说，其妄实出人意外。"②杨伯峻先生同样也斥《公羊传》的解释为"妄说"③。那么《公羊传》此说是不是就该彻底被否定呢？如果大家都看出《公羊传》这里的说法十分荒谬，《公羊传》却偏偏置若罔闻，仍坚持这么记载而且能长期传习下来，难道是《公羊传》经师的智商有问题？若按前面学者的评价来看，他们大概真是这么觉得，但如此判断并不解决问题，只是封闭了问题。正常来说，一个人不管思考问题还是表达观点都是建立在自己的认知基础上，有着自身的逻辑与合理性，我想《公羊传》的作者也不例外。既然这样，作者如此解释一定有自己的理由，只是时过境迁，我们有时已经无法把握作者的语境和认知基础，从而导致误解。所以倒不必急于下定论，不妨回头耐心分析一下《公羊传》为何会有这样的解释？首先就是他为什么会问出"伯于阳者何"这样"不成问题"的问题呢？

第二节 《公羊传》解释的自身合理性

仅从传文本身看，我们很难揣测出《公羊传》之所以提出"伯于阳

---

① （汉）何休解诂，（唐）徐彦疏：《春秋公羊传注疏》，（清）阮元校刻：《十三经注疏》，北京：中华书局，1980年影印本，第2320页。
② 童书业著，童教英校订：《春秋左传研究》，北京：中华书局，2006年，第257页。
③ 杨伯峻：《春秋左传注》，北京：中华书局，1990年，第1330页。

者何"的原因和将其解释为"公子阳生"的依据。这样的问答按常理来看似乎是荒谬的,也无怪乎学者们多视其为妄说。《公羊传》本身就此解答并没有提供给我们进一步的说明,我们只能先阙疑,看一看后来的公羊学家是怎么解释这个问题的。

于《公羊传》昭公十二年"伯于阳者何"经下,何休《解诂》云:

> 即纳上伯款,非犯父命,不当言于阳。又微国,出入不两书,伯不当再出,故断三字问之。①

徐彦疏云:

> 纳上伯款者,即上三年冬,"北燕伯款出奔齐"是也。其犯父命而见纳言于邑者,即哀二年夏,"晋赵鞅帅师纳卫世子蒯聩于戚",传云"戚者何?卫之邑也。曷为不言入于卫?父有子,子不得有父也",注云"明父得有子而废之,子不得有父之所有,故夺其国文,正其义也"者是也。然则今此"纳北燕伯于阳",若是纳上伯款,即非犯父之命者,正以出奔称伯,不似蒯聩称世子故也,是以何氏於款之上连伯言之,见非犯父之命。云又微国,出入不两书者,僖二十五年"秋,楚人围陈,纳顿子于顿",传云"何以不言遂,两之也",注云"顿子出奔不书者,小国例也"是也。②

从引文中何休和徐彦的注疏可以看出,《公羊传》十分重视其家法和义例。普通人读《春秋》里的这句话丝毫不会怀疑"伯于阳"三个字有何不妥?可按照《公羊传》的义例则不然。第一,依靠他国的力量而回国称作"纳"。如果世子违犯父命借助外力回国,不得称为"纳于某国",只能称为"纳于某邑"。因为"子不得有父之所有",所以要"夺其'国'文"。而此处如果回国的是北燕伯,就不存在这样的问题,因为国君回国直接写作纳于国即可。所以此处经文

---

① (汉)何休解诂,(唐)徐彦疏:《春秋公羊传注疏》,(清)阮元校刻:《十二经注疏》,北京:中华书局,1980年影印本,第2320页。
② (汉)何休解诂,(唐)徐彦疏:《春秋公羊传注疏》,(清)阮元校刻:《十三经注疏》,北京:中华书局,1980年影印本,第2320页。

第六章 《春秋》昭公十二年"伯于阳"考异

当书作"齐高偃帅师纳北燕伯于燕"才符合义例。第二，小国出入不两书。即《春秋》不重复记录小国之君的出奔和回国。而《春秋》经昭公三年已书："北燕伯款出奔齐"，则此次经文里就不应该再出现北燕伯的记录。综合以上两点，《公羊传》才会挑这可疑的三个字提出"伯于阳者何"的问题。

按照何休和徐彦的解释，《公羊传》之所以提出这样的问题并不是没有其内在的理由和根据的。了解了这些，我们才能弄清《公羊传》作出这看似不着边际解释背后的原因。当然，这里并不是要为《公羊传》总结出来的所谓义例辩护。笔者并不否认很多学者对《公羊传》"非常异义可怪之论"的批评是很有道理的，也不否认《公羊传》中多有穿凿附会甚至荒诞的解释。笔者只是想先理清公羊家的内在思路，再顺着他们的思路来分析他们说法的得失，而不是仅仅立于其外，按照习惯性思维贸然地就下断言予以否定。

在提出这个问题之后，《公羊传》自己作出了"公子阳生也"的回答，还引孔子之言为证："我乃知之矣"。何休《解诂》云："乃，是岁也。时孔子年二十三，具知其事，后作《春秋》，案史记，知'公'误为'伯'，'子'误为'于'，'阳'在，'生'刊灭阙。"①照何休的说法，昭公十二年，孔子正好二十三岁，所以了解此事，知道"伯于阳"为"公子阳生"之讹。其实，仔细分析一下，便知此说亦有可商之处。何休释"乃"为"是岁"，不能说这样的解释没有根据。可就上下文来看，这里的"乃"训为"难"更为恰当。如《公羊传·宣公八年》即谓："乃者何？难也。"②因为孔子于此事应该也是通过传闻所得知，恐怕了解到的时间也远在当年之后，所以"乃"用在这里体现了一种语气，类似于说我好不容易知道。接着有人问他，既然知道，为何不加以更正？他便回答："如尔所不知何。"何休《解诂》云："如，犹奈也。犹曰：'奈女所不知何？宁可强更之乎'？此夫子欲为后人法，不欲令

---

① （汉）何休解诂，（唐）徐彦疏：《春秋公羊传注疏》，（清）阮元校刻：《十三经注疏》，北京：中华书局，1980年影印本，第2320页。

② （汉）何休解诂，（唐）徐彦疏：《春秋公羊传注疏》，（清）阮元校刻：《十三经注疏》，北京：中华书局，1980年影印本，第2281页。

人妄臆措。"①孔子的意思就是那些你不知道的怎么办呢？宁可去强行更改吗？何休指出孔子这样的态度就是要保留此处记录的本来面目，以示范后人在文献中遇到疑字阙文的时候不要妄加猜测，随意处理。这样的记载无疑体现了孔子对待史籍严谨认真的态度，太史公也称赞他"疑则传疑，盖其慎也"②。当然，这话到底是不是孔子所言尚可存疑，但即使是《公羊传》经师借孔子口所言其实也反映了他们对于《春秋》经的态度是相当矜慎的，并不会因为要发挥大义而擅自篡改经文。

抛开这些话到底出自谁口的问题，我们先仅就这个说法内容本身进行考察。如是，则《春秋》此处的经文应为"齐高偃帅师纳北燕公子阳生"。可这样解释存在一个问题，因为查《春秋》经及《公羊传》类似情况的记载皆书作"纳某某于某地"，按其通常所书，应是"纳北燕公子阳生于阳"才对。那么如果"伯于阳"真为"公子阳生"之讹，岂不是还要再补上"于阳"二字才算完整？这样何休所说的"'公'误为'伯'，'子'误为'于'，'阳'在，'生'刊灭阙"恐怕就纯属臆测了。退而言之，抛开何休的解释，我们假定，这个问题只是因为《公羊传》语言风格口语化、不够严格造成的，其答"公子阳生也"仅为举其要而言之，其本意仍是"纳北燕公子阳生于阳"。经过上文的分析，我们可以看到，《公羊传》对于这段经文的解释，虽然表面看上去难以理解，但是就其内部的家法和义例来看，是可以自圆其说的，从而具有自身的合理性。

第三节 《左传》记载前后一贯，可成一说

《春秋》中这同一句经文，至少存在《左传》与《公羊传》两种不

---

① （汉）何休解诂，（唐）徐彦疏：《春秋公羊传注疏》，（清）阮元校刻：《十三经注疏》，北京：中华书局，1980年影印本，第2281页。
② 《史记》，北京：中华书局，1959年，第487页。

同的解释。虽然《公羊传》解释的自身相融贯并不代表其就符合史实，但至少我们已经无法立即将其否定并排除出去。这样，对两种不同的解释，在未经考证分析之前，我们就不应轻易判断哪种解释才合乎事实。其实就史料来说，《公羊传》除了指出所纳者为"公子阳生"，再无更多的信息。所以两传的根本分歧即在于齐所纳者究竟是"北燕伯"还是"北燕公子阳生"。当然，他们可能全错，而不可能全对。所以，我们还须再进一步分析《左传》的相关记载。

北燕伯之见于《春秋》经，始于昭公三年"北燕伯款出奔齐"。《左传》记载了事情的起因和经过：

> 燕简公多嬖宠，欲去诸大夫而立其宠人。冬，燕大夫比以杀公之外嬖。公惧，奔齐。书曰："北燕伯款出奔齐"，罪之也。①

这里出奔到齐的北燕伯与昭公十二年齐所纳之北燕伯，《左传》认为是同一人，均为北燕伯款，即燕简公。又昭公六年《春秋》经云："齐侯伐北燕"。

当年《左传》记：

> 十二月，齐侯遂伐北燕，将纳简公。晏子曰："不入，燕有君矣，民不贰。吾君贿，左右谄谀，作大事不以信，未尝可也。"②

果然，次年《左传》云：

> 癸巳，齐侯次于虢。燕人行成曰："敝邑知罪，敢不听命？先君之敝器，请以谢罪。"公孙皙曰："受服而退，俟衅而动，可也。"二月戊午，盟于濡上。燕人归燕姬，赂以瑶罋、玉椟、斝耳，不克而还。③

---

① （晋）杜预注，（唐）孔颖达等正义：《春秋左传正义》，（清）阮元校刻：《十三经注疏》，北京：中华书局，1980年影印本，第2032页。
② （晋）杜预注，（唐）孔颖达等正义：《春秋左传正义》，（清）阮元校刻：《十三经注疏》，北京：中华书局，1980年影印本，第2045页。
③ （晋）杜预注，（唐）孔颖达等正义：《春秋左传正义》，（清）阮元校刻：《十三经注疏》，北京：中华书局，1980年影印本，第2047页。

《左传·昭公十二年》又曰：

> 齐高偃纳北燕伯款于唐，因其众也。①

若根据《左传》，事情的次序大致是昭公三年北燕伯款出奔齐；昭公六年齐侯欲纳北燕伯款而伐北燕；昭公七年齐侯受燕人赂行成而纳北燕伯款未果；昭公十二年齐高偃帅师再纳北燕伯款于唐（阳）。这样的记载看上去脉络清楚，也顺理成章。所以，仅从《左传》文本本身判断，我们认为其记载前后一贯，可自成一说。

由此可见，《左传》对于经文的解释有根有据，相关史实的记录也清晰明了。所以相比《公羊传》突兀的解释，《左传》的解释前后叙事清楚，看起来更为可靠。然而《史记》中的相关记载却让我们不由又产生出一些疑问。

第四节 对《史记》与《左传》中不同记载的分析

《史记·燕召公世家》记：

> 惠公元年，齐高止来奔。六年，惠公多宠姬，公欲去诸大夫而立宠姬宋，大夫共诛姬宋，惠公惧，奔齐。四年，齐高偃如晋，请共伐燕，入其君。晋平公许，与齐伐燕，入惠公。惠公至燕而死。燕立悼公。②

由上述记载我们可以看出，《史记》中对此事的记载与《左传》大体上十分相似③。查《史记·十二诸侯年表》，燕惠公元年即鲁襄公二

---

① （晋）杜预注，（唐）孔颖达等正义：《春秋左传正义》，（清）阮元校刻：《十三经注疏》，北京：中华书局，1980年影印本，第2061页。
② 《史记》，北京：中华书局，1959年，第1553页。
③ 除了下文讨论的两个主要歧异，两书中亦存在着"嬖宠""宠姬"等小异，前人已有辨析，因与本文论证无直接关系，此处不赘，详可参（汉）司马迁撰，（日）泷川资言考证，（日）水泽利忠校补：《史记会注考证附校补》，上海：上海古籍出版社，1986年，第910页。

十九年，正与《春秋》襄公二十九经文记载的"齐高止出奔北燕"相契合；接下来，《史记》燕惠公六年奔齐也恰好是鲁昭公三年①。这样的话，两书所记按理当为一事。不过，其中的歧异之处却又耐人寻味。第一个问题，《左传》中的"燕简公"，《史记》作"燕惠公"；而《史记》中亦有"燕简公"，却已是燕国惠公四世之后的君主了②。梁玉绳便说：

> 《史》(《史记》)于燕事最为疏舛，而尤不能明者，惠、简二公之事也。据《年表》、《世家》，惠公元年齐高止奔燕，六年惠公奔齐，其年皆与《春秋》合，惟《春秋》所书北燕伯款，《左传》以为简公，而《史》作惠公，此《索隐》所云"与《经》、《传》不协，未可强言"者也。余谓信《史》不如信《经》，况燕事缺失甚多，安知《史》不误以后之惠公易前之简公乎？③

梁氏也感慨此事之矛盾难以解决，最后只能作出"信《史》不如信《经》"的简单选择，认为可能是太史公误将后来的惠公与简公混淆了。诚然，这样的可能性是存在的。因为春秋时代燕国的史事于《春秋》三传中所见甚少，司马迁当年作《史记·燕召公世家》的时候可能也面临史料稀缺的问题。然而，司马迁所处时代同样有条件获得比我们更多的史料来完成他的写作。若仅靠《左传》的零星记载，他显然是不可能列出如此完整的燕国世系的，所以司马迁必另有所本④，我们不应凭《左传》的记载而轻易否定《史记》。当然，我们不否认，这另有所"本"也并不见得就完全准确，正如梁玉绳所批评的"《史》所书燕君之谥，曰惠、曰桓者各三，曰釐、曰宣、曰昭、曰孝、曰文者各二，（据《索隐》所引《世本》则又有二闵公。）其误

---

① 《史记》，北京：中华书局，1959年，第644、647页。
② "惠公至燕而死。燕立悼公。悼公七年卒，共公立。共公五年卒，平公立。晋公室卑，六卿始强大。平公十八年，吴王阖闾破楚入郢。十九年卒，简公立。"见《史记》，北京：中华书局，1959年，第1553页。
③ （清）梁玉绳：《史记志疑》，北京：中华书局，1981年，第362页。
④ 如《史记·十二诸侯年表序》云："太史公读《春秋历谱谍》"（第509页），此书今已亡佚，或以为《谍记》即《世本》，今存辑本。然太史公此处所载燕国世系，亦不同于今所见《世本》。

无疑，莫由详定"①，太史公所作的燕国世系中明显存在着一些不合理的地方。但受上古燕国史料之所限，我们也不应太过苛求。《史记》此处所记的"燕惠公"之名是否准确，尚可存疑。退一步说，我们假设司马迁确实将"简公"误记为"惠公"，但司马迁对燕惠公事迹的年代和经过的记载与《左传》所记燕简公事迹大体相合也是毋庸置疑的。所以，无论"北燕伯"是"简公"还是"惠公"，此事两书所记当为同一人。

如果是这样的话，那就引出了第二个问题，也是至关重要的问题。即《史记》明确记载了"惠公至燕而死"。其事据《十二诸侯年表》当在鲁昭公七年，记作"惠公归至，卒"②。若按照《史记》的记载，那么北燕伯款就不可能在《春秋》昭公十二年再次出现，因为他在昭公七年已经死了。当然，《左传》中并不曾出现北燕伯款之死的文字，所以其本身的记载是前后一致的，不存在这样的矛盾，可以自成一说。我们提出这个问题，仅仅是想考察《史记》——甚至《公羊传》的记载是否也具有符合史实的可能性。

根据《左传·昭公六年》的记录，"十二月，齐侯遂伐北燕，将纳简公"③，此事查《年表》当在燕惠公九年，《世家》云"四年"，恐不确④。《左传》次年记齐受燕赂，不克而还。林尧叟《左传句解》解"不克"为"不克纳简公而归"⑤，其说可从。此正与《左传》上年晏子"不入"之言吻合，晏子分析燕简公不入的原因有两点：一是燕有君，民不贰；二是吾君贿，不以信。而《年表》鲁昭公七年齐一栏却记"入燕君"；同年燕一栏记"燕悼公元年，惠公归至，卒"⑥。显然《史记》认为不入的原因在于燕惠公至燕而死。再结合《左传》的记

---

① （清）梁玉绳：《史记志疑》，北京：中华书局，1981年，第303页。
② 《史记》，北京：中华书局，1959年，第649—650页。
③ （晋）杜预注，（唐）孔颖达等正义：《春秋左传正义》，（清）阮元校刻：《十三经注疏》，北京：中华书局，1980年影印本，第2045页。
④ 有学者认为自惠公六年奔齐至惠公九年前后合并为四年，可备一说。见刘操南：《史记春秋十二诸侯史事辑证》，天津：天津古籍出版社，1992年，第293页。
⑤ 转引自杨伯峻：《春秋左传注》，北京：中华书局，1990年，第1283页。
⑥ 《史记》，北京：中华书局，1959年，第649—650页。

载，昭公七年的"暨齐平，齐求之也"说的并不是燕齐之平[①]，因为按照后文的描述，齐显然是作为胜利者一方来接受燕的求和的[②]。既然已经取得胜利，那么纳简公的目的同样也应该达成，可为什么最后还是不克而还呢。这样看来《史记》记载惠公至燕而卒的理由显然是更有说服力的。假设《史记》所记为实，那么事情便可以解释为齐获得了胜利，纳简公的目的也即将达成，但关键时刻简公却去世了，齐无奈之下只好接受燕的求和，收了贿赂就回国了。至于晏子的话，说得也有道理，但是仅仅因为贿赂就放弃了更有政治意义的纳简公一事，并不那么让人信服。正如范宁所言："《左传》艳而富，其失也巫"，杨士勋疏曰："巫者，谓多叙鬼神之事，预言祸福之期。"[③]所以熟悉《左传》的读者当知晓《左传》所载预言性质的话语，常奇验，盖多为作者事后增补之说，不可尽信。

综上所述，关于这件事的早期史料可能不止一种说法，而《左传》与《史记》此处的史料来源应有所不同。纵然我们无法否定《左传》所载之事，但必须承认《史记》之说亦通，且看起来更为合理。

第五节 结 语

如此看来，既然《左传》的解释并非铁板钉钉，是不是《公羊传》的解释也不仅仅限于"义例"的正确，而有了"事实"正确的可能性

---

① 当年（昭公七年）《春秋》经首书："七年春王正月，暨齐平"。《穀梁传》以为鲁与齐平，贾逵、何休主此说；服虔、杜预则以此为燕与齐平。按：暨齐平当指鲁与齐平为长。春秋无主语之句，一般主语为我（鲁）。此鲁与齐平、燕与齐平当为独立之两事，不可相混。寻绎经文下有"叔孙婼如齐莅盟"，即指鲁与齐平之事。若是，则《左传》"齐求之也"之文与下文燕人行成赂齐之事亦无扞格。

② 马王堆帛书《春秋事语》记："燕大夫子□率师以御晋人，胜之。归而饮至，而乐。（下文残缺）处十一月，晋人□燕南，大败【燕】人"。此亦可证齐晋联军获取了胜利。转引自《春秋左传注》，北京：中华书局，1990年，1281页。

③ （晋）范宁注，（唐）杨士勋疏：《春秋穀梁传注疏》，（清）阮元校刻：《十三经注疏》，北京：中华书局，1980年影印本，第2361页。

呢？我们不妨进一步探讨一下。

若从《史记》之说，则《春秋》经昭公十二年"齐高偃帅师纳北燕伯于阳"中的北燕伯自然不会是《左传》所说的燕简公款，那么齐高偃所纳是否即《公羊传》里的"公子阳生"呢？正像我们前文说的，《公羊传》对史实认定正确的可能性必须建立在《左传》解释错误的前提下，而《左传》即使错误，也并非《公羊传》正确的充要条件，而只是必要条件，因为同样存在着《公羊传》《左传》二传皆误的可能。而且《公羊传》并不提供"公子阳生"以外的更多史实，仅从名称上看，我们最多只能猜测北燕公子阳生是北燕伯款的后嗣，但也仅限于猜测而已了。所以要证明《公羊传》之说，还需要更多的史料支持。而《春秋》三传中明文称"阳生"的唯有齐景公的庶子齐悼公。毛奇龄曾指出《公羊传》的"公子阳生"说殊不可信，并猜想之所以会如此"谬说"的原因是："似齐侯之子有公子阳生者，其后弑荼而立，名为悼公，与《世家》之纳燕惠而死，燕人立悼公，两名相合，遂疑'燕悼公'者必'齐悼公'之误。'燕伯于阳'者必'公子阳生'之误。盖齐景公欲纳其子为燕君，而不可得也。"①毛氏此说迂曲附会，纯属臆测。《春秋》哀公六年记"齐阳生入于齐"，《公羊传》于此亦有详细的解说②，似乎不存在前后相混的可能。且此事已在"纳于阳"之后四十年，故"齐阳生"与昭公十二年的北燕"公子阳生"恐怕很难是同一个人。那么到底有没有《公羊传》所说的公子阳生这个人呢？文献无征，既无法肯定其有，亦不能断定其无，在目前的条件下，惟有存疑。

许多学者对侧重阐发微言大义的《公羊传》《穀梁传》二传多有批评。刘知几便认为："如二传者，记言载事，失彼菁华；寻源讨本，取诸胸臆。夫自我作故，无所准绳，故理甚迂僻，言多鄙野，比诸《左氏》，不可同年。"③顾颉刚先生也以《公羊传》《穀梁传》多牵强不

---

① （清）毛奇龄：《春秋毛氏传》，（清）阮元主编：《清经解》第1册，上海：上海书店出版社，1988年，第658页。
② （汉）何休解诂，（唐）徐彦疏：《春秋公羊传注疏》，（清）阮元校刻：《十二经注疏》，北京：中华书局，1980年影印本，第2348页。
③ （唐）刘知几著，（清）浦起龙通释：《史通通释》，上海：上海古籍出版社，2009年，第392页。

可信,"皆据一二字各逞私臆妄为解说,或无中生有,或颠倒史实,要皆为凭空撰语自圆其说者"①。可以说这两位学者的看法非常具有代表性,对二传因忽视或不明史实而导致疏失的批评也很有道理。《公羊传》解经关注微言大义,但书既非成于一时,亦非成于一手,里面的内容有一个不断累积的过程。其最初的作者时代较早,对许多相关史事尚有一定的了解,但在之后长期传习附益的过程中,或许因为过度看重义之阐发,史实的部分逐渐被忽视乃至失传。所以很多经文,后世经师既无史实作为依据标准,对大义的解释自然会加入不少臆测之言。而这些臆说,因为《公羊传》早期口耳相传的特点,到汉代书于竹帛之时混入其中,也被写定成为《公羊传》的一部分,致使后人多加诟病。故有学者戏称:"《公羊》不见国史,其说《春秋》,以其臆比例推测之,亦能自穷其趣。"②赵生群先生指出:"三传解经,与其对史实的把握关系极为密切:对史实认知相近者,理解经文含义也较为接近;反之,对史实认知相去较远者,理解经义距离也随之加大。有时因为认知史实的差异,《左传》与《公羊传》、《穀梁传》对经文的理解显得格格不入,甚或是风马牛不相及。而三传阐释经义可信与否,也首先取决于它们掌握的史料是否准确。事实确凿可据,才有可能正确理解经文;事实有误,就不可能正确诠释《春秋》之义。"③

赵先生此言甚为中肯。但值得注意的是,前代学者对《公羊传》的批评,大都建立在一个前提下,因《公羊传》《穀梁传》二传记事甚少,故其解说经义皆应以《左传》记载的史事作为判断标准。《公羊传》所发之义,若与《左传》所述之事对应不上,便直斥《公羊传》为妄说,却往往忽略了《公羊传》最初对义的解说也应该是建立在其作者对史实认识之基础上的,那问题就在于是不是所有对史实的认识都必须与《左传》相同才可能是唯一准确的。整体看来,或许《左传》所记史

---

① 顾颉刚讲授,刘起釪笔记:《春秋三传及国语之综合研究》,成都:巴蜀书社,1988年,第29页。
② (清)俞正燮撰,于石等校点:《癸巳存稿》,《俞正燮全集》第2册,合肥:黄山书社,2005年,第29页。
③ 赵生群:《〈春秋〉经传研究》,上海:上海古籍出版社,2000年,第193页。

事更为可靠,《公羊传》里也确实有很多因不明史事而导致的穿凿之言,可有些地方《公羊传》所据史事与《左传》所述史事之来源却未必尽同,故我们不可因为《公羊传》中多"非常异义可怪之论"而轻率否定其可能存在的史料价值;对于《公羊传》与《左传》存有异说之处,我们也不该未经考证便断然指其说为谬,而是应先加以考证,分析各种说法的内在融贯性。正如本文所论"伯于阳"之例,《公羊传》之说看似荒诞,但有着自身的合理性,再通过对《史记》《左传》相关记载的考证,我们发现《公羊传》之说恐未为无据,或许另有所本,纵然无法坐实,但上古史料稀缺,异说之存更显弥足珍贵,理当多闻阙疑,而非简单拒斥。

第七章 《春秋》经传基本问题研究讨论

第一节 《春秋》是什么样的书,和孔子的关系又如何?

这个问题可以说是根本中之根本,《春秋》学里的几乎所有重要问题都是从这个问题中演化发展出来的。而最早明确提出《春秋》之成书性质以及与孔子关系的是《孟子》一书中的两段话:

> 王者之迹熄而诗亡,诗亡然后《春秋》作。晋之《乘》,楚之《梼杌》,鲁之《春秋》,一也。其事则齐桓、晋文,其文则史,孔子曰:"其义则丘窃取之矣。"①

> 世衰道微,邪说暴行有作,臣弑其君者有之,子弑其父者有之,孔子惧,作《春秋》。《春秋》,天子之事也。是故孔子曰:"知我者其惟《春秋》乎,罪我者其惟《春秋》乎?"……孔子成《春秋》而乱臣贼子惧。②

这两段被历代学者无数次引用的话,确确实实包涵了丰富而又重

---

① (清)焦循撰,沈文倬点校:《孟子正义》,北京:中华书局,1987年,第572—574页。
② (清)焦循撰,沈文倬点校:《孟子正义》,北京:中华书局,1987年,第452—459页。

要的内容和意义，此处不宜展开，正文将有专门讨论。总之，孟子表示，鲁国的《春秋》和晋国的《乘》，楚国的《梼杌》一样，是一部诸侯国的史书。但与《乘》及《梼杌》不同的是，孔子在《春秋》中加入了"窃取"之义。这说明了两点，《春秋》虽本为史书，但孟子既谓孔子"作"《春秋》，则实以孔子之《春秋》与鲁《春秋》有完全不同之意义。那么成为后世经典的《春秋》，虽与史有渊源但已远超出史的范畴与作用。孟子此说影响深远，甚至可以说成为古代历史上的主流观点，直到今天仍被很多人所认可。然而不同意见同样也是存在的，首先是刘知几作《史通·惑经》，指出《春秋》有"十二未谕"①和"五虚美"②，后来王安石更以《春秋》为"断烂朝报"③，这些一定程度上都是对孔子作《春秋》说的怀疑和指摘。

不过在古代，这些反对的声音无疑还是微小的。直到五四之后，在疑古思潮的推动下，对于孔子作《春秋》的怀疑，达到了前所未见的程度。顾颉刚、钱玄同曾几次书信讨论，④并最终认定，《春秋》是史不是经，孔子也不曾作过《春秋》。由于两位学者的影响力，此说一出，引起了很多的争论，持传统旧说的虽然仍大有人在，但顾、钱的看法也逐渐得到一部分人的认同⑤。其中最有代表性的要算杨伯峻先生，他在《春秋左传注》的前言中，专有"《春秋》与孔丘"一节，在总结前人观点基础上提出多条证据论证"孔丘实未尝修《春秋》，更不曾作《春秋》"⑥，

---

① "夫子所修之史，是曰《春秋》。窃详《春秋》之义，其所未谕者有十二。"见（唐）刘知几著，（清）浦起龙通释：《史通通释》，上海：上海古籍出版社，2009年，第370页
② "又世人以夫子固天所纵，将圣多能，便谓所著《春秋》，善无不备。而审形者少，随声者多，相与雷同，莫之指实。权而为论，其虚美者有五焉。"见（唐）刘知几著，（清）浦起龙通释：《史通通释》，上海：上海古籍出版社，2009年，第382页。
③ 《宋史·王安石传》记："安石训释《诗》、《书》、《周礼》，既成，颁之学官，天下号曰'新义'。晚居金陵，又作《字说》，多穿凿傅会。其流入于佛、老。一时学者，无敢不传习，主司纯用以取士，士莫得自名一说，先儒传注，一切废不用。黜《春秋》之书，不使列于学官，至戏目为'断烂朝报'。"见《宋史》，北京：中华书局，1977年，第10550页。
④ 详见《古史辨》第1册，顾颉刚编著：《古史辨》第1册，上海：上海古籍出版社，1982年。
⑤ 如徐中舒、赵光贤等先生，均有专文讨论孔子未曾作过《春秋》。徐中舒：《左传的作者及其成书时代》，《徐中舒历史论文选辑》，北京：中华书局，1998年，第1138—1142页；赵光贤：《春秋与左传》，赵光贤：《亡尤室文存》，北京：北京师范大学出版社，2001年，第114—116页。
⑥ 杨伯峻：《春秋左传注·前言》，北京：中华书局，1990年，第15页。

第七章 《春秋》经传基本问题研究讨论

并推测"《春秋》与孔丘有关,仅仅因为孔丘用过《鲁春秋》教授过弟子"①。针对杨先生的观点,台湾学者张以仁先生作《孔子与春秋的关系》一文将其总结成了六条并逐条提出了反驳意见,认为孔子作《春秋》一事,既有早期资料为证,后人所持反对意见又皆不能成立,则应依从旧说。②后李学勤先生也撰《孔子与〈春秋〉》对杨说提出质疑,认为"《左传》以下多种书籍一致讲孔子修或作《春秋》,我们实在没有否认的理由"③。王和先生则提出了反对意见,他继承了其师赵光贤先生的看法,认为春秋以前,从事史事记录和著作的只有史官,史官地位极其尊崇,是记述史事和解释史事的唯一权威,且国史虽然记事简略却地位崇高,属于国家档案,在当时是由太史掌管的秘藏史书,寻常人等绝对无权翻阅,所以关于《春秋》,孔子根本无从得见,更遑论修了。④而郑良树先生又从另一个角度对孔子作《春秋》之说提出了疑问,他详细梳理了孔子作《春秋》说的形成过程,认为这个观点在较早的时候并不十分明确,也许还在酝酿中,无法明指其说。所以有的含糊其辞,有的采用推想的口吻,有的以"君子"为作者,少有明确地说是孔子作的。到了孟子时代,出于对孔子的崇拜礼敬,为了提升孔子的地位,同时也出于自己的需要,孟子才非常肯定地以思想方式对这个问题下了定论,孔子作《春秋》于是铁案如山。而司马迁接纳了孟子五百年的时代轮回历史观,借以抬高《史记》的地位和价值,同时也接纳了孟子的"孔子作《春秋》"说。在这样的形势及背景之下,"孔子作《春秋》"说不但成形,而且成熟。⑤此后,郑良树先生又撰文进一步探讨了孔子与《春秋》的关系,⑥他通过对《论语》中记载孔子评论春秋时人物事件的文字分析,认为这正是孔子讲评《春秋》的部分文字,因为当时书写工具的限制,他

---

① 杨伯峻:《春秋左传注·前言》,北京:中华书局,1990年,第16页。
② 张以仁:《孔子与〈春秋〉的关系》,《春秋史论集》,台北:联经出版事业公司,1990年,第37—58页。
③ 李学勤:《缀古集》,上海:上海古籍出版社,1998年,第21页。
④ 王和:《孔子不修〈春秋〉辨》,《史学理论研究》1993年第2期,第115—119页。
⑤ 郑良树:《"孔子作〈春秋〉说"的形成》,彭林主编:《中国经学》第一辑,桂林:广西师范大学出版社,2005年,第197—207页。
⑥ 郑良树:《论孔子讲〈春秋〉》,彭林主编:《中国经学》第二辑,桂林:广西师范大学出版社,2007年第57—68页。

的学生无法把这些文字详细记录下来,所以只能记下一些简要的纲领式的评论,而三传则相对完整地记载了孔子讲《春秋》及评论文字的详细文字。所以孔子曾讲论过《春秋》,却不曾撰作过《春秋》,《论语》中保存的相关评论就是最好的证据。郑先生的观点确实颇有新意,也启发我们从另一个层面考量《春秋》与孔子的关系。但与王和先生的文章相对比,两人同样得出孔子不修《春秋》的结论,而他们的论点却互相抵牾,这也从另一个侧面显示了此问题的复杂性。另外,若说孔子曾将《春秋》作为教本讲评过,倒还不失为合理的推断,但进而推断孔子未曾撰作过《春秋》,则无疑缺乏有力的证据。后来赵伯雄先生在《〈春秋〉记事书时考》一文中指出《春秋》中"时""月"连书的记载绝非出于鲁国史官之笔,因为在春秋以前无论传世还是出土的各类文献中都几乎看不到类似的情形,这样的记事习惯,可能是春秋战国之间才逐渐形成的。所以《春秋》中的"时"应该是后加上去的,而将其加入《春秋》的人很可能是孔子或孔子后学。总之,现在所见的《春秋》是在鲁国原始史书基础上按照一定规则和理念加以整理的结果。①这篇文章从文本归纳的角度加以分析,无疑为我们审视这个问题展现了一个新的视角。

正如古史辨运动中张荫麟先生对于顾颉刚先生使用"默证法(Argument from silence)"的质疑,要证明某事为无,贵在指出相反之证据。仅凭现有史料之无载,则既不能证明其有,亦不能证明其无。②对于孔子与《春秋》的关系,也应作如是观。更何况早期各种记载的说法一直是明确倾向于孔子修《春秋》的,除非能够出现正面支持孔子未修《春秋》的确定史料,断然否定传统之看法恐怕欠妥。纵然我们目前尚无法坐实孔子到底修没修《春秋》,但是所有的史料都或隐或显地将《春秋》与孔子之间联系起来,这无疑启示我们孔子与《春秋》一定有着某种意义上的关系,无论这种关系是修也好,讲也好,哪怕并非孔子本人,只是孔门后世弟子所为,也并不妨害这层关系的存在。作为客观事实层面上的孔子与《春秋》之关系,我们只能

---

① 赵伯雄:《〈春秋〉记事书时考》,《文史》2006年第3辑,第5—14页。
② 张荫麟:《评近人对于中国古史之讨论》,顾颉刚编著:《古史辨》第2册,上海:上海古籍出版社,1982年,第271—272页。

第七章 《春秋》经传基本问题研究讨论

说现有材料更有利于论证《春秋》与孔子有关,至于到底修没修,甚至说怎么修,在没有新史料出现之前,若想把问题盖棺定论,恐怕并不现实。退一步说,仅就《春秋》从鲁隐公至鲁哀公这十二公的时间起止来看,这本身就意味着它一定存在着一个编纂者或整理者加以取舍的步骤,而非鲁国史书的本来面貌,顾炎武便曾明言"《春秋》不始于隐公"①,那么后人所见的《春秋》,不取鲁国史书隐公之前,亦不取孔子去世后悼公之史,如果说是因为鲁《春秋》本来的起止时间即是如此,显然是说不通的。《春秋》选择如此断限的结果无论出于何种原因②,一定蕴含着后来编纂者或整理者的考虑。至于这个人是不是孔子,虽然不能完全确定,但从各方面的证据看,若说与孔子完全无涉,实在难以让人信服。除了客观事实层面,还有一点值得注意的则是思想观念层面的孔子与《春秋》之关系,应该说孔子修《春秋》作为一种传统的文化认同,已经在历史上留下根深蒂固的影响,无论是从前的古文经学家还是今文经学家,都承认这一前提的存在,其所不同的只是程度大小罢了。甚至今天否认孔子修《春秋》的学者,其实在某种意义上,不也正是想努力摆脱这一痕迹的影响吗?就此而言,孔子修《春秋》恰恰是思想史上的确凿事实,毋庸置疑。

关于《春秋》的性质,从孟子那段话所引申而来的争论,直到今日

---

① 《春秋》不始于隐公。晋韩宣子聘鲁,观书于太史氏,见《易象》与鲁《春秋》,曰:"周礼尽在鲁矣,吾乃今知周公之德与周之所以王也。"盖必起自伯禽之封,以洎于中世,当周之盛,朝觐、会同、征伐之事皆在焉,故曰"周礼",而成之者,古之良史也。自隐公以下,世道衰微,史失其官,于是孔子惧而修之,自惠公以上之文无所改易,所谓"述而不作"者也。自隐公以下,则孔子以己意修之,所谓"作《春秋》"也。然则自惠公以上之《春秋》,固夫子所善而从之者也,惜乎其书之不存也。见(清)顾炎武著,黄汝成集释,栾保群、吕宗力校点:《日知录集释》,上海:上海古籍出版社,2006年,第179页。按:顾氏所言孔子修《春秋》不取隐公前者之原因虽不可尽信,但至少启发我们鲁《春秋》一定经过编纂才形成后来的《春秋》。

② 关于《春秋》十二公的起止与数目,古往今来多有讨论,但结论众说纷纭。张政烺先生后来结合出土的秦公钟和秦公簋铭文均有"十又二公"的字样,认为《春秋》取十二公绝非偶然,与后来的《吕氏春秋》的"十二纪"以及《史记》的"十二本纪""十二诸侯"一样,都是法天之大数,实乃那个时代思想传统之使然。详见张政烺:《"十又二公"及其相关问题》,《张政烺文史论集》,北京:中华书局,2004年,第790—810页。张先生此说看似玄奥,然联系上古时期的文化传统,笔者觉得或许更为接近事实,若《春秋》为孔子所修,以孔子所见鲁国最后一君主即哀公,上溯十二公,恰为隐公。

仍余波未平。孟子认为《春秋》原是鲁国史书,孔子加以己意而成之,认为这是天子之事,其目的在于使乱臣贼子惧。司马迁受董仲舒和当时今文经学思潮的影响,于《史记·太史公自序》中更进一步阐发这个观点,认为《春秋》"上明三王之道,下辨人事之纪,别嫌疑,明是非,定犹豫,善善恶恶,贤贤贱不肖。存亡国,继绝世,补敝起废,王道之大者也"①。可见今文经学家们一致认为《春秋》毫无疑问是孔子所作,是经而非史。可后来杜预却总结提出了不同于汉代经学家的代表观点"经承旧史"说,他在《春秋经传集解序》中写道:"《春秋》者,鲁史记之名也。……周礼有史官,掌邦国四方之事,达四方之志。诸侯亦各有国史,大事书之于策,小事简牍而已。……周德既衰,官失其守,上之人不能使春秋昭明,赴告策书、诸所记注,多违旧章。仲尼因鲁史策书成文,考其真伪,而志其典礼。上以遵周公之遗制,下以明将来之法。其教之所存,文之所害,则刊而正之,以示劝戒。其余则皆即用旧史。史有文质,辞有详略,不必改也。……其发凡以言例,皆经国之常制,周公之垂法,史书之旧章,仲尼从而修之,以成一经之通体。其微显阐幽、裁成义类者,皆据旧例而发义,指行事以正褒贬。"②杜预的看法无疑削弱了孔子的地位,认为《春秋》的主体是鲁国的史书,孔子只是因循为主,稍作笔削罢了。应该说,当时汲郡出土的《竹书纪年》无疑使杜预进一步肯定了自己"经承旧史"说的看法。此观点一出,给后世造成了很大的影响。唐代学者刘知几在《史通》中作《惑经》《申左》两篇,便完全从史学著作的角度出发对《春秋》提出了质疑和批评。其他学者持类似观点的亦不在少数,如王安石、郑樵、顾炎武、章学诚等,在不同意义上都可以视作杜预"经承旧史"说的支持者和发扬者。直到晚清今文经学的复兴,刘逢禄、皮锡瑞、康有为等人才又重新强调了《春秋》的经学性质。其中尤以皮锡瑞的观点最具代表性,他指出:"说《春秋》者,须知《春秋》是孔子作,作是做成一书,不是钞录一过,又须知孔子所作者,是为万世作经,不是为一代作

---

① 《史记》,北京:中华书局,1959年,第3297页。
② (晋)杜预注,(唐)孔颖达等正义:《春秋左传正义》,(清)阮元校刻:《十三经注疏》,北京:中华书局,1980年影印本,第1705—1706页。

第七章 《春秋》经传基本问题研究讨论

史,经史体例所以异者,史是据事直书,不立褒贬,是非自见;经是必借褒贬是非,以定制立法,为百王不易之常经。《春秋》是经,《左氏》是史,后人不知经史之分,以《左氏》之说为《春秋》,而《春秋》之旨晦,又以杜预之说诬《左氏》,而《春秋》之旨愈晦。"①可以说关于《春秋》性质的今古文经学之争的分歧根本在于他们讨论的着眼点不同,今文经学家推崇孔子作《春秋》的意义与作用,而古文经学家更为重视《春秋》的内容及其来源。

古代以今古文经学为代表的两种不同观点的争论,到了近现代,不但没有停止,反而愈演愈烈。首先是古史辨运动的兴起,以顾颉刚、钱玄同为代表的学者,便率先否定了《春秋》与孔子的的关系,并进而否定了《春秋》的经学性质,认为《春秋》只是一部"不成样子"的历史著作。②此说一出,认同之人不在少数。如周予同先生虽然对古史辨派的方法论很不以为然,但同样认为:"平心而论,《春秋》不过是中国古代的初期的历史著作。"③再看看近代以来的史学史著作,金毓黻、白寿彝、瞿林东等诸位先生,虽不再否认孔子与《春秋》的关系,但基本都把《春秋》看作中国古代最早的编年体史书,视孔子为中国的史学之父。当然持反对意见亦不在少数,如吕思勉先生便讲:"《春秋》之作,本非史书,不为记事。若论史事,则不修《春秋》俱在,自可观览而得也。后世不修《春秋》,既亡,《春秋》为经不为史之义复晦,学者多以《春秋》作史读,遂觉其龃龉疏漏而不可通,乃有断烂朝报之讥矣。须知孔子非编辑朝报,固无所谓断烂。"④吕先生敏锐地指出孔子修《春秋》的出发点并非为作史,很是在理。但不修《春秋》与孔子之《春秋》从根本上又有多大区别,若它未曾亡佚,是不是学者把不修《春秋》作史读就不觉它为断烂朝报了呢?徐复观先生同样将《春秋》看作经而非史:"可以断定孔子修《春秋》的动机、目的,不在今日的

---

① (清)皮锡瑞:《经学通论·〈春秋〉通论·论〈春秋〉是作不是钞录是作经不是作史杜预以为周公作凡例陆淳驳之甚明》,北京:中华书局,1954年,第2页。
② 两人之间的详细讨论,均载于《古史辨》第1册。
③ 朱维铮编:《周予同经学史论著选集(增订版)》,上海:上海人民出版社,1996年,第498页。
④ 吕思勉:《吕著史学与史籍》,上海:华东师范大学出版社,2002年,第281页。

所谓'史学',而是发挥古代良史,以史的审判代替神的审判的庄严使命。可以说,这是史学以上的使命,所以它是经而不是史。"① 近年来,晁天义先生也多次撰文申述了他对《春秋》性质之看法,总而言之,他认为《春秋》是一部政治学著作。而他之所以否认《春秋》为历史学著作的原因有两点:一是作者的写作动机不在求真纪实;二是《春秋》不符合史学著作的规范。② 这两点看法可看作是对历史上主张《春秋》是经非史意见的总结,确是抓住了症结所在,但同样也存在着问题:一方面是以西律中,即以西方传统的史学观念的特点来衡量中国史学传统,忽略了中国史学传统的独特性;另一方面是以今律古,即以后世的史学著述的标准来衡量上古时代的史书,忽略了上古时代史书撰写和保存所面临的历史客观条件。其实这也是很多学者研究《春秋》时容易忽视的问题。

由此可见,两种观点之间虽然至今仍争执不下,亦各有其理据。而钱穆先生作《孔子与春秋》一文,则跳出经与史的纠缠,从学术的源流出发重新对《春秋》的性质作了分析,他认为"'经''史'之别,这是后代才有的观念。《汉书·艺文志》,《春秋》属《六艺》,而司马迁《太史公书》也列入《春秋》家。《七略》中更没有史学之一类。可见古代学术分野,并没有经史的区别,若我们定要说《春秋》是经非史,这实在只见其为是后代人意见③,据之以争古代之著作,未免搔不着痛痒"④。钱先生进而从"王官学"和"百家言"的分类角度探讨其性质,认为"《春秋》还是一部亦经亦史的一家言"⑤。这样的看法确实颇有见地,也给了我们很大的启示,即我们

---

① 徐复观:《两汉思想史》第三卷,上海:华东师范大学出版社,2001年,第156页。
② 晁天义:《关于〈春秋〉性质的再思考》,《史学理论研究》2006年第3期,第147—153页。
③ 《传习录》曾记王阳明与弟子问答,从不同的角度表明了类似的观点:(徐)爱曰:"先儒论《六经》,以《春秋》为史。史专记事,恐与《五经》事体终或稍异。"先生曰:"以事言谓之史,以道言谓之经。事即道,道即事。《春秋》亦经,《五经》亦史。《易》是包牺氏之史,《书》是尧、舜以下史,《礼》、《乐》是三代史。其事同,其道同,安有所谓异?"见王阳明:《传习录》卷上,吴光等编校:《王阳明全集》第1册,杭州:浙江古籍出版社,2011年,第11页。
④ 钱穆:《两汉经学今古文平议》,北京:商务印书馆,2001年,第269—270页。
⑤ 钱穆:《两汉经学今古文平议》,北京:商务印书馆,2001年,第317页。

必须看到，孔子在由"王官学"向"一家言"的转变过程中的关键地位是不容忽视的。

其实要讨论《春秋》到底是经还是史，首先必须厘清什么是经？什么是史？经、史在古代的产生与发展经历了一个怎样的过程？他们的关系究竟如何？其区别的标准又到底何在？再就是《春秋》作为客观存在的文本，它本身的内涵就是十分复杂的，无论是其内容的来源、撰作的动机还是作用和意义都有很大的探讨空间，若定要非此即彼，强行给它贴上某个标签，仅从单一的角度与层面去理解和判断，是不是反而将经典简单化和封闭化了。如果对这些问题没有一个很好的辨析和反思，便只能是公说公有理，婆说婆有理。每个人都从自己的立场和实际需求下判断，那么结果自然让人莫衷一是，无所适从了。

第二节 春秋笔法相关问题研究综述

对《春秋》的性质以及它与孔子的关系作了上述梳理之后，接下来要讨论的就是《春秋》学的又一核心问题——"春秋笔法"。《春秋》到底有没有笔法？如果有，那到底是所谓孔子的"笔则笔，削则削"①，还仅仅是史官的记史规则？抑或二者兼而有之？春秋笔法的特点和价值又是什么？无论如何，千百年来《春秋》所蕴含的魅力甚至可谓尽在于此了。关于春秋笔法，由此引伸总结出来的如"书法""义例""书例""凡例""义法""微言"等问题，从《春秋》三传始，经过汉代今古文经学的发展与彰显，直到今天，仍然是学者们争论的焦点。

最早提出类似春秋笔法观念的恐怕要数《左传·宣公二年》中所述孔子对董狐记录"赵盾弑其君夷皋"的评价，认为他是"古之良史也，书

---

① 《史记》，北京：中华书局，1959年，第1944页。

法不隐"①。此处所谓的"书法"大体上即可算是一种"春秋笔法"了,可见在孔子之前,史官们记载历史便有一定的书写规则与方式。而《左传·宣公十四年》里引君子曰的话:"《春秋》之称微而显,志而晦,婉而成章,尽而不汙,惩恶而劝善,非圣人谁能修之"②,似乎又暗示了孔子与春秋笔法的关系以及春秋笔法的特点。而孟子更是明确地用"其义则丘窃取之矣"③的说法点明了孔子修《春秋》的关键所在。后来的董仲舒、司马迁也均是顺着此说法进一步强调了孔子春秋笔法"约其文辞而指博""笔则笔,削则削,子夏之徒不能赞一辞"④的特点,及其"上明三王之道,下辨人事之纪,别嫌疑,明是非,定犹豫,善善恶恶,贤贤贱不肖,存亡国,继绝世,补敝起废,王道之大者也"⑤的意义。今文经学家对于春秋笔法的解读也多是在这一基础上深入阐发的。

而杜预则提出了东汉以来古文经学家的代表性意见:

> 其(《左传》)发"凡"以言例,皆经国之常制,周公之垂法,史书之旧章,仲尼从而修之,以成一经之通体。其微显阐幽、裁成义类者,皆据旧例而发义,指行事以正褒贬。诸称"书""不书""先书""故书""不言""不称""书曰"之类,皆所以起新旧,发大义,谓之变例。然亦有史所不书,即以为义者,此盖《春秋》新意,故传不言"凡",曲而畅之也。其经无义例,因行事而言,则传直言其归趣而已,非例也。⑥

杜预总结了《左传》对《春秋》经文义例的解释,共分为三个方面,一为正例,乃周公垂法、史书旧章,即《左传》中用"凡"来解《春秋》的句子,并归纳为"五十凡";二为变例,是孔子在旧例基础

---

① (晋)杜预注,(唐)孔颖达等正义:《春秋左传正义》,(清)阮元校刻:《十三经注疏》,北京:中华书局,1980年影印本,第1867页。
② (晋)杜预注,(唐)孔颖达等正义:《春秋左传正义》,(清)阮元校刻:《十三经注疏》,北京:中华书局,1980年影印本,第1913页。
③ (清)焦循撰,沈文倬点校:《孟子正义》,北京:中华书局,1987年,第574页。
④ 《史记》,北京:中华书局,1959年,第1944页。
⑤ 《史记》,北京:中华书局,1959年,第3297页。
⑥ (晋)杜预注,(唐)孔颖达等正义:《春秋左传正义》,(清)阮元校刻:《十三经注疏》,北京:中华书局,1980年影印本,第1705—1706页。

上，修订的一些新条例，意在诠释《春秋》中的微言大义；三为非例，即仅陈述史事，无褒贬义例可循的部分。他认为春秋笔法大多为周公所创，孔子只是从而修之，据旧例而发义。刘知几继承了杜预的看法，提出："《春秋》之作，始自姬旦，成于仲尼。丘明之《传》，所有笔削及发凡例，皆得周典，传孔子教，故能成不刊之书，著将来之法"①，这无疑是说春秋笔法皆得自周典，孔子并无笔削。不过杜预的观点引起了后世学者的批评，赵匡、刘敞、叶梦得等人均提出了各种反驳证据，认为杜预所谓的《左传》解经义例实不足取，既非"周公之垂法"，也不是孔子的笔削变例，并不能够说明春秋笔法。

朱熹在与门人的谈话中也透露出自己对于孔子春秋笔法的怀疑，比如他说："《春秋》大旨，其可见者：诛乱臣，讨贼子，内中国，外夷狄，贵王贱伯而已。未必如先儒所言，字字有义也。想孔子当时只是要备二三百年之事，故取史文写在这里，何尝云某事用某法？某事用某例邪？"②他又说："《春秋》只是直载当时之事，要见当时治乱兴衰，非是于一字上定褒贬……故孔子作《春秋》，据他事实写在那里，教人见得当时事是如此，安知用旧史与不用旧史？今硬说那个字是孔子文，那个字是旧史文，如何验得？"③朱熹认为春秋有大义，但反对人们穿凿附会地去挖掘所谓的"一字定褒贬"，上面这些话均体现了他通达的见解。

而到了元末，赵汸在他的著作《春秋属辞》中对春秋笔法作了较为系统的阐述，他认为《春秋》就史而言是对鲁史有笔无削的实录，就义而言是通过孔子的笔削来体现的。前者是孔子存策书之大体，但笔而不削不能完全体现孔子的义，所以必须通过书与不书、变文、特笔等笔法来阐发其义，这不同于传统的史法，而是孔子独特的春秋笔法。④赵汸对春秋笔法的分析较为平允，但细节上很难得到证实。

---

① （唐）刘知几著，（清）浦起龙通释：《史通通释》，上海：上海古籍出版社，2009年，第390页。
② （宋）黎靖德编，王星贤点校：《朱子语类》第6册，北京：中华书局，1986年，第2144页。
③ （宋）黎靖德编，王星贤点校：《朱子语类》第6册，北京：中华书局，1986年，第2144—2145页。
④ （元）赵汸：《春秋属辞》，（清）纳兰性德辑：《通志堂经解》第11册，扬州：江苏广陵古籍刻社，1996年。

清末的今文经学家皮锡瑞则认为:"《春秋》有大义,有微言。所谓大义者,诛讨乱贼以戒后世是也,所谓微言者,改立法制以致太平是也。"①他又对各种笔法以及前人的意见进行了批判性的总结,强调了春秋笔法完全不同于史法,史法乃是据事直书,作史者宜直叙其事,不必弄文法,寓予夺;而春秋笔法则是圣人特笔,空前绝后,是为万世作经,为后人立法。②皮氏无疑是将孔子春秋笔法奉为圭臬,与史法迥然有别。

胡适先生在讨论春秋笔法时认为,《春秋》是有大义的,体现了孔子的正名思想。而《春秋》正名的方法,可分三层:一是正名字,为了别同异,是文法学语言学的层次;二是定名分,为了辨上下,如"春王正月"一类;三是寓褒贬,把褒贬的判断寓托在记事之中,善善恶恶,贤贤贱不肖,便是褒贬之意,只可惜有许多矛盾前后不一致的地方。最后总结了这对中国学术思想在语言文字、名学和历史上的影响。导致后来的史家对《春秋》崇拜太过,不去讨论史料的真伪,只顾讲"书法"和"正统",使得中国只有主观的历史,而没有客观的历史。③在古史辨运动中,钱玄同、顾颉刚两位学者剥去了《春秋》经学的神圣外衣,否定了《春秋》与孔子的关系及其微言大义,自然也就将春秋笔法弃如敝履了。

杨向奎先生重点考察了《左传》中解释《春秋》的书法凡例,认为《左传》中的凡例可分为三类:一是史官修史之法则,即"史法";二是修史时之属辞,即"书法";三是通行礼论,即"礼经"。但这既不是周公垂法,孔子亦未本之而修经,也不是刘歆之徒所窜加。凡例者应为《左传》编者同时流行之礼论,是《左传》编者当时随意加入的。④

周振甫先生对春秋笔法的含义进行了界定,认为它有两层含义:"一指历史书的笔法,一指孔子修订的《春秋》的笔法。鲁国的历史

---

① (清)皮锡瑞:《经学通论·〈春秋〉通论·论〈春秋〉大义在诛讨乱贼微言在改立法制孟子之言与〈公羊〉合朱子之注深得孟子之旨》,北京:中华书局,1954年,第1页。
② (清)皮锡瑞:《经学通论·〈春秋〉通论·论经史分别甚明读经者不得以史法绳〈春秋〉修史者亦不当以〈春秋〉书法为史法》,北京:中华书局,1954年,第77—79页。
③ 胡适:《中国哲学史大纲》,北京:东方出版社,1996年,第85—91页。
④ 杨向奎:《论〈左传〉之性质及其与〈国语〉之关系》,《绎史斋学术文集》,上海:上海人民出版社,1983年,第192—193页。

第七章 《春秋》经传基本问题研究讨论

书,史官在记录时一定也有笔法,只是这些历史书没有传下来,所以它的笔法无从考查。孔子修订的《春秋》,其笔法,《穀梁传》《公羊传》《左传》里都有说明,后来晋代杜预又对它作了专门研究,著有《春秋释例》。《春秋》以前的鲁国历史书的笔法虽然无从考查,《春秋》以后的各种历史书的笔法却是可以研讨的。因此,春秋笔法既指孔子修订的《春秋》笔法,也指《春秋》以后的各种历史书的笔法"①。

钱钟书先生讨论了杜预总结的"三体五例"中的"五例"②,认为"《春秋》实不足语于此","五例"者,实史家之悬鹄,非《春秋》所树范。而就史书之撰作而言,"五例"之一、二、三、四示载笔之体,而其五示载笔之用。就史学之演进而言,"五例"可征史家不徒记事传人,又复垂戒致用,尚未能通观古今因革沿变之理,道一以贯。③又提出《春秋》辞约义隐,乃是受书写条件限制,文不得不省,辞不得不约。④他认为《春秋》之书法,实则文章之修辞,《公羊传》《穀梁传》二传阐明《春秋》美刺"微词",实则我国修辞学最古之发凡起例,有些解释皆文家笔法,剖析精细处快要赶上风格学(stylistics)了。⑤

对于钱先生的观点,单周尧先生提出商榷,指出钱先生以一般史学观点论《春秋》,似未得其经学要旨。⑥又认为"五情"可分为三层看,其一、二点主要谓字面之效果;其三、四点主要谓书写之态度;第五点主要谓记载之作用,三者不必互相排斥。⑦邵东方先生在此基础上把"五情"中的前四者视作曲笔和直笔的不同显现方式,都有微言大义、申扬义理之功,最后一情"惩恶劝善"偏重《春秋》书法之道德功

---

① 周振甫、冯其庸等:《古代作家写作技巧漫谈》,北京:人民文学出版社,1986年,第1页。
② "五例"又称"五情",即"微而显,志而晦,婉而成章,尽而不汙,惩恶而劝善",语出《左传·成公十四年》,原指圣人作《春秋》情意之所托,后杜预将其推衍视作《左传》"为example之情有五",称为"五体",孔颖达《正义》认为"体、情一也",并进而将其概括为"五例"。但单周尧先生认为"'例'为体例,有别于'情','为例之情有五',盖谓孔子修《春秋》之情意有五,易'五情'为'五例',犹言'为例之例有五',其不辞也甚矣!"见单周尧:《勉斋论学杂著》,上海:上海古籍出版社,2017年,第405页。
③ 钱钟书:《管锥编》第1册,北京:中华书局,1979年,第162页。
④ 钱钟书:《管锥编》第1册,北京:中华书局,1979年,第163页。
⑤ 钱钟书:《管锥编》第3册,北京:中华书局,1979年,第967—968页。
⑥ 单周尧:《勉斋论学杂著》,上海:上海古籍出版社,2017年,第400页。
⑦ 单周尧:《勉斋论学杂著》,上海:上海古籍出版社,2017年,第408—409页。

用和修辞效果。"五情"之间固然有较为符合逻辑之关联，然其间交叉甚多，不论如何予以"五情"分类，总觉有不妥之处，倒不妨坦承语言超越逻辑之流动性。邵先生还特别分析了钱先生将"尽而不汙"理解为"the whole truth, and nothing but the truth"的观点，认为"五情"中之"尽"与"直"非指客观事实，而是与义理不能分割之叙事。所谓"直"不仅仅是依据事实，而是指不加避讳地记录有背义理之不恰当事实，以直白之手法使著者之判断一览无余。"尽"即是"the whole"，但却非"truth"。"The whole truth"（全部事实）与"nothing but the truth"（除了事实以外什么也没有）这两者厘定的是客观"真相"的边界，与杜序"尽而不汙"注中所言之"直书其事"相差甚远。钱先生的论证完全忽略了"truth"与"事"之间的出入。①

汪荣祖先生则指出了春秋笔法对中国传统史观的影响："自两汉以来，迄于清末，虽云《春秋》笔削褒贬，不得妄拟，然所谓书法，所谓正统，原本《春秋》大义。如习凿齿以蜀汉为正统，以晋承汉；如《通鉴》凡一统之君，死称崩，否则称殂，一统之国大臣死称薨，否则称卒，斯皆《春秋》书法也。历代作史者视为当然，益可见《春秋》寓褒贬于书法，入史学之深也。然则《春秋》一书，非仅编年之滥觞，亦史观之渊泉也。"②他还认为春秋笔法并未失直笔之旨，孔子是隐而不避，讳而不饰，虽婉章志晦，然其义可访，其理可寻。③

王晓天先生亦持类似的观点：春秋笔法是直笔，但"直笔"均具有一定的道德色彩，是一个历史的概念，其标准是受时代和阶级限制的。历来的史家尽管对春秋笔法有褒有贬，但始终没有否定它的基本原则，在史学的实践中也没有摆脱它的约束和影响。在他们看来，直笔，最终还是要服从于"名道圣教""君臣大义"的，在两者相矛盾的时候，则不容不为尊者讳也。而《春秋》中的隐讳也不等于曲笔，只是委婉曲折

---

① 邵东方，金雯：《〈管锥编·杜预序〉"尽而不汙"及"五情"说辨析》，《北京师范大学学报》（社会科学版）2019 年第 1 期，第 98—105 页。
② （美）汪荣祖：《史传通说——中西史学之比较》，北京：中华书局，2003 年，第 30 页。
③ （美）汪荣祖：《史传通说——中西史学之比较》，北京：中华书局，2003 年，第 217—218 页。

地反映了事实。①

晁岳佩先生则试图简化问题,他认为古人解《春秋》,多以孔子作《春秋》为前提,目的是深入领会圣人垂教后世的褒贬大义,由此归纳出种种所谓义例。但《春秋》是否确曾经孔子改作,无从证实;前提既不可靠,由此得出的义例更是想当然而已。只要抛开成见,仔细阅读《春秋》,就可看出它是鲁国历代史官原始记录的汇编,但其中确实存在着可以贯通全经的记事原则和用字规范,在二百四十二年中能保持多方面的相对一致,而这才是真正的《春秋》体例。②春秋笔法的问题十分复杂,但晁先生一律目之为史官规则,想把问题简单化,既缺乏证据,也近乎取消了问题。

王春淑先生认为孔子春秋笔法是对先前史家笔法的继承发展,是以史事、文辞、史家思想完美统一为根本准则的笔法。其根本准则是事、文、义的完美统一,具体表现为据实直书,规范取事用辞,使之善恶自见的直书笔法;明道达义,书法不隐,彰明善善恶恶的变书笔法;避实就虚,隐约其辞,为尊亲者讳的讳书笔法;以及统一纪元,事系日月,严整体例的编年记事笔法。③

过常宝先生把通常理解的春秋笔法分为三端:一是常事不书,属于选材类;二是讳书,指一件不得不载录的事实被全部和部分隐藏;三是表述中一些特殊的句法和用词方面。《春秋》的每一个叙事都包括了在场者(事件)和不在场者(史官载录规范),不在场者也在隐匿中存在着。《春秋》的隐而不书并不是一味遮掩,而是将事件留在历史的阴影处,也是一种表达臧否的方式。史官无权直接表达自己的评判,就只能通过各种超乎寻常的表达规范来显示自己的意见。而《春秋》的讳书虽然看上去模糊了事实的真相,但对于三传来说,尚处于当时的文化背景下,清楚那些隐讳了的事实,所以不成问题,这也是史官表现自己真实意图的一种特殊叙事方式。春秋笔法是史官和孔子共同创造出来的,包

---

① 王晓天:《"春秋笔法"是曲笔吗?》,《求索》1984年第6期,第118—121页。
② 晁岳佩:《〈春秋〉说例》,《古籍整理研究学刊》2000年第1期,第8—13页。
③ 王春淑:《论孔子〈春秋〉笔法》,《四川师范大学学报》(社会科学版)2000年第3期,第76—88页。

括了第一叙述（原始记载）和第二叙述（修订）两个层次，再加上历史本身的复杂性，不统一是在所难免的，不可因此否认春秋笔法的存在。史官在天命的支持下，利用职业传统，构建起自己的话语权，并为后世儒家取法。①

李洲良先生着重分析了春秋笔法的内涵与外延，认为"五例"是"春秋笔法"的基本内涵，其社会功利价值表现为惩恶劝善的思想原则与法度；其审美价值表现为微婉显隐的修辞原则与方法。经法、史法与文法是"春秋笔法"的外延：经法意在惩恶劝善，故求其善；史法意在通古今之变，故求其真；文法意在属辞比事，故求其美。尚简用晦是"春秋笔法"的本质特征，是《春秋》对"诗三百"比兴寄托手法的借用和发挥，意在追求"一字定褒贬"的美刺效果。②这样的观点，显然体现了较强的主观性诠释，很难说是春秋笔法的本来面目了。

从以上的梳理可以看出，古代学者对春秋笔法的争论主要体现了今古文经学之间的分歧，即春秋书法说到底，主要是孔子所创，还是孔子对史书成法的因循和继承？《春秋》之微言大义，仅仅是惩恶劝善还是要改立法制以成百世大法。古人的讨论主要来说还是集中在经学领域的，虽然杜预以为《春秋》本周公旧典及史法所作，其实他更重要的目的是为了确立《左传》作为《春秋》之传的地位，所以仍然是在经学意义上讨论这个问题的。到近代以来，虽然今古文经学的争论表面上仍在继续，但伴随着诸如古史辨运动之类的影响，很多争论的核心问题实际已经暗中转化，经学不可避免地衰落，而史学则悄然兴起。关于春秋笔法的经学之争已经逐渐演变为史学之争，讨论重点更多地集中到春秋笔法能否以及如何反映客观的史实，对后世的史学又产生了怎样的影响。如今随着各个学科的不断发展，春秋笔法的研究范围也日益扩大，不仅在传统的经学和史学领域，在文学、语言学还有哲学等方面也出现了许多研究新成果，给人以很大的启发，当然也引出了更多的问题，这些都是需要我们进一步去思考和探索的。

---

① 过常宝：《"春秋笔法"与古代史官的话语权力》，《北京师范大学学报》（社会科学版）2003年第4期，第21—28页。

② 李洲良：《春秋笔法的内涵外延与本质特征》，《文学评论》2006年第1期，第91—98页。

下编 中国早期史学与思想考论

第八章 《周本纪》《鲁周公世家》所载周公史事引《书序》考论——兼谈司马迁的撰史理念

在《史记》的撰写中,司马迁大量地使用了《尚书》的相关材料,由此引发的问题,前贤已有众多的研究成果。①而笔者的关注点则主要集中在以下两个方面:(1)司马迁所阅读和使用的《尚书》材料是什么样的(文本形态);(2)司马迁在撰史过程中是如何理解和整合使用这些《尚书》材料的,对于《史记》中的一些看似前后矛盾的记述又该作何解释。本文拟结合相关材料,选取《周本纪》与《鲁周公世家》中述周公史事引《书序》的部分问题为例,从以上两个方面略作探讨,以就教于方家。

---

① 较有代表性的相关论著如皮锡瑞:《今文尚书考证》,北京:中华书局,1989年;古国顺:《史记述尚书研究》,台北:文史哲出版社,1985年;程元敏:《尚书学史》,上海:华东师范大学出版社,2013年。

第一节 《周本纪》所载周公史事引诸篇《书序》考论

《史记·周本纪》记：

> 武王病。天下未集，群公惧，穆卜，周公乃祓斋，自为质，欲代武王，武王有瘳。后而崩，太子诵代立，是为成王。成王少，周初定天下，周公恐诸侯畔周，公乃摄行政当国。管叔、蔡叔群弟疑周公，与武庚作乱，畔周。周公奉成王命，伐诛武庚、管叔，放蔡叔。以微子开代殷后，国于宋。颇收殷余民，以封武王少弟封为卫康叔。晋唐叔得嘉谷，献之成王，成王以归周公于兵所。周公受禾东土，鲁天子之命。
>
> 初，管、蔡畔周，周公讨之，三年而毕定，故初作《大诰》，次作《微子之命》，次《归禾》，次《嘉禾》，次《康诰》、《酒诰》、《梓材》，其事在周公之篇。周公行政七年，成王长，周公反政成王，北面就群臣之位。
>
> 成王在丰，使召公复营洛邑，如武王之意。周公复卜申视，卒营筑，居九鼎焉。曰："此天下之中，四方入贡道里均。"作《召诰》、《洛诰》。成王既迁殷遗民，周公以王命告，作《多士》、《无佚》。召公为保，周公为师，东伐淮夷，残奄，迁其君薄姑。成王自奄归，在宗周，作《多方》。既绌殷命，袭淮夷，归在丰，作《周官》。兴正礼乐，度制于是改，而民和睦，颂声兴。成王既伐东夷，息慎来贺，王赐荣伯，作《贿息慎之命》。①

上文的记载史料基本来源于《尚书》和《书序》。除了首段开始的文本主要是对《金縢》篇前半部分的缩略引述外，之后的文本与《书

---

① 《史记》，北京：中华书局，1959年，第131—132页。

第八章 《周本纪》《鲁周公世家》所载周公史事引《书序》考论——兼谈司马迁的撰史理念

序》大体相合。通常认为①，司马迁作史，广泛地使用了《书序》的材料，正如段玉裁所言"太史公胪举（《书序》），十取其八九"②，今日所见《书序》，绝大部分亦可见于《史记》，两者唯少数篇目在次序和叙事上有所不同。

一、《周本纪》引《微子之命》《归禾》《嘉禾》《康诰》《酒诰》《梓材》诸《序》次第

在《周本纪》引文中，"初作《大诰》，次作《微子之命》，次《归禾》，次《嘉禾》，次《康诰》、《酒诰》、《梓材》"一段所列《尚书》篇目之顺序，与今《书序》次序一致，"其事在周公之篇"指《鲁世家》亦载周公东征之事，可互见。《鲁世家》相关记载作：

> 管、蔡、武庚等果率淮夷而反。周公乃奉成王命，兴师东伐，作《大诰》。遂诛管叔，杀武庚，放蔡叔。收殷余民，以封康叔于卫，封微子于宋，以奉殷祀。宁淮夷东土，二年而毕定。诸侯咸服宗周。天降祉福，唐叔得禾，异母同颖，献之成王，成王命唐叔以馈周公于东土，作《馈禾》。周公既受命禾，嘉天子命，作《嘉禾》。③

对照《周本纪》与《鲁世家》所记，大体相同，有详略之差，往往详于此则略于彼。另有个别文字差异，如《鲁世家》"馈禾"，《周本

---

① 部分学者对此有不同看法，认为《书序》出于《史记》之后，非《史记》袭《书序》，而是《书序》抄撮《史记》而成，如吴汝纶《尚书故》即持此说，笔者认为不可从。刘起釪《尚书学史》以《书序》为张霸所作，史迁之时并无《书序》，亦缺乏证据。其他如以卫宏、刘歆、王肃为《书序》作者之说，皆不可信，程元敏氏《书序通考》（台北：学生书局，1999年）辨之甚详。退一步说，即使今之《书序》成书于史迁之后，甚至是抄撮《史记》而成，也不影响我们要讨论的问题。因为，《史记》中与《书序》相似之内容（特别是佚篇的内容），一定不是司马迁凭空捏造的，而定有所本，不妨将其视作与《书序》相类的材料，泛而言之，称其为《书序》亦无不可，特不必与今之《书序》同耳。
② （清）段玉裁：《古文尚书撰异》卷三十二，（清）阮元主编：《清经解》卷五九九，上海：上海书店出版社，1988年，第125页。
③ 《史记》，北京：中华书局，1959年，第1518—1519页。

纪》作"归禾",《史记集解》引徐广曰"归,一作'馈'"①。今《书序》作"归禾","归""馈"二字古相通用②。又如《周本纪》"鲁天子之命",《鲁世家》作"嘉天子命",与《书序》"旅天子之命"对比亦有不同,盖有古今文或训诂用字之别。因为历史上文本辗转传抄的复杂性,与行文理解牵涉不大的文字差异此处暂不作过多辨析。而根据《书序》的记载:"周公相成王,将黜殷,作《大诰》。""成王既黜殷命,杀武庚,命微子启代殷后,作《微子之命》。""唐叔得禾,异亩同颖,献诸天子。王命唐叔归周公于东,作《归禾》。周公既得命禾,旅天子之命,作《嘉禾》"③。孔颖达认为:"二篇(《归禾》《嘉禾》)东征未还时事,微子受命应在此篇后。篇在前者,盖先封微子后布此书故也。"④这是孔氏针对《书序》所列篇目前后次序与各篇所记史事实际时间先后顺序似有不洽提出的弥缝之说。因为《书序》明言是"(成王)命微子启代殷后,作《微子之命》",而观"王命唐叔归周公于东,作《归禾》"之文,成王并未亲征,实由周公代之。《归禾》《嘉禾》二篇发生在周公东征得胜未还之时,成王既未随行,则待其赴东亲命微子代殷必在其后。据此,《微子之命》自当次于《归禾》《嘉禾》之后为宜,故孔颖达有此说。然反观《周本纪》,司马迁所记甚明,实为"周公奉成王命,伐诛武庚、管叔,放蔡叔。以微子开代殷后,国于宋",《鲁世家》略同。《宋世家》亦曰:"周公既承成王命诛武庚,杀管叔,放蔡叔,乃命微子开代殷后,奉其先祀,作《微子之命》以申之,国于宋。"⑤既然如此,则史迁固不以成王作《微子之命》也,其所见《书序》应与今《书序》有别,次《微子之命》于《归禾》《嘉禾》

---

① 《史记》,北京:中华书局,1959年,第133页。
② 陈乔枞因徐广《音义》所云"'归'一作'馈'",遂疑《周本纪》旧本亦同《鲁世家》作"馈",作"归"为后人依古文《尚书》改之,或是。见氏著《今文尚书经说考》,(清)王先谦主编:《清经解续编》第4册,上海:上海书店出版社,1988年,第1164页。
③ (汉)孔安国传,(唐)孔颖达等正义:《尚书正义》,台北:艺文印书馆,1956年,第189、195、196页。
④ (汉)孔安国传,(唐)孔颖达等正义:《尚书正义》,台北:艺文印书馆,1956年,第196页。
⑤ 《史记》,北京:中华书局,1959年,第1621页。

之前的顺序并无问题。

另外,《周本纪》中"颇收殷余民,以封武王少弟封为卫康叔"之记载盖本自《书序》所云"成王既伐管叔、蔡叔,以殷余民封康叔,作《康诰》《酒诰》《梓材》"。此三篇共享一序,依《书序》本应次于《归禾》《嘉禾》之后,而《周本纪》在叙事时却将其提至两篇之前,《鲁世家》更是置于《微子之命》前,看似与史迁所列篇目次序不合,其实不然。按《史记》所述,封微子、封康叔均在伐管蔡之后,实同时事,无所谓先后。而之所以有"作《微子之命》,次《归禾》,次《嘉禾》,次《康诰》、《酒诰》、《梓材》"的顺序,是因为《微子之命》应作于封微子之同时,而《康诰》《酒诰》《梓材》之作实封康叔之后事,故有此别。司马迁此处引《书序》的材料叙事,并未教条地严格按照书序所列篇目的次序排比史事,而是灵活地将材料化为己用,既遵守了史事发生的先后顺序,又增加了叙述的合理性。

通过上面的分析,我们了解到《史记》与《书序》之记载有时也存在一定的差异,比如上文《微子之命序》中"成王"与《史记》中"周公"的不同,这算是稍异,其他如《文侯之命》《秦誓》等篇,说法更是多有不合。之所以存在这些差异,推想起来主要有两种可能:一是司马迁所见《书序》与我们今天所见的《书序》并不完全相同;二是司马迁虽然以《书序》作为史料的基础,但在撰史时对材料也经过了自己的理解、批判和重新整合。这其中,第二条推想乃理之必然,但在司马迁如何运用《书序》材料这个问题上因为缺乏充分的文献依据,故难以深究,只能作一些尽可能合理的猜测;而关于第一条推想,结论应该也是肯定的,因为材料线索很多,前贤如程元敏在《书序通考》中已有不少的讨论。我们今日所见的《书序》实本自东晋梅赜所献的伪古文《尚书》版本,不要说同史迁所见《书序》相比,即使与东汉时马融、郑玄所传的《书序》比较,在

---

① (汉)孔安国传,(唐)孔颖达等正义:《尚书正义》,台北:艺文印书馆,1956年,第200页。

次第^①、篇名与内容文字^②等方面已有所不同。至于太史公当日所见《书序》与今本存在一定的差异也是很自然的，不必如梁玉绳所言："信《书序》不得不议《史记》之疏，信《史记》不得不疑《书序》之伪"^③。详加考察，除去篇名文字上的歧异外，《史记》对《尚书》部分篇目的次第排列^④以及内容的理解与伪孔《书序》有明显的不同。在此我们先暂不考虑前述的第二种可能性，假设两者存在差异的原因主要在于史迁所据《书序》文本的不同。而文本之所以有差异，前贤多将其归为今古文之别。如皮锡瑞云：

> 周公东征摄王，成王不亲行，古文《序》于成王既黜殷命，成王既伐管蔡，皆冠以成王字，后人遂误执为周公未摄王之证，周公作《君奭》，《史记》引《序》在践阼当国时，古文《序》列于复政后，遂有召公疑周公贪宠之言，此皆古文《序》之不可信者，宋人一概疑之，固非，近人一概信之，亦未是，惟一以《史记》引今文《序》为断，则得之矣。^⑤

皮氏以为《书序》有今古文之分，马迁所见实为今文《书序》，与马郑、伪孔之古文《书序》自不尽同，歧异在所难免。而按其今文经学

---

① 《尚书正义·尧典》曰："百篇次第，于《序》孔、郑不同。孔以《汤誓》在《夏社》前，于百篇为第二十六；郑以为在《臣扈》后，第二十九。孔以《咸有一德》次《太甲》后，第四十；郑以为在《汤诰》后，第三十二。孔以《蔡仲之命》次《君奭》后，第八十三；郑以为在《费誓》前，第九十六。孔以《周官》在《立政》后，第八十八；郑以为在《立政》前，第八十六。孔以《费誓》在《文侯之命》后，第九十九；郑以为在《吕刑》前，第九十七。不同者，孔依壁内篇次及序为文，郑依贾氏所奏《别录》为次，孔未入学官，以此不同。考论次第，孔义是也。"见（汉）孔安国传，（唐）孔颖达等正义：《尚书正义》，台北：艺文印书馆，1956年，第17页。按：孔氏所述次第可信，所下论断可商，暂不论。
② 篇名如马、郑作"《弃稷》"，伪孔作"《益稷》"；马作"《将薄姑》"，伪孔作"《将蒲姑》"等；内容方面如伪孔《文侯之命序》作"平王锡晋文侯"，马本无"平"字等。程元敏总结认为："马郑本篇次异乎伪孔者六篇，两派各以意定故尔；字之异者，或经师妄改，或马本脱文，或今古文不一，或马以传本字误而郑以为字假，至伪孔本缺文及改字以掩其伪迹，亦各得一事，其余异字五，并是音或义近传写殊异"。见程元敏：《书序通考》，台北：学生书局，1999年，第102页。
③ （清）梁玉绳：《史记志疑》，北京：中华书局，1981年，第48页。
④ 如《史记》次《君奭》于《召诰》前，马融、伪孔皆次《君奭》于《无逸》后。
⑤ （清）皮锡瑞：《经学通论·〈书经〉通论·论马郑伪孔古文〈书序〉不尽可据信致为后人所疑当以〈史记〉今文序为断》，北京：中华书局，1954年，第80页。

家的立场，两相抵牾之处，当然是以今文《书序》为断。这样的看法虽然有一定的道理，且无疑将问题想得过于简单了。比如太史公所见是否就必然是今文《书序》？即使是，是否他就只见过今文《书序》？马郑与伪孔若同为古文，其间之差异作何理解，又各有何渊源？要搞清这些问题，需要做更深入的研究，皮说论据仍显不足。

二、《周本纪》引《君奭序》考论

接下来看本文开始所引《周本纪》最后一段文字，记周公返政后事，材料大体是引用《书序》。与今日所见的《召诰》《洛诰》《多士》《无逸》《成王政》《将蒲姑》《多方》《周官》《贿息慎之命》诸篇之《序》相比，《史记》除篇名用字偶有不同，内容基本相合，次序也完全一致。唯其中"召公为保，周公为师"一语似本自《书序》"召公为保，周公为师，相成王为左右。召公不说，周公作《君奭》"之文节略而言之。值得注意的是"召公为保，周公为师"在《周本纪》此段中的位置也正处于《无逸》和《成王政》之间，与《书序》所叙之篇目次第（先《无逸》，次《君奭》，次《成王政》）恰好对应，不得不让人猜测，史迁这处文字实本自《君奭》篇的《书序》。若是，则《君奭》当作于周公致政后，然此与《燕世家》所记《君奭》作于周公摄政时又有歧异②。因《燕世家》明言"周公摄政，当国践祚，召公疑之，作《君奭》"，似史迁是以此说为然。《汉书·王莽传》群臣奏引《君奭》并解说曰："周公服天子之冕，南面而朝群臣，发号施令，常称王命。召公贤人，不知圣人之意，故不说也"③，可见莽时人亦以《君奭》为周公践祚时作，召公

---

① （汉）孔安国传，（唐）孔颖达等正义：《尚书正义》，台北：艺文印书馆，1956年，第244页。
② 《史记·燕召公世家》云："其在成王时，召王为三公：自陕以西，召公主之；自陕以东，周公主之。成王既幼，周公摄政，当国践祚，召公疑之，作《君奭》。《君奭》不说周公。周公乃称'汤时有伊尹，假于皇天；在太戊时，则有若伊陟、臣扈，假于上帝，巫咸治王家；在祖乙时，则有若巫贤；在武丁时，则有若甘般；率维兹有陈，保乂有殷'，于是召公乃说。"《史记》，北京：中华书局，1959年，第1549页。
③ 《汉书》，北京：中华书局，1962年，第4080页。

疑之摄政故不悦，与《燕世家》同①。而《史记集解》引马融云："召公以周公既摄政致太平，功配文、武，不宜复列在臣位，故不说，以为周公苟贪宠也"②，则视为周公致政后作，召公疑之贪恋权位故不悦，郑玄说与马同。今之所见《书序》次第，与马、郑说相合，与史迁《燕世家》之说相异。皮锡瑞以为《燕世家》《王莽传》所记为今文说，马郑之说为古文说，史迁所见《尚书》篇目次第不同于今之《书序》③。这固可备为一说，但是对《周本纪》中"召公为保，周公为师"的问题又该怎么解释呢？第一个可能是《周本纪》中的"召公为保，周公为师"与《君奭》并无牵涉，只是行文偶合，史迁所见《书序》为《燕世家》所载之文，所以并不存在两相矛盾的问题。第二个可能就是史迁所见《君奭》的《书序》材料不止一种，他选取了他认为更合理的那种载入《燕世家》，且最终直接指明"作《君奭》"；但另一种材料也隐约地保留在《周本纪》中，并未明指，或以传疑。相较之下，笔者更倾向于后一种可能性。首先，据文献记载，汉代所见《尚书》版本，如孔壁本、欧阳本、马本、郑本等，《书序》大都单独成篇，且次于全书之末，熹平石经残石所见亦同，盖如孔疏所言"作《序》者不敢厕于正经，故谦而聚于下"④，至伪孔本始将《书序》拆散并分冠各篇之上；再者，《书序》之中，各序前后相缀，相顾成文，终始有度，本就是一篇完整的文章⑤。所以我们不妨作合理之推测，《周本纪》这段文字很可能是史迁根据《书序》中一段前后连续的相关材料加工笔削而成，其中保留的"召公为保，周公为师"正体现了他所引《书序》的完整性，也加强了行文的流畅性；而删削《君奭序》后文的"召公不悦，周公作《君奭》"等

---

① 《列子·杨朱》、嵇康《管蔡论》、《后汉书·申屠刚传》等所载亦与此说同。
② 《史记》，北京：中华书局，1959年，第1550页。郑玄注与马融同，（汉）孔安国传，（唐）孔颖达正义：《尚书正义》，台北：艺文印书馆，1956年，第244页。
③ （清）皮锡瑞撰，盛冬铃、陈抗点校：《今文尚书考证》，北京：中华书局，1989年，第381页。
④ （汉）孔安国传，（唐）孔颖达正义：《尚书正义》，台北：艺文印书馆，1956年，第12页。
⑤ 如孔颖达《尚书正义》、林之奇《尚书全解》等书早有此类意见，程元敏《书序通考》有引述，第129—132页。

第八章 《周本纪》《鲁周公世家》所载周公史事引《书序》考论——兼谈司马迁的撰史理念

语句，又使得此处文字并未明确指向《君奭》，且不直接与《燕世家》的记载相矛盾。笔者以为，司马迁这样的处理方式是完全可以理解的。

第二节 《周本纪》与《鲁周公世家》引《书序》之异同比析

现在不妨再把以上《周本纪》中的文字结合《鲁世家》的相关记载来看：

> 成王七年二月乙未，王朝步自周，至丰，使太保召公先之雒相土。其三月，周公往营成周雒邑，卜居焉，曰吉，遂国之。成王长，能听政。于是周公乃还政于成王，成王临朝。……周公归，恐成王壮，治有所淫佚，乃作《多士》，作《毋逸》。……成王在丰，天下已安，周之官政未次序，于是周公作《周官》，官别其宜。作《立政》，以便百姓。百姓说。①

与《周本纪》记载相对比后，会发现其中仍有一些可论之处：

一、引《召诰》《洛诰》的位置问题

《鲁世家》此段开头几句，正指《召诰》《洛诰》之事，记于周公致政前，而《周本纪》则次《召诰》《洛诰》于周公还政后，二说稍异。皮锡瑞认为："据《大传》，营成周在致政之前，当以《世家》之说为正。盖洛邑未成，制作未定，公必不遽复政也。"②按皮氏之说，周公致政、

---

① 《史记》，北京：中华书局，1959年，第1519—1522页。
② （清）皮锡瑞撰，盛冬铃、陈抗点校：《今文尚书考证》，北京：中华书局，1989年，第334页。

作《召诰》《洛诰》应为同年事，细较之则《鲁世家》所记似更为合理。但进一步考虑，史迁之所以在《周本纪》中将周公还政置于作《召诰》《洛诰》之前，可能和笔者上文的推测有关，即《周本纪》所采用的《书序》材料从《召诰》到《贿息慎之命》前后文气相连，宜自成一段，若在《召诰》《洛诰》后插入周公还政之事，恐使文气不畅。虽然像这样使用材料会导致《周本纪》的叙事准确性出现一点偏差①，但好在有《鲁世家》之文互见可作参正，这也许让史迁觉得如此处理而产生的误差尚在可接受的范围内，所以最终形成了我们今天所见的记载。

二、司马迁引《多士》《无佚》之"疏失"辨疑

《史记·周本纪》曰："成王既迁殷遗民，周公以王命告，作《多士》、《无佚》。"而《鲁世家》则记作："周公归，恐成王壮，治有所淫佚，乃作《多士》，作《毋逸》。"今《多士》《无逸》两篇，本文俱在，《多士》为告殷遗民而作；《无逸》为周公诫成王而作。故梁玉绳云："《多士》非诫成王之作，与《周纪》言《无佚》告殷民同谬，……盖于《纪》不当云'作《无佚》'，于《世家》不当云'作《多士》'。"②梁之质疑看起来很在理，《史记》这两处记载似是有所疏忽。段玉裁为之弥缝曰："《本纪》言作《多士》而兼举《无逸》，《世家》言作《无逸》而兼举《多士》"③，算是帮司马迁找了个理由勉强蒙混过关了。然而细究之下，史迁如此行文其实是有自己的考虑的。按前文的讨论，《周本纪》记"成王既迁殷遗民，周公以王命告，作《多士》、《无佚》"完全是根据《书序》材料来撰写的。考今《多士序》为："成周既成，迁殷顽民，周公以王命诰，作《多士》。"④《无逸序》则很简单，不序所由，仅一句"周公作《无

---

① 屈万里先生言："周本纪先言还政，次言营洛；或前数语为追叙后事"，亦可备为一说。见屈万里：《尚书集释》，台北：联经出版事业公司，1983年，第171页。
② （清）梁玉绳：《史记志疑》，北京：中华书局，1981年，第874页。
③ （清）段玉裁：《古文尚书撰异》卷三十二，（清）阮元主编：《清经解》卷五九九，上海：上海书店出版社，1988年，第124页。
④ （汉）孔安国传，（唐）孔颖达正义：《尚书正义》，台北：艺文印书馆，1956年，第236页。

逸》"[1]而已，是否本有更多内容而后来亡佚还是其他原因致此，尚无定论。若史迁所见《书序》与此相类的话，那么引用这两篇《书序》材料并整合成文的最佳方式，就是省略"周公作《无逸》"的"周公"二字，并与前文的《多士序》合而言之。故《周本纪》此处"疏失"实乃史迁行文不得不然也。再来看《鲁世家》那条，《多士》虽本为告殷遗民之辞，与诫成王无关，但史迁于下文"多士称曰"之后确实是引述了《多士》经文的部分内容。虽用在此只是"断章取义"，可是他把材料重新剪裁组织得很到位，抛开《多士》原旨，仅就《鲁世家》所引这段《多士》而言，在文中将其视作周公诫成王之说，读之亦无扞格难通之感。可见史迁此处将《多士》《毋逸》并提，自己心中是很清楚的，并非疏失，如果说是疏失，也只能理解为他故意"犯错"。这样看来，太史公这两处看似疏忽的记载在某种意义上说都是合乎情理的。很多时候，如果读者能对作者多一些同情之理解，而不是带着一种后来者居上的莫名优越感，或能避免一些不成问题的问题。

三、《史记》引《周官》《立政》篇《书序》相关问题考论

1. 司马迁与郑玄似同实异

《周本纪》曰："（成王）既绌殷命，袭淮夷，归在丰，作《周官》"，与《书序》同，未及《立政》。《鲁世家》曰："成王在丰，天下已安，周之官政未次序，于是周公作《周官》，官别其宜。作《立政》，以便百姓。百姓说。"此处列《周官》于《立政》之前，而今之《书序》则列《周官》于《立政》之后。根据前文脚注引《尧典》孔疏所述，郑玄所传《书序》亦次《周官》于《立政》前，与《史记》同，与今本（伪孔本）异。据此，则史迁所见《书序》此两篇次第应同于郑，异于伪孔。不过，按照《史记》记载，作《周官》《立政》应于周公归政之后。而《周礼疏》引《郑志》赵商问："案成王《周官》：

---

[1] （汉）孔安国传，（唐）孔颖达正义：《尚书正义》，台北：艺文印书馆，1956年，第240页。

'立大师、大傅、大保，兹惟三公。'即三公之号，自有师保之名。成王《周官》，是周公摄政三年事"①，此应为引述郑玄之意而问之，则郑说与《史记》又稍有异。究其原因，实是对《书序》中"既绌殷命，灭淮夷"一语发生的时间认定不同而导致的。《尚书大传》曰："周公摄政，一年救乱，二年克殷，三年践奄，四年建侯卫，五年营成周，六年制礼作乐，七年致政成王。"②《鲁世家》明言"宁淮夷东土"之事在伐管蔡之后，为周公摄政时事，且曰"二年而毕定"，即合"二年克殷，三年践奄"言之，故《鲁世家》所记与《大传》合。而《周本纪》于"既绌殷命，袭淮夷，归在丰，作《周官》"之前述"东伐淮夷，残奄，迁其君薄姑。成王自奄归，在宗周，作《多方》"，是将《成王政》《将蒲姑》《多方》《周官》四篇《书序》联而言之，且均次于周公致政之后。这样，就不由不让人怀疑，《周本纪》中列于周公致政后的"绌殷命""伐淮夷""残奄"与周公摄政时的"二年克殷，三年践奄"究竟为一事还是两事。故《书序疏》引"郑玄谓此（《多方序》）伐淮夷与践奄，是摄政三年伐管、蔡时事，其编篇于此，即云未闻"③。显然，按照郑玄对史实的认定，伐淮夷践奄只有一次，即周公摄政三年时发生的那次。所以若按照《书序》的次第，郑难以理解有的篇目明明所记史事发生在前，为何次序却反而排在了后面。

2. 江声、皮锡瑞的申与驳

在郑玄意见的基础上，江声进一步申述说：

> 云此"伐淮夷"与"践奄"是摄政三年伐管蔡时事者，伏生《大传》云："周公摄政，二年克殷，三年践奄"，此郑君所据也。据此，则此篇（《成王政》）当在《康诰》之前，且《多士》篇云："昔朕来自奄"，谓此践奄归也，则此篇当在前，益审矣！今列于此次，故郑

---

① （汉）郑玄注，（唐）贾公彦疏：《周礼注疏》，台北：艺文印书馆，1956年，第141页。
② （清）陈寿祺辑：《尚书大传》卷二，（清）王先谦主编：《清经解续编》卷三五五，上海：上海书店出版社，1988年，第415页。
③ （汉）孔安国传，（唐）孔颖达等正义：《尚书正义》，台北：艺文印书馆，1956年，第254页。

第八章 《周本纪》《鲁周公世家》所载周公史事引《书序》考论——兼谈司马迁的撰史理念

云："编篇于此，未闻"，谓"未闻"，孔子编次之意也。案：下三叙（《将蒲姑》《多方》《周官》）与此叙文相承次，……则事相联接，皆在周公摄政三年也。《立政》经云："孺子王矣"，则是周公致政成王之后。其先后之次，自当先《周（官）》。宜从郑本。①

江氏认为，《成王政》《将蒲姑》《多方》《周官》四篇均为周公摄政三年事，而郑注又以《康诰》为摄政四年事，故此四篇篇次均应列于《康诰》之前。另外，《立政》篇则为周公致政后事，所以不宜立于《周官》之前，在这个问题上，江以为郑传《书序》次第要优于伪孔本。可江说最多只能算是为郑作一注脚，却并不能解答郑玄的疑惑，也就是怎样理解《书序》篇目次第与《书序》所叙史事时间顺序之间的矛盾。对此，《伪孔传》提出了不同的看法："成王即政，淮夷奄国又叛，王亲征之，遂灭奄而徙之，以其数反覆。"《正义》进而言之："《洛诰》之篇言周公归政成王，《多士》以下皆是成王即政初事。编篇以先后为次，此篇在成王书内，知是成王即政，淮夷奄国又叛，王亲征之。"②若据此，答案很简单，践奄有两次，周公摄政时一次，成王亲政后还有一次，《成王政》及以下数篇为记载第二次践奄事，自应排在后面，此说表面上算是调和了这个矛盾，但是否有更多史料证其可靠呢。皮锡瑞以其说与《史记》合，并引皇甫谧《帝王世纪》为据，亦力申践奄之事有二③。不过皇甫谧为魏晋时人，其说与《伪孔传》同，或有所本，皮氏以为盖本于今文家说，只

---

① 江声：《尚书集注音疏》卷十一，（清）阮元主编：《清经解》卷四百，上海：上海书店出版社，1988年，第942页。
② （汉）孔安国传，（唐）孔颖达正义：《尚书正义》，台北：艺文印书馆，1956年，第254页。
③ 伐奄本非一次，一是周公践奄，见《大传》，一是成王践奄，见《史记》。伏生与史公各载其一，《大传》不及成王践奄，史公不言周公践奄，文不备耳，非因一事而讹传重见也。此（《多士》）云"昔朕来自奄"，乃公自言三年践奄之事。周公虽代王言，亦可自述己事。《史记》引《书序》说《多士》在成王践奄前，若属成王践奄，公不应豫言后来之事，又不当云"昔朕来自奄"也。《伪孔传》云："奄再叛再征。"考之经文，其说不误。《帝王世纪》曰："王既营都洛邑，复居酆、镐，淮夷、徐戎及商奄又叛，王乃大搜于岐阳，东伐淮夷。"云奄又叛，与伪孔同。《伪孔传》即王肃与皇甫谧为之，而此条实有据，盖本今文家说。知奄实有再叛之事者，《大传·洛诰篇》云"三年践奄"，与《孟子》曰"三年讨其君"合。成王践奄无三年，知非一事，而郑君误合为一，故云"编篇未闻"。（清）皮锡瑞撰，盛冬铃、陈抗点校：《今文尚书考证》，北京：中华书局，1989年，第361页。

是一种猜测。另前人有疑《伪孔传》与皇甫谧有牵涉①，此"奄再叛再征"说或《伪孔传》袭自《帝王世纪》亦未可知。基于这样的认知分歧，虽然《史记》与郑玄形式上都以《周官》在《立政》之前，但其内涵却大为不同。前引江声申郑说以《周官》为摄政三年事，《立政》为周公致政后事，则《周官》自应次于《立政》之先。但信践奄之事有二的皮锡瑞却力驳此说：

> 《史记》以《周官》、《立政》二篇相接，连文为义，则二篇是一时所作，何得分《周官》为摄政三年事，《立政》为七年致政事乎？《史记》云天下已安，官政未次序，于是公作《周官》、《立政》。若摄政三年时，方践奄，日不暇给，尚未建侯营洛，何得云"天下已安"？亦未制礼作乐，何遽能次序官政？史公以作《周官》、《立政》列于周公反政之后，"在丰，病将没"之前，则今文家说必不以作《周官》为摄政时事矣。《鲁世家》云"成王在丰"，与《周本纪》云"在丰"相合。《本纪》云"既绌殷命，袭淮夷"，亦与古文《书序》同者。盖《周官》篇中必有绌殷命之语，故《序》追溯前事言之，如《多士》、《多方》皆去克殷已久，而皆追述克殷之事。今《周官》篇亡，无以考见其文，而据《史记》所列次序与古文《书序》不异，必不以绌殷命为此时事也。郑以《成王政》至《周官》皆为摄政时事，与古文《序》及《史记》所引今文《序》皆不合。②

皮氏首先指出《周官》《立政》两篇为一时之作，前后时间不应相距甚远，理由是"二篇相接，连文为义"。对此，笔者再稍作补充，《鲁世家》曰："周公作《周官》，官别其宜；作《立政》，以便百

---

① 明梅鷟疑伪古文《尚书》为皇甫谧伪造（见《尚书考异序》，清王鸣盛亦承其说，（清）王鸣盛著，顾美华标校：《蛾术编》卷四，上海：上海书店出版社，2012年，第65页），皆由《尚书正义序》孔说衍生而来。
② （清）皮锡瑞撰，盛冬铃、陈抗点校：《今文尚书考证》，北京：中华书局，1989年，第529页。

姓。"孙星衍注云:"便犹辨也;百姓,百官也。"① 王引之曰:"政与正同,正,长也。立正,谓建立长官也。篇内所言皆官人之道,故以立正名篇,所谓'惟正是乂之'也。……政为正之假借。"② 可见"便百姓"就是辨百官,"官别其宜"与"以便百姓"其义相类,今虽《周官》已亡,但当与《立政》所述近似,两篇为同时事应属可信。然后,皮氏认定,若依郑以此为摄政三年事,则于情理有所不合。这条只能算辅助性理据,聊备一说。可关键问题在于《史记》与《周官序》中的"既绌殷命"一语,按此语所叙应为摄政时事,置于致政后似有不协。所以皮氏下文多为之弥缝,以此语并非叙当时事,《书序》提及必是因为《周官》文中有追述前事之语。但因《周官》已亡,故皮氏此说猜测居多,难以尽信。而《伪孔传》解此《序》作:"黜殷在周公东征时,灭淮夷在成王即政后,事相因,故连言之"③,亦为调和之说,难以让人完全信服,故《周官》此语令人生疑实属自然之事。

3. 司马迁、郑玄差异背后所体现的不同理念

根据以上的分析可知,作《周官》《立政》应为一时事,至于孰先孰后,因《周官》已亡,未可遽定,《史记》史料来源较早,或更可据。但相较之下,此已为末节,主要争论则在于其时到底是周公摄政期间还是致政之后,换一种说法就是践奄到底是一次还是两次。按司马迁所记,自《成王政》序以下数篇所述践奄之事皆次于致政之后,且其内容与次第,除《周官》《立政》前后相倒外,皆与今之《书序》相合,说明他在撰写这段文字的过程中对《书序》的材料基本是信从的。可同样是根据《书序》的内容,却使郑玄对《书序》的次第产生了怀疑。这说明,在郑玄的心目中,《书序》的篇目次第与其所叙史事时间顺序应该是一致的,哪一篇记载的史事发生最早,这一篇就排在前面,剩下的依次按先后顺序排列下去。如果两者之间出现矛盾,自然会产

---

① (清)孙星衍撰,盛冬铃、陈抗点校:《尚书今古文注疏》,北京:中华书局,1986年,第469页。
② (清)王引之:《经义述闻》,南京:江苏古籍出版社,2000年,第86页。
③ (汉)孔安国传,(唐)孔颖达正义:《尚书正义》,台北:艺文印书馆,1956年,第269页。

生疑惑。①可见郑玄对历史文献中的一些传统成说并不盲从，而是敢于思考，提出质疑，这当然是值得肯定和赞赏的。但太史公此处信从《书序》，却不代表他对史料没有自己的认识和批判。不论《书序》是如班固所言乃孔子所作②还是朱子所言的周秦间低手人所作③，其内容与编次说到底也只是传统上一种对《尚书》的理解而已，或许可以代表当时的主流看法，但并不见得完全符合《尚书》的原意与真实情况。④据《史记》可知，司马迁在面对这段《书序》材料的时候，不可能不清楚在周公摄政三年时已有伐淮践奄事，但是他仍将《书序》这段材料按照原来的次序记在了成王即政之后。而除了这段文字之外，《史记》再没有成王即政后二次践奄的明确记载，这说明他对成王亲政之后相关史事了解的来源也许只有《尚书》和《书序》，而《书序》的材料看起来又正是最简明且连贯的。故有时"司马迁引经并非从主观上愿意或不愿意引某书出发，而是首先要看能说明某一时代历史的究竟是些什么文献……这就是说，他引书有无法选择的一面"⑤。或许他对这段材料的叙次也有过疑虑，但在没有更多史料依据的前提下，他并未强作判断，而选择了一仍其旧，疑以传疑，尊重《书序》对《尚书》的理解，并完整地引用到《史记》之中。对史家而言，这其实也是一种非常可贵的态度。

---

① 或以为《书序》"以类相从"（语出（清）吴汝纶：《尚书故》，上海：中西书局，2014年，第350页），篇目次第并非完全按照时间先后排列，亦为调停之说。以此说《费誓》之类尚可（先天子，后诸侯），而观周公、成王时诸篇归属（自《金縢》至《亳姑》），则多有相杂，若必分而类之，实难以某篇为断。

② 《汉书·艺文志》曰："《书》之所起远矣，至孔子纂焉，上断于尧，下讫于秦，凡百篇，而为之《序》，言其作意"《汉书》，北京：中华书局，1962年，第1706页。此说盖本《史记·三代世表序》"（孔子）至于序《尚书》则略无年月；或颇有，然多阙，不可录。故疑则传疑，盖其慎也"《史记》，北京：中华书局，1959年，第487页。不过吴汝纶、康有为等已指出《史记》此文中"序"应为编次、次序之义，故序《尚书》意即编次《尚书》，非谓作《书序》。则马班之说有异，或班另有所本，亦未可知。

③ （宋）黎靖德编，王星贤点校：《朱子语类》卷七十八，北京：中华书局，1986年，第1983页。

④ 然而就《尚书》文献本身而言，无论从哪个方面（各篇作者、著作时代、版本传抄、源流真伪、文本解释等等）看都是极其复杂的，我们所能做的就是努力让自己的理解看上去更合理而已。

⑤ 刘家和：《〈史记〉与汉代经学》，《古代中国与世界》，北京：北京师范大学出版社，2010年，第315页。

第三节　结　语

班固曾经批评《史记》，"至于采经撷传，分散数家之事，甚多疏略，或有抵梧"①。应该说，《史记》述史，确实存在一些问题，但这是任何史书都无法避免的，我们也毋庸为之讳言。不过很多时候，后人所指出《史记》存在的疏失和矛盾之处，并不见得是司马迁因不审慎而造成的失误，而是他在撰史过程中面对所能见到的史料，经过自己思考抉择而做出的一种判断。如前文考辨《史记》引《君奭》《多士》《无逸》《周官》等诸篇《书序》之问题皆是如此。当然，司马迁的这些判断到底是对是错，取决于你的标准是什么。站在历史学家的立场来看，似乎应以追寻历史的真实作为永恒的目标，那么是否与史实相符自然就是衡量史书记载的终极标准。可是我们所了解的史实都是来自于历史记载，这样的话，问题就转换为，与其看《史记》的记载是否符合史实，不如看《史记》的记载是否与其他历史记载相融贯。以践奄事为例，司马迁与郑玄对这件史事的了解都是来源于历史记载。司马迁对《书序》的次第不见得没有怀疑，可是这种矛盾在他看来是可以调和的，通过重新构建自己的史实认知体系（如加入二次践奄说），便可解决《书序》次第似乎存在的矛盾，也算是他对《书序》作者历史理解的一种尊重和继承。但在郑玄看来，《书序》的次第与他认知中的史实体系是相冲突且难以融洽的，为了解决这些矛盾，他选择的是重新构建材料（《书序》次第）。所以这个问题体现的是他们对待史料的两种不同方法。这两种方法上，孰优孰劣，自然是见仁见智。不过表面上看，司马迁对存疑的材料仍而不改，似乎是一种保守的做法，但正因其对史料的不同说法持接纳包容的态度，换个角度看，他又是开放的；而郑玄并不唯古是从，敢于对旧有材料提出质疑，但质疑的原因却是要维护自己知识体系中的成说，这

---

① 《汉书》，北京：中华书局，1962年，第2737页。

恰恰又是一种保守。两相比较，细思之下，不免颇有吊诡之感。另外，在对践奄到底有几次这件事的认定上，郑玄的怀疑看起来很合理，或许他的理解更加接近历史的真实也未可知。可是这个问题牵涉较多（如周公是否称王等），直到今天学者仍存在争议，两千年的学术发展和不断问世的出土文献并没有为之画上句号，我们自然也不应奢求远在汉代的太史公，在那时就能给出一个让人完全满意的答案来。但至少能够确定的是，《史记》中关于此事的记载是前后融贯，可自成一说的。

因为先秦史料的有限性，让司马迁在选取材料时往往受到很大的限制。如果遇到某些记载产生疑问却又缺乏旁证的时候，他倾向于采取谨慎的态度不加窜改，保留史料的原有面目；在遇到多条史料说法不一、难以取舍的时候，他又倾向于各说并存，信以传信，疑则传疑，留给后人去判断。当然，落实到具体的实践中，太史公思考判断的过程一定复杂得多。"厥协六经异传，整齐百家杂语"①，并在此基础上能做到"成一家之言"，并不是看起来那么简单，最好的办法就是试着自己做一回司马迁，体会一下他撰史所面临的实际境遇，而不仅仅是远远瞻仰或简单评头论足。如果我们站在司马迁的角度上设身处地考虑一下，还原他在写史过程中所面对的材料和可能遇到的困难，会发现很多问题仅仅是因为读者想当然，批评者对此往往又缺乏同情之理解，先入为主，自以为是，其实就断绝了与作者交流的桥梁，也失去了将问题进一步深入的可能。

---

① 《史记》，北京：中华书局，1959 年，第 3319—3320 页。

第九章 原"孝"——从"孝"看西周的时代背景

"孝"作为中国古代社会与文化思想中极为重要的观念,在历史上一直发挥着不可低估的影响和作用。然而仔细考察其在早期文献中的的使用与发展,却会发现它的最初涵义及其对象与我们现在所熟知的内容似乎并不完全相同。而思想观念的产生与演变,不是凭空而来的,一定是与当时的政治和社会背景息息相关的。本文尝试从这一角度——即通过对"孝"观念的最初涵义和使用对象的分析,讨论其起源与演变,进而思考其背后的时代背景及它与西周时期政治与社会变迁的密切联系。

第一节 西周时"孝"字的用法

"孝"最早究竟出现于何时,现在并没有形成一致的意见。如果根据周代以来的传世文献对上古的记叙来看,夏商甚至更早时就已经有了"孝"的观念,但是这些文献的成书年代都远晚于夏商,很大程度上是出于后人对从前历史的传说和追述,是否符合历史实际还不好说,所以传世文献并不能作为"孝"观念在那时就已经存在的证据。再结合出土文献,有学者认为甲骨卜辞中已经出现了"孝"字,不过只是作为地名①。另有学者认为孝字亦见于商末金文,即孝卣铭文中作器人的人名②。但是,仅凭此两处"孝"字的用法尚无法证明商代以前已有了"孝"的观念。这样,从文献上看,关于商代之前"孝"的涵义我们还得不到更多的确证,在此暂先不论。然而从西周开始,《诗经》《尚书》,尤其是金文铭文里出现了大量的"孝"字③,下面试先通过对"孝"在文献中的用法进行归纳和分析,弄清它们具体有哪些涵义。

在西周金文中"孝"字的用法及其内容特点,前人对此已有过详细的总结与归纳④。从中可以发现,铭文中"孝"的绝大部分对象是已经死去的父母和祖先。但考虑到青铜器的性质和用途,其铭文的记载有着特定的限制。尤其当它作为一种祭祀的礼器时,其祭祀对象毫无疑问应为死去的父母与祖先,而非日常生活中健在的人。所以说,金文材料并不能完全反映现实生活的状况。但是,铭文中大量对死去父母祖先的"孝"的记述,显然是一个不可忽略的现象。"孝"字在铭文里最为频繁的用法是与"享""追"连用,如:"享孝""追孝""用享用孝""用追享孝"等。下面将分别结合"享"和"追"来讨论"孝"的用法与含义。

先来看"享"。享,古字作亯,甲骨文作,吴大澂认为其像宗庙之形⑤,此盖为其本义。《广雅·释言》:"亯,祀也。"⑥宗庙为祭祀

---

① 孙海波:《甲骨文编》,北京:中华书局,1965年,第357页。孙氏将《金璋所藏甲骨卜辞》476片中一字隶定为"孝",但认为在此作地名。
② 李裕民:《殷周金文中的"孝"和孔丘"孝道"的反动本质》,《考古学报》1974年第2期,第19页。李氏认为孝卣的年代不得晚于周初。
③ 据学者统计,金文中"孝"出现了190次,这还不包括"考""好"与"孝"通假的情况。参见张亚初:《殷周金文集成引得》,北京:中华书局,2001年,第1512页。
④ 李裕民:《殷周金文中的"孝"和孔丘"孝道"的反动本质》,《考古学报》1974年第2期,第20—24页。
⑤ (清)吴大澂:《说文古籀补》,北京:中华书局,1988年,第21页。
⑥ (清)王念孙著,钟宇讯点校:《广雅疏证(附索引)》,北京:中华书局,2004年,第151页。

第九章 原"孝"——从"孝"看西周的时代背景

之所，故引申有祭祀义。《说文解字》云："享，献也……《孝经》曰：'祭则鬼享之'。"①此又引申为祭祀将祭品献于鬼神。享在西周时主要用于对鬼神的祭祀。而"孝"与"享"的连用或对言不仅见于金文，在典籍中也多有所见，显示了两者之间密切的关系。如《诗·小雅·天保》："吉蠲为饎，是用孝享。禴祠烝尝，于公先王。"《传》："饎，酒食也；享，献也。"《笺》："谓将祭祀也。"②马瑞辰分别引《尔雅》《释名》《广雅》为证，指出："孝、享二字同义，故享祀亦曰孝祀。"③又如《诗·小雅·楚茨》："以为酒食，以享以祀……徂赉孝孙，苾芬孝祀。"④马氏在此亦持同样的观点，认为"享"和"孝"意思相同。《尔雅·释诂》云："享，孝也。"郝懿行疏曰："善父母为孝，主生存而言；此云享孝，主祭祀而言……享训祭祀，又训孝者。孝以畜养为义，享又以养为义。故《广雅》云：'享，养也'。"⑤"孝""享"均有"养"义，所以马瑞辰的看法近是，《诗经》里的确将"孝""享"并提以作为一种向祖先敬献酒食的祭祀。然"孝""享"浑言之则不别，析言之则有别。郑玄笺"苾芬孝祀"句云："苾苾芬芳，有馨香矣，女之以孝敬享祀也。"⑥孔颖达疏"是用孝享"句亦云："是用致孝敬之心而献之。"⑦马瑞辰为了使自己的解释更为圆满，对这两条提出批驳，未免失之武断，其实大可不必。郑、孔二人的解释是说以孝养之心推及对死去祖先敬献酒食的享祀上，这是正确的。"孝"和"享"并非完全没有区别，孝享并用是指将敬孝之心运用到献享的形式中，当两者结合起来作为一种祭祀的内容时，其外在形式"享"与其内在心意

---

① （汉）许慎：《说文解字》，北京：中华书局，1963年，第111页。
② （汉）毛公传，（汉）郑玄笺，（唐）孔颖达等正义：《毛诗正义》，（清）阮元校刻：《十三经注疏》，北京：中华书局，1980年影印本，第412页。
③ （清）马瑞辰撰，陈金生点校：《毛诗传笺通释》，北京：中华书局，1989年，第512页。
④ （汉）毛公传，（汉）郑玄笺，（唐）孔颖达等正义：《毛诗正义》，（清）阮元校刻：《十三经注疏》，北京：中华书局，1980年影印本，第467—469页。
⑤ （清）郝懿行：《尔雅义疏》，上海：上海古籍出版社，1983年，第323页。
⑥ （汉）毛公传，（汉）郑玄笺，（唐）孔颖达等正义：《毛诗正义》，（清）阮元校刻：《十三经注疏》，北京：中华书局，1980年影印本，第469页。
⑦ （汉）毛公传，（汉）郑玄笺，（唐）孔颖达等正义：《毛诗正义》，（清）阮元校刻：《十三经注疏》，北京：中华书局，1980年影印本，第412页。

"孝"也就相统一了。在这样联系使用的基础上，"孝"有了"祭祀"义正是因为"享"；反之，"享"有了"养"义也恰是由于"孝"。如此，则二字可相通，"孝"与"享"在连用或以"用享用孝""以享以孝"的方式使用时自然可视为同义。

再来看"追"，《说文解字》云："追，逐也"①，结合古文字材料看，此应为"追"字本义。"追孝"一语，亦见于《尚书》，虽然所述已是东周之事，但未尝不可在分析的前提下作为参考。《文侯之命》："汝克绍乃显祖，汝肇刑文武，用会绍乃辟，追孝于前文人。"《传》云："继先祖之志为孝。"②又《诗·大雅·文王有声》："遹追来孝。"《笺》："乃述追王季勤孝之行，进其业也。"③陈奂云："遹，《礼记》作聿。遹追来孝，犹言追孝于前人也。遹，发声；来，语助。"④按"前文人"是周人对自己祖先的敬美之称，西周金文中又常作"文祖""文考"等⑤。按陈奂的解释，"遹"即"聿"，"遹""来"皆为虚词，无实际意义，"遹追来孝"即"追孝"，与"追孝于前文人"的意思是类似的。那么结合伪孔安国《传》和郑玄《笺》来看，"追孝"的大致意思就是继承祖先的志行和功业。按这样理解，文意比较顺畅，看上去没什么问题，古人注疏也大多持相似的观点。不过俞樾在解释"追孝于前文人"时则说："追孝犹言追养继孝也，《礼记·祭统》篇曰：'祭者，所以追养继孝也。'古钟鼎款识每有追孝之文。追敦曰：'用追孝于前文人。'语与此同。楚良臣余义钟曰：'以追孝先祖。'郜遣敦曰：'用追孝于其父母。'亦与此文义相近。是追孝乃古人常语。又郘公敦曰：'用享孝于乃皇祖，于乃皇考。'陈逆簠曰：'以享以孝于大宗。'享孝并言，可知所谓追孝者，以宗庙祭祀言也。犬戎之难，文武几不

---

① （汉）许慎：《说文解字》，北京：中华书局，1963年，第41页。
② （汉）孔安国传，（汉）郑玄笺，（唐）孔颖达等正义：《尚书正义》，（清）阮元校刻：《十三经注疏》，北京：中华书局，1980年影印本，第254页。
③ （汉）毛公传，（汉）郑玄笺，（唐）孔颖达等正义：《毛诗正义》，（清）阮元校刻：《十三经注疏》，北京：中华书局，1980年影印本，第526页。
④ （清）陈奂：《诗毛氏传疏》第5册，上海：商务印书馆，1934年，第117页。
⑤ （清）马瑞辰撰，陈金生点校：《毛诗传笺通释》，北京：中华书局，1989年，第1021页。

第九章 原"孝"——从"孝"看西周的时代背景

血食。自平王东迁,周室复存,然后春秋享祀不致废坠,得以追孝于前文人,文侯之功大矣。故特言此,所以大其功也。《传》但谓继志为孝,是犹未达古义矣。"①俞氏结合青铜铭文记载,认为"追孝"为古人祭祀先祖的习用语例,在金文中与"享孝"用法相似,本义乃追养继孝。其说甚是。《礼记·坊记》:"修宗庙,敬祀事,教民追孝也。"②这也指"追孝"为宗庙祭祀之事。再参考如今大量出土的金文材料,更印证了俞氏的看法。如果"追孝"照此解释的话,结合《文侯之命》所描述的史事,这几句话就是说晋文侯拥立平王有功,使得周先王之祭祀不致断绝。《左传·定公四年》:"灭宗废祀,非孝也"③,也说明了祭祀的延续对于行孝的不可或缺。孔颖达疏《祭统》"追养继孝"条曰:"追养继孝也者,养者是生时养亲,孝者生时事亲,亲今既没,设礼祭之,追生时之养,继生时之孝。"④按此说正与"追孝"之本义相合。这样看来,"追孝"的"追"应为追加之义,又进一步引申为继续的意思,"追孝"的用法类似于"追悼""追思"的用法,用于对祖先的祭祀,本义即为"追养继孝"。

那么再回过头来,将"追孝"解释为继先祖志功是不是就应该被否定呢?《诗·大雅·下武》:"永言孝思,孝思维则。"《传》:"则其先人也。"《笺》云:"长我孝心之所思。所思者,其维则三后之所行。子孙以顺祖考为孝。"⑤按照郑玄的解释,对先人尽孝之思就体现在效法先人的行事上。又《诗·周颂·闵予小子》:"于乎皇考,永世克孝……于乎皇王,继序思不忘。"⑥陈奂疏云:"《尔

---

① (清)俞樾:《群经平议》,(清)王先谦主编:《清经解续编》第 7 册,上海:上海书店出版社,1988 年,第 1059—1060 页。
② (汉)郑玄注,(唐)孔颖达等正义:《礼记正义》,(清)阮元校刻:《十三经注疏》,北京:中华书局,1980 年影印本,第 1620 页。
③ (晋)杜预注,(唐)孔颖达等正义:《春秋左传正义》,(清)阮元校刻:《十三经注疏》,北京:中华书局,1980 年影印本,第 2136 页。
④ (汉)郑玄注,(唐)孔颖达等正义:《礼记正义》,(清)阮元校刻:《十三经注疏》,北京:中华书局,1980 年影印本,第 1603 页。
⑤ (汉)毛公传,(汉)郑玄笺,(唐)孔颖达等正义:《毛诗正义》,(清)阮元校刻:《十三经注疏》,北京:中华书局,1980 年影印本,第 525 页。
⑥ (汉)毛公传,(汉)郑玄笺,(唐)孔颖达等正义:《毛诗正义》,(清)阮元校刻:《十三经注疏》,北京:中华书局,1980 年影印本,第 598 页。

雅》：'叙，绪也。'序与叙通，继绪犹缵绪。《閟宫》：'缵禹之绪。'《传》：'绪，业也。'绪、业，一义之引申。思为句中语助，无实义。《释词》云：'继序思不忘，继绪不忘也'。"①前两句大概是说，永世能尽孝于先人；后两句按陈奂所述，是说不忘继承先人的事业。联系上面所引两处《诗经》，可见周人已有以继前人事功为孝的认识了。所以伪孔《传》和郑《笺》所言并非无据，经籍古训亦不宜轻废，还需要具体讨论。然而进一步分析，就会发现谓"追孝"为继先祖志功，与"追养继孝"之义其实并无根本矛盾。西周时对祖先的祭祀作为一个常见且重大的礼仪，有着它特定的形式和内容。《礼记·祭统》云："夫鼎有铭。铭者，自名也。自名以称扬其先祖之美，而明著之后世者也。为先祖者，莫不有美焉，莫不有恶焉。铭之义，称美而不称恶，此孝子、孝孙之心也，唯贤者能之。铭者，论撰其先祖之有德善、功烈、勋劳、庆赏、声名，列于天下，而酌之祭器，自成其名焉，以祀其先祖者也。显扬先祖，所以崇孝也。身比焉，顺也。明示后世，教也。"②贵族在祭祀其先祖时，必然离不开追思他们的功业，颂扬他们的美德，并往往将此铸刻于青铜礼器上，并把自己的名字附在后面，用铭文的形式记录和流传下去，希望后世能够永志不忘，以继承光大祖先之业。这样看来，"追孝"的"继先祖志功"之义应是由"追养继孝"进一步引申出来的，两者并不矛盾。又王引之以"孝"为"美德之通称"，谓"追孝"意即"上追前世之美德，欲成其功业"③，"孝"之"美德"义亦是由此引申而来。通过对"孝"字用法的分析，我们可以看出"孝"使用的大致发展脉络，即由生前的孝养到死后的祭祀、由物质的供养到精神的遵循④。

---

① （清）陈奂：《诗毛氏传疏》第7册，上海：商务印书馆，1934年，第34页。
② （汉）郑玄注，（唐）孔颖达等正义：《礼记正义》，（清）阮元校刻：《十三经注疏》，北京：中华书局，1980年影印本，第1606页。
③ （清）王引之：《经义述闻》，南京：江苏古籍出版社，2000年，第162页。
④ 刘家和：《儒家孝道与家庭伦理的社会化》，《史学、经学与思想》，北京：北京师范大学出版社，2005年，第320页。

第二节 西周时"孝"字的使用对象

通过上述对西周时"享孝""追孝"的分析,我们可以发现"孝"的对象大都是已经死去的父母和祖先。所以有学者据此进而断定西周"孝"的对象为神祖考妣,非健在的人①。那么是否可以就此遽下结论呢?不妨先来找找,西周的文献资料中是否有以健在的人作为"孝"的对象的说法。《尚书》中,伪古文不计,共有四处提到了"孝"。分别见于《尧典》《康诰》《酒诰》和《文侯之命》。《文侯之命》为东周时作品,前已论及。《尧典》所记史事年代虽早,且保存了大量远古时期的宝贵素材和资料,但文句相对简易,成书恐怕已在西周之后,学者对此已多有讨论。其中出现的"孝"字并不排除后人增窜的可能,所以暂不讨论。《康诰》《酒诰》两篇,所述均为西周初年之事,文句艰涩,当可为据。以下略作分析。

《康诰》云:"元恶大憝,矧惟不孝不友,子弗祇服厥父事,大伤厥考心;于父不能字厥子,乃疾厥子。于弟弗念天显,乃弗克恭厥兄;兄亦不念鞠子哀,大不友于弟。"②《左传·僖公三十三年》文引《康诰》作:"父不慈、子不祇、兄不友、弟不共"③,盖为撮其原文而简述其意。《康诰》里将"不孝不友"视为大恶。《尔雅·释训》云:"善父母为孝,善兄弟为友。"④若按《尔雅》所言,则此处的"不孝"所指当为"子弗祇服厥父事,大伤厥考心";"兄不友、弟不共"可归为"不友"。那"父不能字厥子"应该归到哪一类呢?如果非要在"孝"

---

① 查昌国:《西周"孝"义试探》,《中国史研究》1993年第2期。
② (汉)孔安国传,(唐)孔颖达等正义:《尚书正义》,(清)阮元校刻:《十三经注疏》,台北:艺文印书馆,1956年,第204页。
③ (晋)杜预注,(唐)孔颖达等正义:《春秋左传正义》,(清)阮元校刻:《十三经注疏》,北京:中华书局,1980年影印本,第1833页。
④ (清)郝懿行:《尔雅义疏》,上海:上海古籍出版社,1983年,第583页。

"友"两者里择其一的话,"友"相比之下也许要更合适些。"友"字铭文多见,或单称,或常与"朋"连言作"朋友"。"朋友"之古义,学者已有论述,或认为它指"族人"①,或认为其意为同族之兄弟②。即使是后一种看法,也承认往往"可以理解作是以'友'来代表同宗族人,这似是当时的一种流行的语言习惯"③。如此看来"友"字析言之虽指"兄弟",但使用时涉及的对象有时更广些。这样的话,"父不能字厥子"归于"不友"一类似乎也能讲得通。其实倒不必如此深究,"孝""友"连用,在此只是就宗族内的各种关系而言的,如果能处理好这些关系,就称得上是"孝友",如果出现上述"父不慈、子不祗、兄不友、弟不共"的情况,自然就是"不孝不友"了。《康诰》只是举这四种最具代表性的宗族关系,告诫康叔要处理好它们,以使族人和睦。"孝友"并提有时只是作为一种泛称的善德,与此类似的还有"孝慈"。王引之云:"孝与友不同而同取义于善,故善于兄弟亦可谓之孝友。……善于亲族亦可谓之孝。《逸周书·谥法》篇曰:'五宗安之曰孝;慈惠爱亲曰孝。'孔晁注:'言周爱亲族是也。'因而秉心仁爱亦谓之慈孝。孝与慈不同而同取爱利之义,故孝于父母亦可谓之孝慈……《曲礼》曰:'不胜丧,乃比于不慈不孝。'不慈即不孝也(孟子言:'孝子慈孙',慈亦孝也,古人自有复语耳)。"④如此来看,孝、友义虽有别,但联系起来并用往往并不分得那么细,而是作为一种同义复词,其涵义和所指称的对象都有一定的泛化。与此类似的还可见于《诗经》。《小雅·六月》:"侯谁在矣?张仲孝友"。《笺》云:"张仲,吉甫之友,其性孝友。"⑤此处"孝友"的涵义便是作为一种泛称的善德了。既然如此,回到《康诰》,虽然"不孝不友"并提,其涵义和所指对象已经泛化,但是其下文列举的亲族内关系均是就健在之人而言的,

---

① 童书业著,童教英整理:《春秋左传研究》,北京:中华书局,2006年,第111页。
② 朱凤瀚:《商周家族形态研究》,天津:天津古籍出版社,2004年,第297页。
③ 朱凤瀚:《商周家族形态研究》,天津:天津古籍出版社,2004年,第298页。作者主要是在讨论宴飨对象时提出这一观点的。
④ (清)王引之:《经义述闻》,南京:江苏古籍出版社,2000年,第737页。
⑤ (汉)毛公传,(汉)郑玄笺,(唐)孔颖达等正义:《毛诗正义》,(清)阮元校刻:《十三经注疏》,北京:中华书局,1980年影印本,第425页。

第九章 原"孝"——从"孝"看西周的时代背景

这点当无可疑。如果说单凭此处"孝友"涵义的泛化，还不能完全确定"孝"在西周时已有以健在之人为对象的话，再来看《酒诰》中的相关记述。《酒诰》云："嗣尔股肱，纯其艺黍稷，奔走事厥考厥长；肇牵车牛，远服贾，用孝养厥父母。厥父母庆，自洗腆，致用酒。"[1]意思是说用外出买卖的所获来孝养父母，"孝"的对象当为健在之父母。前文的"事厥考厥长"亦应指服事健在的父亲和长辈。这样看来，西周时"孝"的对象，大多是指死去的祖先，但亦有指健在的人。只不过比起前者，后者出现的比例很少。但正如前文所说的，也许是青铜器的特定用途及其铭文的特定限制导致了这样的结果。而且《诗经》中的"孝"字也全都出现在《雅》《颂》中，多与祭祀有关。所以，我们只能得出这样的结论：从目前可见的有关"孝"字的史料中，西周时"孝"字使用的对象大都为死去的祖先和父母[2]。但若要以此进一步断定西周"孝"的对象绝非健在的人，则不免有"默证"之嫌，金文铭文和《诗经》里的那些材料均与祭祀有关，并不能反映当时的历史全貌。

换一个角度去思考，如果说西周时的"孝"的对象仅是死去的父祖，那么难道它是凭空产生的吗？"孝"的根据又来自哪儿呢？要是没有亲子对在世父母的孝，很难想象只有当父母死去之后子女才会产生孝心。《礼记·祭义》云"生则敬养，死则敬享"[3]。其实，从祭祀的形式和内容就可以看出，祭祀的对象虽然是死去的父祖，但是祭祀者仍然将他们当做生人一样看待，认为他们有着与生人同样的需求，所以向他们敬献洁净的美食。正像《礼记·中庸》里说的"事死如事生，事亡如事存"[4]，"孝"在这之间应该是一种由生及死的延续。进而言之，子

---

[1] （汉）孔安国传，（唐）孔颖达等正义：《尚书正义》，（清）阮元校刻：《十三经注疏》，北京：中华书局，1980年影印本，第206页。
[2] 在铭文里还有极少的特例，如殳季良父壶铭曰："用享孝于兄弟、婚媾、诸老。"关于这段铭文，有很多争议，有学者便认为西周时"孝"的对象实际更加广泛；也有学者认为享孝的宾语并非后文所举，而是被省略了；还有学者认为这已不同于原来意义上的"享孝"，而是进一步的引申，用在生人的宴飨上。对此，还有待进一步分析。因其所见极少，先存疑不论。
[3] （汉）郑玄注，（唐）孔颖达等正义：《礼记正义》，（清）阮元校刻：《十三经注疏》，北京：中华书局，1980年影印本，第1592页。
[4] （汉）郑玄注，（唐）孔颖达等正义：《礼记正义》，（清）阮元校刻：《十三经注疏》，北京：中华书局，1980年影印本，第1629页。

女之孝又是和父母之慈密不可分的，亲子间在长期的共同生活中形成了深厚的感情和相互的依赖。父母对子女的抚育和爱护与子女对父母的尊敬和赡养相辅相成，而"孝"也正是来源于这样的情感基础，并随着时代的发展而不断明确的。

第三节　"孝"的起源、演变及其所反映的时代背景

至此，虽然没有更多直接的文献证据，但我们不妨对更早时的"孝"作一些推测。孝，《说文解字》云："善事父母者，从老省，从子，子承老也"①。金文作 ，其字形像上部长发佝偻老人倚扶其下小孩。小篆字形与其类似，故《说文解字》解释为"子承老"。由此可见，"孝"字大致反映的是晚辈同长辈之间的一种关系。《广雅》云："孝，畜也"②；又云："畜，养也。"③按孝、畜、养三字义通，文献多见，此不具引。所以孝有养之义，这样晚辈对长辈大概是一种养的关系。吴大澂谓"孝"字形上部本非从老省，而是从父，因日久变易而失其本意"④。吴氏认为"孝"字形本即为子事父，按此说恐缺乏古文字的实际证据。张日升于吴说提出了不同意见："孝之本谊恐非限于父母，诸父诸祖亦应善事……参扶族中老者，此孝之朔谊。"⑤那么张氏所言又是否准确呢？

《礼记·礼运》记孔子曰："大道之行也，与三代之英，丘未之逮也，而有志焉。……人不独亲其亲，不独子其子，使老有所终，壮有所

---

① （汉）许慎：《说文解字》，北京：中华书局，1963年，第173页。
② （清）王念孙著，钟宇讯点校：《广雅疏证（附索引）》，北京：中华书局，2004年，第151页。
③ （清）王念孙著，钟宇讯点校：《广雅疏证（附索引）》，北京：中华书局，2004年，第17页。
④ （清）吴大澂：《说文古籀补》，北京：中华书局，1988年，第36页。
⑤ 周法高：《金文诂林》，香港：香港中文大学出版社，1975年，第5291页。

第九章 原"孝"——从"孝"看西周的时代背景

用,幼有所长,矜、寡、孤、独、废疾者,皆有所养。"①此篇虽然是后世的文献,但它也在一定程度上反映了早期氏族社会的真实情况。其时,人们以氏族部落为单位共同占有生产资料,共同生产劳动。生产本身分为两种:"一方面是生活资料即食物、衣服、住房以及为此所必需的工具的生产;另一方面是人自身的生产,即种的蕃衍。"②前一方面导致了人们对经验的重视,后一方面则导致了人们对血缘的重视。这两者使得老人受到氏族成员的尊敬。敬养老人成为当时的一种风气,并一直流传至后世③。但是当时个体家庭因素的缺乏使得父母和子女的关系还无法得以凸显,所以敬养老人还只是一种社会行为。但这应该是"孝"观念的最早雏形。有学者因此便认为"孝"是父系氏族社会的产物④。随着私有制的出现,个体家庭得以萌芽和发展。在这样的前提下,后世子女敬养父母意义上的"孝"才有可能产生。也就是像《礼运》所说的:"今大道既隐,天下为家,各亲其亲,各子其子。"⑤所以又有学者认为"孝"是个体家庭的产物,孝观念的产生以个体家庭经济的形成为前提⑥。两种说法都有各自的依据和道理,不过稍显笼统,有些问题需要更清楚地界定。

值得注意的是,周代在家庭形态上有两种类型并存。就它们各自的背景而言,贵族是与父系宗族相联系,庶人则是与农村公社相联系⑦。而西周文献中的"孝"大多是与前者相结合的,那不妨先就此探讨一下它产生的社会政治原因与背景。商代并未出现"孝",一定程度上是因为其时家族组织很强韧,人们寄生于家族之中,内部血缘关系不够明确。换一个角度看,也许是因为原始社会公有习俗并未完全被取代,商

---

① (汉)郑玄注,(唐)孔颖达等正义:《礼记正义》,(清)阮元校刻:《十三经注疏》,北京:中华书局,1980年影印本,第1413—1414页。
② (德)恩格斯:《家庭、私有制和国家的起源》,北京:人民出版社,1999年,第3页。
③ 从《诗经·大雅·行苇》的末段可见西周时即存在这种风气。
④ 康学伟:《先秦孝道研究》,台北:文津出版社,1992年,第35页。
⑤ (汉)郑玄注,(唐)孔颖达等正义:《礼记正义》,(清)阮元校刻:《十三经注疏》,北京:中华书局,1980年影印本,第1414页。
⑥ 陈苏镇:《商周时期孝观念的起源、发展及其社会原因》,中国哲学编辑部:《中国哲学》第10辑,北京:生活·读书·新知三联书店,1983年,第41—42页。
⑦ 谢维扬:《周代家庭形态》,哈尔滨:黑龙江人民出版社,2005年,第250页。

代中前期普遍实行传弟制，年长的男人更有利于保护氏族整体的利益。商代末期，传子不传弟，说明私有观念强化，个体家庭的概念逐渐清晰。而到了西周，随着宗法制的确立，宗族中人和人之间的亲属血缘关系更加明确，子孙对其直系父祖的亲情和义务也就明确起来了①。由此看来，从西周开始，"孝"出现并逐渐成为宗族内子孙对直系父祖表达亲情和履行义务的一种观念。但是，必须指出的是，此时的"孝"反映的不仅仅是家庭伦理，因为宗族的特征即是贯穿着政治线索的氏族②，所以"孝"和政治也是息息相关的，带有政治伦理的意味。

接着再来看"孝"与祭祀的关系。商代对祖先的祭祀里，并未出现"孝"字。那么"孝"为什么会在西周和祭祀联系起来呢？祖先祭祀在商代后期有两个特点：一是祭祖从对可怕亡灵的畏惧渐次发展到对死去祖先的崇拜③；二是祭祀的对象范围较广泛，并不严格区分直系旁系和强调血缘远近关系④。尤其是后者，反映了商人重视子姓部族的内部团结及商王朝自身力量的发展，靠自身的凝聚力维系方国联盟统治的特点⑤。甚至一些异姓部族的祖先亦可配享于殷先王。《尚书·盘庚》中的"兹予大享于先王，尔祖其从与享之"⑥，即体现了这一点。西周将"孝"与对祖先的祭祀相结合，可见其祭祖礼比商有了更进一步的发展。而"孝"也有着自身的发展，即把对在世父祖的"孝"进而推广到死后，这就自然和祭祀联系在一起。因为"孝"的对象即为直系的父祖，所以相比商代，西周"孝享"的祭祀对象也明显缩小，一般均为直系父祖。

另外到了西周，国家的政治和社会结构发生了很大的变化。王国维在他著名的《殷周制度论》中说："周人制度之大异于商者：一曰立子立嫡之制。由是而生宗法及丧服之制，并由是而有封建子弟之制，君天子

---

① 张践：《先秦孝道观的发展》，姜广辉主编：《中国经学思想史》第一卷，北京：中国社会科学出版社，2003年，第677—679页。
② 晁福林：《先秦社会形态研究》，北京：北京师范大学出版社，2003年，第139页。
③ （日）伊藤道治：《中国古代王朝的形成——以出土资料为主的殷周史研究》，江蓝生译，北京：中华书局，2002年，第25页。
④ 刘源：《商周祭祖礼研究》，北京：商务印书馆，2004年，第366—367页。
⑤ 晁福林：《夏商西周的社会变迁》，北京：北京师范大学出版社，1996年，第371页。
⑥ （汉）孔安国传，（唐）孔颖达等正义：《尚书正义》，（清）阮元校刻：《十三经注疏》，北京：中华书局，1980年影印本，第169页。

第九章 原"孝"——从"孝"看西周的时代背景

臣诸侯之制。"①王氏之说，虽有可商之处，但诚为卓识。在此基础上，后世学者对其提出了进一步的质疑和修正。更为具体地说，真正意义上的宗法作为一种制度确立，当在周公之后。按照宗法制，周天子是天下共主，所有同姓宗族的大宗，其兄弟为小宗，分封各地，建立各自的诸侯国，拱卫王室。在诸侯国内，诸侯又为大宗，其兄弟为小宗，再行分封，为卿大夫。大宗的位置一般由嫡长子继承。这样，整个社会依据血缘而联系在一起，各层的大小宗形成了系统而庞大的宗族关系网，对社会秩序的稳固具有积极的意义。但宗法制度虽然植根于传统的血缘关系，在很多方面又减弱了血缘关系的社会作用，这是因为在血缘和等级二者之间，它更为注目的是社会的等级②。如果把这样的关系放到对祖先的祭祀中看，则是商代力图通过祭祖将尽量多的子姓族人网罗到商王周围，而周代的祭祖除了加强族人相互联系之外，还要因此而区别亲疏远近的不同关系③。再进一步分析，因为宗法制和分封制是密不可分的。分封制以宗法血缘为根据和内容；宗法制又通过分封的政治等级得以体现。两者结合之后，一方面因保存利用了血缘关系而使宗族之间具有了向心力；另一方面又因为宗族不同等级其血缘的不断疏远和政治的逐渐独立而产生了离心力。随着历史的发展，在这对张力中，离心的作用力不断增大，而血缘向心的作用力逐渐式微。商朝的政治格局是内聚型的，而西周的社会结构却是开放型的。对祖先的祭祀也必然因为两者结构的不同而有所变化。祭祖本来在商代末期就有着团结部族，加强凝聚力的作用。西周分封虽然贯彻着宗法血缘因素，但是其"分"的实质决定了血缘的联系只会越来越松散薄弱。正是由于这样的原因，西周特别是其中后期，无法再像商末那样单纯依靠对众多祖先的反复祭祀来达到团结同姓诸侯的目的。此时，祭祖与"孝"相结合便成为一种新的政治手段。周人把德孝并称，德以对天，孝以对祖④。周先王因有"德"而能配于天，统治者为了团结诸侯，强调对共同祖先的"享孝""追孝"，用

---

① 王国维：《观堂集林》，北京：中华书局，1959年，第453页。
② 晁福林：《先秦社会形态研究》，北京：北京师范大学出版社，2003年，第150页。
③ 晁福林：《先秦社会形态研究》，北京：北京师范大学出版社，2003年，第141—142页。
④ 侯外庐主编：《中国思想通史》第一卷，北京：人民出版社，1957年，第92页。

祭祀体现"孝",希望能得到先王的赐福和保佑,长久地继其功业。而通过"孝"的界定,要求小宗"享孝于大宗""享孝于宗室"①,大宗宗子祭祖,小宗助祭,体现了宗子在祭祀中的主祭权,反映了宗族内部的等级差异,维护了宗子在宗族内部的支配地位。《礼记·大传》云:"是故人道亲亲也,亲亲故尊祖,尊祖故敬宗,敬宗故收族。"②如果把这段话里的"亲亲"换作对在世父祖的"孝"的话,那么它恰好能清楚地说明了西周时"孝"与祖先祭祀的联系和作用。即孝敬在世父祖所以进而尊敬死去的祖先,尊敬祭祀死去的祖先所以进而尊敬宗子,尊敬宗子所以进而能团结广大族人。周人以祭祀祖先来作为维系宗法的纽带,而这条纽带中的核心元素正是"孝"③。而金文中的"孝"绝大多数出现在西周晚期④,那也正是王室日益衰微,宗法血缘关系影响力逐渐削弱的时候。一种道德,只有在相应的权利与义务关系存在时才会随之产生,又只有当这种关系遭到破坏时才会发达。西周孝祖观念的发展正是如此⑤。

  前面谈到了周代在家庭形态上有两种类型并存,并讨论了西周时上层宗族中"孝"观念的起源和发展。那么,在中下层的庶民家庭,此时是否也出现"孝"的观念了呢?上已提到,相关的"孝"字史料很少,仅《尚书》一见。但除此之外,在其他未涉及"孝"字的史料中,有没有类似"孝"观念的体现呢?《诗经》中时代稍晚的部分篇章的确体现了这样的意识。如《唐风·鸨羽》:"王事靡盬,不能蓺稷黍,父母何怙?……王事靡盬,不能蓺黍稷,父母何食?……王事靡盬,不能蓺稻粱,父母何尝?"《诗序》云:"君子下从征役,不得养其父母。而作是诗也。"⑥

---

① 李裕民:《殷周金文中的"孝"和孔丘"孝道"的反动本质》,《考古学报》1974年第2期,第23页。
② (汉)郑玄注,(唐)孔颖达等正义:《礼记正义》,(清)阮元校刻:《十三经注疏》,北京:中华书局,1980年影印本,第1508页。
③ 王慎行:《论西周孝道观的本质》,《人文杂志》1991年第2期,第76页。
④ 李裕民:《殷周金文中的"孝"和孔丘"孝道"的反动本质》,《考古学报》1974年第2期,第20页。
⑤ 陈苏镇:《商周时期孝观念的起源、发展及其社会原因》,中国哲学编辑部:《中国哲学》第10辑,第46页。
⑥ (汉)毛公传,(汉)郑玄笺,(唐)孔颖达等正义:《毛诗正义》,(清)阮元校刻:《十三经注疏》,北京:中华书局,1980年影印本,第365页。

第九章 原"孝"——从"孝"看西周的时代背景

此诗即表达了因徭役过重,不能赡养父母的呼告。又如《小雅·蓼莪》:"父兮生我,母兮鞠我。拊我畜我,长我育我,顾我复我,出入腹我。欲报之德,昊天罔极。……民莫不谷,我独何害。……民莫不谷,我独不卒。"《笺》云:"谷,养也。言民皆得养其父母,我独何故睹此寒苦之害。"《诗序》云:"民人劳苦,孝子不得终养尔。"① 这首诗感情真挚地描述了父母养育自己的辛劳,并对别人可以善养父母,而自己却不能终养父母表现了无限痛惜。《鸨羽》和《蓼莪》都体现了子女对在世父母的孝养之心,后者虽然是悼念死去父母,但是用他人能善养在世父母作对比也同样证明了这点②。可见,虽未直接使用"孝"字,西周时庶民阶层子女对健在的父母似已存有了"孝"的观念。这种情形与学者对西周时家族的相关研究结论是大致符合的,即西周时基层的核心家族(或小型伸展家族)虽由于生产力水平的低下尚不可能独立出来,但已在庶民的社会生活中有着重要地位,有走向独立的倾向③。可见此时,"孝"观念已经有了社会化的萌芽和趋势,但更多的还是作为贵族的政治或宗教伦理出现,尚未作为庶民阶层独立的家庭伦理观念被普遍使用。

"孝"的起源、演变及其所反映的西周以前的时代背景状况大抵如是。春秋以后,随着宗法制的衰落和个体家庭的逐渐兴起,"孝"观念的涵义与使用也有了进一步的发展,主要体现在其政治伦理功能的日益退化和家庭伦理功能的日益凸显。更为具体地说,即"忠"字在春秋后出现并逐渐替代了"孝"字的政治功能;"孝"渐渐成为了单纯的家庭伦理。另外,关于孔子和孔子之后儒家对"孝"的改造与再诠释,使"孝"又通过"仁"重新社会化和政治化;以及"孝"与"忠"纠缠不清的瓜葛和矛盾,也都是非常值得注意的问题。不过那已超出这篇小文的所论范围,容他日另作专文探讨。

---

① (汉)毛公传,(汉)郑玄笺,(唐)孔颖达等正义:《毛诗正义》,(清)阮元校刻:《十三经注疏》,北京:中华书局,1980 年影印本,第 459—460 页。
② 另外如《小雅·斯干》与《小雅·小弁》中也可看出对在世父母的尊敬和奉养。
③ 朱凤瀚:《商周家族形态研究》,天津:天津古籍出版社,2004 年,第 427 页。按作者对核心家族和小型伸展家族的定义,大体是指一对夫妇及其未婚子女或一对夫妻及其父母与子女组成。参见是书第 9—10 页。

第十章 孔子忠恕思想考论

《论语·里仁》篇记载：

> 子曰："参乎！吾道一以贯之。"曾子曰："唯。"子出，门人问曰："何谓也？"曾子曰："夫子之道，忠恕而已矣。"①

这段文字可以说蕴涵着非常重要的内容，同时也存在着很多需要弄清的问题，所以历来为人们所重视。而这其中最为关键的问题就是如何理解"夫子之道，忠恕而已矣"中的"忠恕"，只有准确地理解"忠恕"，才能进一步认清"一以贯之"的"夫子之道"，从而更好地把握孔子思想的精要所在。但在这段文字中，存在着很多的疑问。既然孔子说"吾道一以贯之"，就意味着他认为自己的思想并不是杂乱无章的，而是有一个"一"可以作为核心或是联系整体思想的线索，然而他并没有明确说出这个"一以贯之"究竟是什么。曾子似乎是理解了孔子的意思并且很有把握地对其他人道出"夫子之道，忠恕而已矣"的答复，可这样的解释并不能消除我们的疑惑。"吾道"和"一"是什么样的关系，一是用来指代孔子之道还是另有别义？若"一"是指代孔子之道，

---

① （清）刘宝楠撰，高流水点校：《论语正义》，北京：中华书局，1990年，第151—153页。

那么按曾子所言，"一以贯之"的"一"即是"忠恕"，但"忠恕"看起来不是两个不同的观念么？要是这样的话，孔子的这个"一"不就成了"二"了吗？还是说"忠恕"应该作为一个整体来看待呢？若"忠恕"作为一个整体，是怎么样一个含义呢？而整体的解释离不开个体，"忠"和"恕"在这个整体中的关系又是如何？另外孔子之道就是"忠恕"吗？那么他一向重视并多有阐发的"仁"和"礼"呢，"忠恕"和它们之间是否也有着密切的联系呢？如果有，那具体又是怎样的？要解答所有这些从文本引出的疑问，首先都不得不归结到对"忠恕"的认识上，而历来人们对"忠恕"的看法为数众多，见解各异，这些分歧使我们无法完全弄清上述的问题，因此对孔子的忠恕思想仍有进一步厘清的必要和可能。在吸收前人研究成果的基础上，本文拟通过对相关观念的具体考证及其历史发展的梳理，进而对"忠恕"的含义、内部结构及其与"仁"的关系进行分析，以期对孔子忠恕思想做出一个较为明晰而合理的解释。所以本文的写作，旨在对忠恕以及孔子思想有更深入的理解，也希望能有助于儒家思想以及先秦思想史的进一步研究。不当之处，尚祈方家不吝指正。

第一节 孔子之前的"忠""恕"词义考原

一、"忠"渊源之考原

对孔子忠恕思想的研究，首先必须搞清"忠""恕"观念本身的含义。而为了更好地解释孔子的"忠""恕"观念，仅仅局限于《论语》中的文本似乎还不够，如果能结合孔子以前及同时代其它典籍中出现的"忠""恕"观念，对它们的渊源作一个历时性的考察。这样便能对"忠""恕"的形成及内涵的发展演变作较为全面的了解，从而有利于我们更清楚的认识"忠""恕"在孔子思想中的本来含义。

先来看忠。就现有文献考察，甲骨文未发现忠字，西周以前的金文亦未发现忠字。《周易》《诗经》中均无忠字。今文《尚书》中无忠字。古文《尚书》里忠字出现七次：《仲虺之诰》《泰誓》《蔡仲之命》《君牙》《冏命》五篇各出现一次，《伊训》一篇出现两次。但这六篇都是伪古文，无法证明西周以前已经有了忠字。从目前已有的证据来看可知，"忠"应是一个较为晚出的字。最早一直到了《左传》中，才开始出现许多春秋时人们对"忠"的理解。

《左传·桓公六年》记：

> 所谓道，忠于民而信于神也。上思利民，忠也；祝史正辞，信也。①

这是季梁劝阻随君追赶楚军的话。季梁认为"道"就是"忠信"。在这里"忠"的对象是民，"信"的对象是神，又说："夫民，神之主也。是以圣王先成民，而后致力于神。"②首先要"忠于民"，然后才能"信于神"。而他认为的"忠"就是要"上思利民"，也就是说在上位的人首先必须要想到百姓的利益。

《左传·庄公十年》记：

> （曹刿）乃入见，问何以战。公曰："衣食所安，弗敢专也，必以分人。"对曰："小惠未遍，民弗从也。"公曰："牺牲玉帛，弗敢加也，必以信。"对曰："小信未孚，神弗福也。"公曰："小大之狱，虽不能察，必以情。"对曰："忠之属也，可以一战。战，则请从。"③

曹刿入宫进见鲁庄公并问其"何以战"。鲁庄公先说自己以衣食分人，又说自己祭神以信，曹刿认为都不足论战。当庄公说到"小大

---

① （晋）杜预注，（唐）孔颖达等正义：《春秋左传正义》，（清）阮元校刻：《十三经注疏》，北京：中华书局，1980年影印本，第1749页。
② （晋）杜预注，（唐）孔颖达等正义：《春秋左传正义》，（清）阮元校刻：《十三经注疏》，北京：中华书局，1980年影印本，第1750页。
③ （晋）杜预注，（唐）孔颖达等正义：《春秋左传正义》，（清）阮元校刻：《十三经注疏》，北京：中华书局，1980年影印本，第1767页。

之狱，虽不能察，必以情"时，曹刿认为是"忠之属也，可以一战。"显然，这里曹刿所认可的正是忠于职守，上思利民之事，所以被看作是忠。可见，在春秋早期"忠"刚刚出现的时候，就具有了"上思利民"的含义。"忠"之所以在最初成为了对统治者的一种规范和要求，而不是后来所常见的臣事君的规范要求，有着更为深层的原因。首先，在周初，以血缘关系为基础的宗法分封制依然是国家与社会的基本制度。在此制度下，君主和臣民的关系既是政治关系又是宗法关系，即臣民要服从君主，小宗要服从大宗；另一方面君主又要保护臣民，大宗又要保护小宗（至于为什么忠在早期成为对上而非指代对下的一种规范要求，详见后文，此处不赘）。其次，在周取代商之后，周人并没有被胜利冲昏头脑，而是进行了深刻的反省，吸取了殷商灭亡的教训，发现了天命与人心之间的紧密联系。周公认为殷商亡国的原因是"不敬厥德"①，唯恐自己也因失德而失民心，由失民心而失天命，由此产生了敬天保民的思想。而"上思利民"之忠正是这一思想的体现。

随着时间的推移，忠的含义在春秋中期之后也发生了变化，由原来的对统治者的规范要求又渐渐加进了对臣民的规范要求，但其使用起来似乎较为灵活，有着很大的不确定性。如《左传·僖公九年》记载了荀息在晋献公临死前的答话："公家之利，知无不为，忠也。"②这是对臣下忠于公家之利的要求。《左传·昭公元年》："临患不忘国，忠也。"③这里的忠也成为对臣下忠于国家的要求。《左传·宣公二年》叙述了晋卿赵盾骤（屡次）谏灵公，灵公不堪，命鉏麑刺杀赵盾的事。鉏麑清晨前往赵府，见赵盾盛服将朝，由于时间尚早，坐而假寐，鉏麑退而叹曰："不忘恭敬，民之主也。贼民之主，不忠；弃君之命，不

---

① （汉）孔安国传，（唐）孔颖达等正义：《尚书正义》，（清）阮元校刻：《十三经注疏》，北京：中华书局，1980年影印本，第213页。
② （晋）杜预注，（唐）孔颖达等正义：《春秋左传正义》，（清）阮元校刻：《十三经注疏》，北京：中华书局，1980年影印本，第1801页。
③ （晋）杜预注，（唐）孔颖达等正义：《春秋左传正义》，（清）阮元校刻：《十三经注疏》，北京：中华书局，1980年影印本，第2020页。

信。有一于此，不如死也。"①忠在这里依然有着"思利民"的含义，不过显然已经不仅是针对君而言的的要求了。

同样的事在《国语·晋语五》中记载则略有异辞：

"夫不忘恭敬，社稷之镇也。贼国之镇，不忠；受命而废之，不信。享一名于此，不如死。"触庭之槐而死。②

这里"民之主"变成了"国之镇"，但都可以看成忠。再如《左传·襄公十四年》记："君子谓子囊忠。君薨，不忘增其名；将死，不忘卫社稷，可不谓忠乎？忠，民之望也。"③这一段话里同时出现了几个忠，"不忘增君名""不忘卫社稷"是忠，"民之望"也是忠，怎样看待忠这样的不确定性呢？这应该反映了在当时人们的意识中，"国""社稷"与"民"是紧密联系的，"民之主"就是"国之镇"；"不忘卫社稷"就是"民之望"。虽然要求的对象不同，但可以看出这仍是早期忠字"思利民"含义扩大化的体现。

春秋中期以后，除了上述一些含义的变化，忠字后世最为常见的"忠君"之义在《左传》里也出现了很多。如《左传·僖公五年》："守官废命，不敬；固雠之保，不忠。失忠与敬，何以事君？"④《左传·宣公十二年》："而民皆尽忠以死君命。林父之事君也，进思尽忠，退思补过，社稷之卫也。"⑤此两处的忠便可看作事君的要求和规范。再如《左传·成公二年》记载了楚王对巫臣的评价："其自为谋也则过矣，其为吾先君谋也则忠。忠，社稷之固也，所盖多矣。"⑥《左传·襄公九年》：

---

① （晋）杜预注，（唐）孔颖达等正义：《春秋左传正义》，（清）阮元校刻：《十三经注疏》，北京：中华书局，1980年影印本，第1867页。
② 徐元诰撰，王树民、沈长云点校：《国语集解》，北京：中华书局，2002年，第380页。
③ （晋）杜预注，（唐）孔颖达等正义：《春秋左传正义》，（清）阮元校刻：《十三经注疏》，北京：中华书局，1980年影印本，第1959页。
④ （晋）杜预注，（唐）孔颖达等正义：《春秋左传正义》，（清）阮元校刻：《十三经注疏》，北京：中华书局，1980年影印本，第1794页。
⑤ （晋）杜预注，（唐）孔颖达等正义：《春秋左传正义》，（清）阮元校刻：《十三经注疏》，北京：中华书局，1980年影印本，第1883页。
⑥ （晋）杜预注，（唐）孔颖达等正义：《春秋左传正义》，（清）阮元校刻：《十三经注疏》，北京：中华书局，1980年影印本，第1897页。

"君明臣忠，上让下竞。"①《左传·襄公二十五年》："婴所不唯忠于君、利社稷者是与，有如上帝！"②这些例子均是把君作为忠的对象，可以说是后世忠字常用义的最初萌芽。

由忠君之忠的出现，我们可以回到前面那个还没有完整回答的问题，就是忠为什么在春秋早期只是对统治者的要求而到中期以后才逐渐发展出忠君的含义。前半个问题上文已经叙述过，而对后半个问题，童书业先生认为："在'原始宗法制'时代，后世之所谓'忠'（忠君之忠）实包括于'孝'之内……臣对君亦称'孝'，君对臣亦称'慈'，以在'原始宗法制'时代，一国以至所谓'天下'可合成一家……故'忠'可包于'孝'之内，无需专提'忠'之道德。然至春秋时，臣和君未必属于一族或一'家'，异国、异族之君臣关系逐渐代替同国、同族间之君臣关系，于是所谓'忠'不得不与'孝'分离。"③刘家和先生也指出："虽然从文字上尚未见忠字，它实际上已经存在于孝字之中，只不过还没有成熟到能够作为一种独立的道德准则从孝字里分化出来而已。"④诚如两位先生的见解，周王东迁之后，王室日渐衰落，五霸迭兴，社会从上到下都发生了巨大的变化，宗法关系与政治关系开始分离，随着政治结构与社会结构的调整出现了新的君臣关系，忠（忠君之忠）的出现正是由于政治和社会制度的发展变化而逐渐从孝中独立出来的。然而，由于当时仍然处于新旧交替的动荡转型时期，政治结构和社会结构尚处在不断的变动中，后世君主专制的制度还远未成熟，因此，所谓"忠君之忠"仍只是忠之含义的一种体现，与"忠于社稷"等意义上的忠未有本质的不同，如时人论及"忠君"常与"社稷"并提便

---

① （晋）杜预注，（唐）孔颖达等正义：《春秋左传正义》，（清）阮元校刻：《十三经注疏》，北京：中华书局，1980年影印本，第1942页。
② （晋）杜预注，（唐）孔颖达等正义：《春秋左传正义》，（清）阮元校刻：《十三经注疏》，北京：中华书局，1980年影印本，第1984页。
③ 童书业著，童教英整理：《春秋左传研究》，北京：中华书局，2006年，第244页。
④ 刘家和：《儒家孝道与家庭伦理的社会化》，《史学、经学与思想》，北京：北京师范大学出版社，2005年，第321—322页。

是明例。①中国历史发展的惟新性质决定了观念的变迁也是累积式的,新义出现,旧义仍在。

以上讨论的忠多是作为一种外在的政治性规范要求而出现的,而这些忠,其实都只是人们通过具体的事例来解说忠,并非是对忠下一个明确的定义。其实在春秋时期,还有一些忠是作为一种内在的心理情感或道德尺度的含义出现的。从这些忠字的含义里,我们似乎可以揣测一下忠字的来源与内涵。《国语·周语上》曰:"考中度衷,忠也。"②又曰:"中能应外,忠也。"③可以看出,这两个忠的含义均与"中"有关,那么忠与中又是怎样的关系呢?《说文解字》云:"忠,敬也。从心,中声。"④笔者认为忠亦是一个会意兼形声字,应是"忠,从心,从中,会意,中亦声"。"中"和"忠"应为同源字。⑤为什么这么说呢?"中""忠"上古音相同,均为端母冬部,双声叠韵。从前面《国语·周语上》里的两个例子可以看出它们在意义上也具有明显的相关性,接着我们来具体地分析一下这两个字。《说文解字》曰:"中,内也。"段玉裁注云:"……中者,别于外之辞也;别于偏之辞也;亦合宜之辞也。"⑥中有里面、中间、不偏的意思,又可引伸为适宜、中正、平允、内心等义。这样我们可以发现忠字的用法里很多也蕴涵了"中"的含义。如《国语·周语下》:"言忠必及意。"韦昭注曰:"出自心意为忠。"⑦这里是说忠必是发自内心。后面又说到了"帅意

---

① 如《左传·宣公十二年》:"而民皆尽忠以死君命。林父之事君也,进思尽忠,退思补过,社稷之卫也。"《左传·成公二年》记载了楚王对巫臣的评价:"其为吾先君谋也则忠。忠,社稷之固也,所盖多矣。"《左传·襄公十四年》:"婴所不唯忠于君、利社稷者是与,有如上帝!"这些文字均体现了这一点。
② 徐元诰撰,王树民、沈长云点校:《国语集解》,北京:中华书局,2002 年,第 32 页。
③ 徐元诰撰,王树民、沈长云点校:《国语集解》,北京:中华书局,2002 年,第 37 页。
④ (汉)许慎:《说文解字》,北京:中华书局,1963 年,第 217 页。
⑤ 在汉字中,有所谓会意兼形声字。这就是形声字的声符与其所谐的字有意义上的关联,即说文所谓"亦声"。"亦声"都是同源字。有些字,说文没说是会意兼形声,没有用"亦声"二字,其实也应该是"亦声"。见王力:《同源字典》,北京:商务印书馆,1982 年,第 10—11 页。王力先生的《同源字典》里将"中、衷"列作同源字,见第 608 页。其实"中、忠、衷"三字均同源,理由详见正文。
⑥ (清)段玉裁:《说文解字注》,上海:上海古籍出版社,1988 年,第 20 页。
⑦ 徐元诰撰,王树民、沈长云点校:《国语集解》,北京:中华书局,2002 年,第 88 页。"及"原文作"反",恐误,据上海古籍出版社 1998 年《国语》改之。

能忠",韦昭注解释"帅意"就是"循己心意"①。《左传·昭公十二年》:"外内倡和为忠。"②这里的忠是指内外如一,与上面"言忠必及意"的意思是一样的,即忠应为发自内心而无欺之意。除此义之外,《左传·文公元年》记载的"忠,德之正也"③与《左传·成公九年》记载晋范文子的"无私,忠也"④均体现了忠字具有"中正、不偏、公平、无私"的含义。正是由于忠有这样的含义,故《国语·周语上》曰:"忠所以分也……忠分则均。"韦注:"心忠则不偏也"⑤,心忠而不偏,分配的时候才能做到公正平均。

从前文所举的这些例子来看,"忠"和"中"二者音同,在字义上也有着密切的联系,应为同源字。如此看来,忠具有中的发自内心、中正无私的含义,进而又可引申为尽心竭己之意。那么再重新审视忠作为外在的政治性规范使用时,可以发现,无论要求对象是谁,其均可看作由"中"孳乳而来的"忠"之含义的外在体现⑥,并在为人们运用的过程中有所发展,词义也不断扩大。由此可见,虽然西周以前的典籍和出土文物尚不见忠字,但是"中"字里应该包含了后来"忠"字含义的萌芽,在这样的基础上,忠在春秋时期出现并逐渐形成一个相当常见的观念。

二、"恕"渊源之考原

与忠字相比,恕字不但同样出现较晚且远不如忠那么常见。甲骨文

---

① 徐元诰撰,王树民、沈长云点校:《国语集解》,北京:中华书局,2002年,第89页。
② (晋)杜预注,(唐)孔颖达等正义:《春秋左传正义》,(清)阮元校刻:《十三经注疏》,北京:中华书局,1980年影印本,第2063页。
③ (晋)杜预注,(唐)孔颖达等正义:《春秋左传正义》,(清)阮元校刻:《十三经注疏》,北京:中华书局,1980年影印本,第1837页。
④ (晋)杜预注,(唐)孔颖达等正义:《春秋左传正义》,(清)阮元校刻:《十三经注疏》,北京:中华书局,1980年影印本,第1906页。
⑤ 徐元诰撰,王树民、沈长云点校:《国语集解》,北京:中华书局,2002年,第36—37页。
⑥ 如《左传·桓公六年》记:"忠于民而信于神也。"孔颖达疏:"中心为忠,言中心爱物也。"见(晋)杜预注,(唐)孔颖达等正义:《春秋左传正义》,(清)阮元校刻:《十三经注疏》,北京:中华书局,1980年影印本,第1750页。

中无恕字，《尚书》《诗经》《周易》等早期经典中均不见恕字。直到《左传》里始出现恕字，也仅有六次而已，可见恕是一个后来才逐渐发展出来的字。

《说文解字》云："恕，仁也。从心，如声。"① 这显然不是恕的本来含义，至少是孔子之后的意思了。而在孔子之前，虽然恕字可供验证的原始文本很少，但我认为即使从有限资料来尝试对它早期出现时的含义作一个基本的了解也是有必要的。《左传·隐公三年》记载了"周郑交质"的事并以君子曰的口吻对其作了一个评价："信不由中，质无益也。明恕而行，要之以礼，虽无有质，谁能间之？"②《左传·隐公十一年》记载了周桓王取郑之田而与之己不能有的苏忿生之田，接着又给出一段评论："君子是以知桓王之失郑也。恕而行之，德之则也，礼之经也。己弗能有，而以与人，人之不至，不亦宜乎？"③ 这两件事发生较早，但是后面所谓君子的评论可能与前文史事的记载并非同时，而是后人附记的，比史事发生时间要晚许多。④ 所以这里的恕字并无法作为我们对文字历时性考察的可靠材料。再往后《左传·僖公十五年》记载晋惠公为秦所俘，秦伯问晋国内意见是否统一，国人对晋惠公命运如何看待，晋臣阴饴甥回答：

　　小人慼，谓之不免；君子恕，以为必归。小人曰："我毒秦，

---

① （汉）许慎：《说文解字》，北京：中华书局，1963年，第218页。
② （晋）杜预注，（唐）孔颖达等正义：《春秋左传正义》，（清）阮元校刻：《十三经注疏》，北京：中华书局，1980年影印本，第1723页。
③ （晋）杜预注，（唐）孔颖达等正义：《春秋左传正义》，（清）阮元校刻：《十三经注疏》，北京：中华书局，1980年影印本，第1737页。
④ 王和先生在《〈左传〉的成书年代与编纂过程》一文（《中国史研究》2003年第4期）提到："《左传》中的'君子曰'、'某某曰'之类文字有些是后代经师发的议论，然并不是说所有这类文字全部都是后人附益，《左传》中有些"君子曰"的确可能是原文所有。关于这个问题，前人及时贤多有阐述。估计在左氏原书中应当就有这种体例，其中有可能是左氏取自春秋时期史官的著作，有的也许就是左氏自己的议论，类似于《史记》的'太史公曰'。而后代的经师在添加解经语时又沿袭了这种笔法，屡有附益，把他们自己的一些看法借君子或古人之口加了进去。故对《左传》中的这类文字我们应当认真分析，既不可一概认作左氏原文，也不可一概认作后人附益，只能具体文字具体分析。"（第37页）笔者认为"君子曰"之类的评论在时间上与相关史事同时的可能性很小，即便不是后代经师的附益，在《左传》成书之时已有，也距史事发生之时有相当的差距，故无法成为供我们进行历时性考察的可靠材料。

第十章 孔子忠恕思想考论

秦岂归君？"君子曰："我知罪矣，秦必归君。贰而执之，服而舍之，德莫厚焉，刑莫威焉。服者怀德，贰者畏刑。此一役也，秦可以霸。纳而不定，废而不立，以德为怨，秦不其然。"秦伯曰："是吾心也。"①

晋国的小人忧愁晋惠公不会被赦免，而晋国的君子却认为惠公一定会被放回来，后面又详细说明了之所以得出这样结论的理由。秦伯认同君子的看法。这里"君子恕"的恕含义到底是什么？并不是很明确。不过就上下文的描述来看，我们猜测恕大致有着能够根据自身所了解的情况来理性思考推论事情的结果这样的意思。但仅从这一处来看恕的意思还远不够清楚，那我们再来从对恕字本身的分析来推测一下它的来源和含义。

既然恕"从心"，那么说明恕最初与心有关，但心作为形符，只表示类属，远无法得出恕的具体含义。那么再看声符，《说文解字》认为恕从如得声。恕字上古音为审（书）母鱼部，如字为日母鱼部，审日旁纽，二字旁纽叠韵，故音近。那么恕和如除了声音上的关系，是否也有意义上的联系呢？即两者是否具有同源关系呢？《说文解字》曰："如，从随也，从女，从口。"段注云："从随即随从也。随从必以口。从女者，女子从人者也……引伸之，凡相似曰如；凡有所往曰如；皆从随之引伸也。"②如字在古籍中的含义是非常多的，按段玉裁的说法，如的本义为"随从、女子从人"，后引伸出"相似、往"等义，这种说法是否符合如字实际的发展和演变情况还有待考证，但在早期如字就有一个很常见的含义为"往"是没有问题的。《尔雅·释诂上》曰："如，往也。"邢昺疏云："如者，自我而往也。"③《左传·庄公二十五年》："公子友如陈。"孔颖达疏云：

---

① （晋）杜预注，（唐）孔颖达等正义：《春秋左传正义》，（清）阮元校刻：《十三经注疏》，北京：中华书局，1980年影印本，第1808页。
② （清）段玉裁：《说文解字注》，上海：上海古籍出版社，1988年，第620页。
③ （晋）郭璞注，（宋）邢昺疏：《尔雅注疏》，（清）阮元校刻：《十三经注疏》，北京：中华书局，1980年影印本，第2568页。

"如，往也。"①《左传·隐公五年》："公将如棠观鱼。"②如亦为"往"义。其实早在甲骨文中如就有了"往"的含义。杨树达先生在《卜辞求义》中便提到：

《佚存》百〇八片乙云："……王曰丁：不如。"树达按：丁为人名，如，往也。曰与谓同，详《月部》曰字下。③

那么再来看恕字，既然上文提到"君子恕"的恕大致有能够根据自身所了解的情况来理性思考推论事情结果的意思，那么这样的意义里其实也蕴涵着如字"有所往"的含义，不同的是，如的"有所往"的主体是人，而恕的"有所往"的主体是心，即由自己的心而及外界的事物，而上文秦伯所说的"是吾心也"亦可为证。这大概就是恕的最初含义吧。如此看来，在恕这个形声字中，"心"作为形符表示类属，"如"除了作为声符表声之外亦有表义示源的作用。恕是如在"往"这个含义上引伸出来并添加形符而构成的同源孳乳字。

通过以上分析可知，在孔子以前，忠的观念已经被人们较为经常地使用并且有了一定程度的发展；而恕的观念则不多见，使用较少，意义上也并非十分明确。

第二节 孔子的"忠""恕"观念研究

现在来看孔子的"忠""恕"观念。

---

① （晋）杜预注，（唐）孔颖达等正义：《春秋左传正义》，（清）阮元校刻：《十三经注疏》，北京：中华书局，1980年影印本，第1808页。
② （晋）杜预注，（唐）孔颖达等正义：《春秋左传正义》，（清）阮元校刻：《十三经注疏》，北京：中华书局，1980年影印本，第1726页。
③ 杨树达：《卜辞求义》，上海：上海古籍出版社，2007年，第13页。

一、《论语》中"忠"的含义

忠在《论语》中共出现了 18 次,虽然其中并没有对忠作出明确的解释,但是大体上说,《论语》里的忠既继承了孔子之前忠观念的含义,又在这一基础上有所发展。下面让我们来考察一下忠在《论语》中的用法。

首先,忠在早期所具有的为公为民无私之忠的含义在《论语》中仍然存在。

如《论语·公冶长》记:

> 子张问曰:"令尹子文三仕为令尹,无喜色;三已之,无愠色。旧令尹之政,必以告新令尹。何如?"子曰:"忠矣。"①

令尹子文三次当令尹,不见有喜色;三次被罢免,亦不见有愠色。他自己在任时的旧政必定告于新令尹。说明子文并不把私人得失放在心上,而是以公为重,所以孔子称其为忠。

又《论语·颜渊》记:

> 子张问政。子曰:"居之无倦,行之以忠。"②

孔子在这里认为为政要心无倦怠,以忠心而行。只有竭诚尽力一心为公,才能治理好政事。③

接着我们来分析一下《论语》里忠作为事君之规范要求是如何表述的。

如《论语·八佾》记:

> 定公问:"君使臣,臣事君,如之何?"孔子对曰:"君使臣以礼,臣事君以忠。"④

---

① (清)刘宝楠撰,高流水点校:《论语正义》,北京:中华书局,1990年,第193页。
② (清)刘宝楠撰,高流水点校:《论语正义》,北京:中华书局,1990年,第504页。
③ 《论语·子路》中亦有类似表达:子路问政。子曰:"先之,劳之。"请益,曰:"无倦。"
④ (清)刘宝楠撰,高流水点校:《论语正义》,北京:中华书局,1990年,第115—116页。

此处的忠正是春秋中期以来忠作为忠君之忠这一含义的继承，但是孔子在继承的基础上，亦有所发展。这里的忠不只是单方面要求臣对君无条件的服从，而是有条件的，即在君使臣以礼的前提下。所谓"为君难，为臣不易"①，孔子说的"君君、臣臣"②正是指对君臣双方都有各自的义务和要求，为君要有君的样子，做臣要有臣的样子。孔子认为事君，要"敬其事而后其食"③；君有过，要"勿欺也，而犯之"④；但"事君数，斯辱矣"⑤，所以劝谏也要有个度。"所谓大臣者，以道事君，不可则止"⑥，臣应该以道义事君，若不可行，则应该离开。他在教育弟子冉有时也引周任之言表达了类似的意思："陈力就列，不能者止。"⑦孔子并不只是说说而已，亦用自己的实际行动证明了他自己的话。

《论语·微子》篇记：

> 齐人归女乐，季桓子受之，三日不朝，孔子行。⑧

这件事在《史记·孔子世家》中有着较为详细的记载：

> （齐人）于是选齐国中女子好者八十人，皆衣文衣而舞《康乐》，文马三十驷，遗鲁君。陈女乐文马于鲁城南高门外。季桓子微服往观再三，将受，乃语鲁君为周道游，往观终日，怠于政事。子路曰："夫子可以行矣。"孔子曰："鲁今且郊，如致膰乎大夫，则吾犹可以止。"桓子卒受齐女乐，三日不听政；郊，又不致膰俎于大夫。孔子遂行，宿乎屯。⑨

鲁君耽溺于齐人送来的女乐，三日不上朝听政，且不依礼向大夫发

---

① （清）刘宝楠撰，高流水点校：《论语正义》，北京：中华书局，1990年，第533页。
② （清）刘宝楠撰，高流水点校：《论语正义》，北京：中华书局，1990年，第499页。
③ （清）刘宝楠撰，高流水点校：《论语正义》，北京：中华书局，1990年，第641页。
④ （清）刘宝楠撰，高流水点校：《论语正义》，北京：中华书局，1990年，第585页。
⑤ （清）刘宝楠撰，高流水点校：《论语正义》，北京：中华书局，1990年，第160页。
⑥ （清）刘宝楠撰，高流水点校：《论语正义》，北京：中华书局，1990年，第463页。
⑦ （清）刘宝楠撰，高流水点校：《论语正义》，北京：中华书局，1990年，第647页。
⑧ （清）刘宝楠撰，高流水点校：《论语正义》，北京：中华书局，1990年，第717页。
⑨ 《史记》，北京：中华书局，1959年，第1918页。

送祭祀用的膰肉,因此孔子毅然地选择了离开。

还有一点值得注意的是,随着政治社会情况的发展转变,虽然忠已经逐渐从孝中独立分化出来,但孔子的忠君思想里仍带有一定的宗法色彩。不过这种宗法色彩并不是从前宗统与君统相一致时忠包含在孝之内的简单延续,而是有着新的发展。

《论语·为政》记:

> 季康子问:"使民敬、忠以劝,如之何?"子曰:"临之以庄,则敬,孝慈,则忠,举善而教不能,则劝。"①

孔子指出,如果治民者能够教导老百姓上慈下孝,那么老百姓就能够忠于你。此时政治上的君臣民关系已不同于从前以血缘为纽带的宗法关系,忠已与孝逐渐脱离,从而失去了直接的联系,孔子为什么还这么说呢?《论语·学而》中孔子的弟子有若的话可以作一个解释:

> 其为人也孝弟,而好犯上者,鲜矣!不好犯上,而好作乱者,未之有也。君子务本,本立而道生。孝弟也者,其为仁之本与!②

有子认为,人要是对父母兄弟能做到孝弟,那么推及君臣上下之间,就不会犯上作乱。再看孔子自己的说法,《论语·为政》记:

> 或谓孔子曰:"子奚不为政。"子曰:"《书》云:'孝乎惟孝,友于兄弟,施于有政。'是亦为政,奚其为为政?"③

这样可以看出,孔子认为正如仁可以外推及人一样,可以把作为家庭伦理的孝推及作为政治伦理的忠,而"使二者之间有一个内在的联系——不再是凭借宗法的直接的联系,而是由仁学说外推作用而产生的间接的联系。"④

---

① (清)刘宝楠撰,高流水点校:《论语正义》,北京:中华书局,1990年,第64页。
② (清)刘宝楠撰,高流水点校:《论语正义》,北京:中华书局,1990年,第5—7页。
③ (清)刘宝楠撰,高流水点校:《论语正义》,北京:中华书局,1990年,第66页。
④ 刘家和:《儒家孝道与家庭伦理的社会化》,《史学、经学与思想》,北京:北京师范大学出版社,2005年,第325页。

随着时代的变化，孔子敏锐地意识到忠向忠君之忠演变的趋势，一方面对其做出了一定的限制以防止其过于绝对化和单向化；另一方面将忠与孝通过仁相联系使其更加合理化和丰富化。所以说孔子对忠君之忠的阐述应该比先前有了更进一步的发展。①

除了前面说的忠作为事君、为公、为民的用法，更为重要的是，《论语》里的忠的用法扩大到成为一般性的人与人之间交往的道德要求，忠的内容在孔子这里得到的新的发展和应用。

《论语·学而》记：

> 曾子曰："吾日三省吾身：为人谋而不忠乎？与朋友交而不信乎？传不习乎？"②

曾子每日反省自己三件事，为他人谋事是否尽心，与朋友交往是否诚信无欺，传授于人的自己是否时常温习。③这三件事均为与他人交往中对自身的要求，从中可见忠在处理人际关系的过程中具有很重要的地位。

《论语·子路》记：

> 樊迟问仁。子曰："居处恭，执事敬，与人忠；虽之夷狄，不可弃也。"④

《论语·卫灵公》亦记：

> 子张问行。子曰："言忠信，行笃敬，虽蛮貊之邦行矣；言不忠信，行不笃敬，虽州里行乎哉？"⑤

---

① 后来孟子继承了孔子对忠君的看法并有进一步发挥："君之视臣如手足，则臣视君如腹心；君之视臣如犬马，则臣视君如国人；君之视臣如土芥，则臣视君如寇雠。"（《孟子·离娄下》）
② （清）刘宝楠撰，高流水点校：《论语正义》，北京：中华书局，1990年，第9页。
③ "传"旧有两解，另一说是师传于己。但联系前文两事来看，传解释为己传于人似更为合适。己不习而传于人，亦为不忠不信之事。
④ （清）刘宝楠撰，高流水点校：《论语正义》，北京：中华书局，1990年，第538页。
⑤ （清）刘宝楠撰，高流水点校：《论语正义》，北京：中华书局，1990年，第616页。

第十章 孔子忠恕思想考论

这两章所记类似，意谓自己若能做到恭敬忠信，那么无论到了哪里都行得通。忠在这里显然也是作为与人交往的一种基本原则。

在人与人的交往关系之中，朋友关系是其中非常重要的内容。它与君臣、父子、夫妇、兄弟关系统称为"五伦"。但在五伦之中，朋友关系又是相对最不稳定的，既缺乏血缘、情感的基础，又缺乏政治禄位的维系。孔子十分重视朋友的交往，他认为应该靠忠来维系朋友之间的关系。那么朋友关系具体又是如何靠忠来维系的呢？

《论语·宪问》记：

> 子曰："爱之，能勿劳乎？忠焉，能勿诲乎？"①

《论语·颜渊》记：

> 子贡问友。子曰："忠告而善道之，不可则止，毋自辱焉。"②

可见，孔子认为朋友之间只要尽心相待，就肯定会互相督促勉励、批评帮助。朋友若有了过失，当忠心相劝告，引导其走上正确的轨道。但如果朋友听不进去，则应适可而止，不要自取其辱。"朋友数，斯疏矣"③，要是一再批评，则有损于友情，从而导致双方疏远。

综上所述，孔子将忠扩展应用到了一般性的人与人之间的关系准则上。这样，忠就不仅仅是一种政治性的规范要求，也发展成为一种社会性的规范要求。那么它们之间是否也有相通之处呢？朱子曰："尽己之谓忠。"④段玉裁引《孝经》疏云："尽心曰忠。"⑤这样我们再结合一下《论语》中的例子，可以发现忠无论作为事君、为公、为民还是交友的要求，说到底都是各种人际关系中主体所应具有的态度，这一态度便是尽心尽己。尽心尽己也正是孔子之忠最为基本的含义所在。

---

① （清）刘宝楠撰，高流水点校：《论语正义》，北京：中华书局，1990年，第560页。
② （清）刘宝楠撰，高流水点校：《论语正义》，北京：中华书局，1990年，第513页。
③ （清）刘宝楠撰，高流水点校：《论语正义》，北京：中华书局，1990年，第160页。
④ （宋）朱熹：《四书章句集注》，北京：中华书局，1983年，第72页。
⑤ （清）段玉裁：《说文解字注》，上海：上海古籍出版社，1988年，第502页。

二、《论语》中"恕"的含义

恕字在《论语》中仅两见,除了《里仁》篇里曾子所说的"忠恕"之外,还见于《论语·卫灵公》:

> 子贡问曰:"有一言而可以终身行之者乎?"子曰:"其恕乎!己所不欲,勿施于人。"①

这里孔子所说的"己所不欲,勿施于人"应该是对恕做的进一步举例说明,而非对恕下一个明确的定义。这种情况在《论语》中很常见,如弟子们常常问仁、问孝,孔子针对不同的人和不同情况,每次的回答都不尽相同。可见孔子并非对仁、孝下明确定义,而只是举一些针对性的事例来说明而已。那么孔子所说的恕应该是怎样一个含义呢?从前文我们分析了恕最初的含义大概是由自己的心而推及外界的事物。孔子这里所举的"己所不欲,勿施于人"显然与恕最初的含义有相通之处。既然恕最初含义是由己而及外界事物,而在外界的事物中,孔子最关注的无疑是人,所以,恕在孔子这里的含义就被进一步引伸为由己心及人心、由己推及他人。与尽心尽己的忠相类似的是,推己及人的恕其实也是一种人与人之间交往的关系准则。朱熹《论语集注》云:"推己之谓恕。"②顾炎武《日知录》卷七引慈谿黄氏(黄震)曰:"推己及人之谓恕。"又引戴侗《六书故》曰:"推己及物之谓恕。己欲立而立人,己欲达而达人,施诸己而不愿,亦勿施于人,恕之道也。"③《楚辞·离骚》:"羌内恕己以量人兮。"王逸《楚辞章句》注曰:"以心揆心为恕。"④《新书·道术》亦云:"以己量人谓之恕。"⑤所以,虽然《论语》中所见恕字甚少,但上面所举这些引文对恕的解释大体都是符合孔子所说的恕的含义的。

---

① (清)刘宝楠撰,高流水点校:《论语正义》,北京:中华书局,1990年,第631页。
② (宋)朱熹:《四书章句集注》,北京:中华书局,1983年,第72页。
③ (清)顾炎武著,黄汝成集释,栾保群、吕宗力校点:《日知录集释》,上海:上海古籍出版社,2006年,第397—398页。
④ (宋)洪兴祖:《楚辞补注》,北京:中华书局,1983年,第11页。
⑤ (汉)贾谊撰,阎振益、钟夏校注:《新书校注》,北京:中华书局,2000年,第303页。

三、"一以贯之"与"忠恕"

忠恕连用,首先见于《论语》。上面已经大致分析了孔子所论的忠和恕的含义,那么为什么曾子会将忠恕连用来说明夫子之道呢?而忠恕在这里连用,显然表明它们二者之间存在着密切的联系。那么忠恕之间的关系又该是如何的呢?谈到忠恕的关系,就不得不结合孔子所说的"一以贯之"。既然是"吾道一以贯之",曾子却解释为"忠恕而已"。那么我们会怀疑曾子之解释是否符合孔子的原意?忠恕若为孔子之道又是怎样一以贯之的呢?要解决这些问题,首先就必须搞清楚"一以贯之"的确切含义,结合一以贯之,我们方能更好地理解孔子的忠恕。

一以贯之,《论语》中出现了两次。除了孔子语曾子曰的"吾道一以贯之",另一处是孔子语子贡曰,见《论语·卫灵公》:

> 子曰:"赐也,女以予为多学而识之者与?"对曰:"然,非与?"曰:"非也,予一以贯之。"①

关于此两处的"一以贯之"意思是否一样,历来人们解经虽多将其并提,但看法不尽相同。不过我们仅通过文本,应该可以看出二者之间还是存在一些语境和措辞的差异的。前人对此也早已有所认识。如朱熹便认为二者大体类似,可相参看,但也有些许差异,即"彼以行言,而此以知言也"②。孔广森的《经学卮言》同样认为:"告子贡之一贯与告曾子之一贯语意不同,彼以道之成体言,此以学之用功言。"③钱穆先生也说:"本章一以贯之,与孔子告曾子章一以贯之,两章之字所指微不同。告曾子是吾道一以贯之,之指道。本章告子贡多学一以贯之,之指学。"④这些说法都指出,两处"一以贯之"所指的对象不同,语子贡是"予一以贯之",一以贯之的主语是予;而语曾子则是"吾道一

---

① (清)刘宝楠撰,高流水点校:《论语正义》,北京:中华书局,1990年,第612页。
② (宋)朱熹:《四书章句集注》,北京:中华书局,1983年,第161页。
③ 转引自程树德撰,程俊英、蒋见元点校:《论语集释》,北京:中华书局,1990年,第1059页。
④ 钱穆:《论语新解》,北京:生活·读书·新知三联书店,2002年,第398页。

以贯之",一以贯之的主语是吾道。正如钱穆先生所说,两者一以道言,一以学言,实有所不同也。不过钱穆先生又指出:"然道与学仍当一以贯之。道之所得本于学,学之所求即在道。"①所以二者之间虽有微异,实仍联系密切。这样看来,《论语》中两处"一以贯之",虽语意有所不同,但若在仔细分析辨明的前提下,互相参看,亦有助于我们把握孔子"吾道一以贯之"的原意。

关于《论语·里仁》中"一以贯之"的解释,自古以来众说纷纭,清儒刘宝楠对此曾有感慨:"'一贯'之义,自汉以来不得其解"②,由此可见此语的理解分歧之大。我们先来看一下前人都是怎么说的。王弼云:"贯,犹统也。夫事有归,理有会。故得其归,事虽殷大,可以一名举。总其会,理虽博,可以至约穷也。譬犹以君御民,执一统众之道也。"③皇侃疏云:"贯,犹统也。譬如以绳穿物,有贯统也。孔子语曾子曰:'吾教化之道,唯用一道以贯统天下万理也。'"④王、皇二人均将"贯"解释为"统",无论是"执一统众"还是"用一道以贯统天下万理",都认为贯具有自上而下的统摄之义。这样的诠释已将孔子所说的"一以贯之"上升发展到了本体论的高度,想必与当时玄风盛行有着很大的关系,亦对后来的宋儒产生了一定的影响。邢昺的《论语注疏》基本照搬皇义,后面甚至又加了一句,强调"更无他法"⑤。直到朱熹《论语集注》中对此的理解亦可见前人之影响,而且朱熹的说法在宋儒的众多诠释具有一定的代表性。

《论语集注》云:

> 贯,通也……夫子之一理浑然而泛应曲当,譬则天地之至诚无息,而万物各得其所也。自此之外,固无余法,而亦无待于推矣……盖至诚无息者,道之体也,万殊之所以一本也;万物各得

---

① 钱穆:《论语新解》,北京:生活·读书·新知三联书店,2002年,第398页。
② (清)刘宝楠撰,高流水点校:《论语正义》,北京:中华书局,1990年,第152页。
③ 转引自程树德撰,程俊英、蒋见元点校:《论语集释》,北京:中华书局,1990年,第260页。
④ 转引自程树德撰,程俊英、蒋见元点校:《论语集释》,北京:中华书局,1990年,第260页。
⑤ (魏)何晏等注,(宋)邢昺疏:《论语注疏》,(清)阮元校刻:《十三经注疏》,北京:中华书局,1980年影印本,第2471页。

其所者，道之用也，一本之所以万殊也。以此观之，一以贯之之实可见矣。①

朱熹将一以贯之诠释为"一理浑然而泛应曲当"，显然带有浓厚的理学痕迹。而其他宋儒甚至明儒对一以贯之的理解虽不尽相同，却大多与朱熹的诠释特点十分相似。

为了了解《论语》中一以贯之的本来含义，我们还是先从文字入手。《说文解字》曰："贯，钱贝之贯，从毌贝。"②而据清儒所说，毌乃是贯的本字。《说文解字》曰："毌，穿物持之也。从一横贯，象宝货之形。"③段玉裁注云："古贯穿用此字，今贯行而毌废矣。"④王筠认为："古盖只有毌字，动静二义皆用之，既孳育贯字，于是毌分动义为毌穿，贯分静义为钱串。至于今之经典不用毌字，又以贯兼动静两义，此亦沿革自然之势也。"⑤按王筠所说的静义和动义就是现在的名词义和动词义。这样看来，贯的本义为钱串，又可作动词，义即贯穿。如《周易·剥卦》曰："贯鱼，以宫人宠。"⑥《左传·成公二年》曰："矢贯余手及肘。"⑦此两处贯均为贯穿之义。《广雅·释言》曰："贯，穿也。"⑧朱骏声《说文通训定声》亦引《苍颉篇》云："以绳穿物曰贯。"⑨均可为证。由此可见贯的早期含义实为钱串和贯穿。而统、通之义盖为后来进一步引申出来的含义，如《史记·乐书》曰："礼乐之说贯乎人情矣。"⑩贯即通之义。至于引申出统的意思，大概是因为一条绳穿了很多钱，正隐含有统之义。由此可见贯解释为

---

① （宋）朱熹：《四书章句集注》，北京：中华书局，1983年，第72页。
② （汉）许慎：《说文解字》，北京：中华书局，1963年，第142页。
③ （汉）许慎：《说文解字》，北京：中华书局，1963年，第142页。
④ （清）段玉裁：《说文解字注》，上海：上海古籍出版社，1988年，第316页。
⑤ （清）王筠：《说文解字句读》，北京：中华书局，1988年，第253页。
⑥ （魏）王弼、韩康伯注，（唐）孔颖达等正义：《周易正义》，（清）阮元校刻：《十三经注疏》，第38页。
⑦ （晋）杜预注，（唐）孔颖达等正义：《春秋左传正义》，（清）阮元校刻：《十三经注疏》，北京：中华书局，1980年影印本，第1894页。
⑧ （清）王念孙著，钟宇讯点校：《广雅疏证（附索引）》，北京：中华书局，2004年，第154页。
⑨ （清）朱骏声：《说文通训定声》，北京：中华书局，1984年，第741页。
⑩ 《史记》，北京：中华书局，1959年，第1202页。

"统、通",虽然此义较贯穿之义应相对晚出,但亦是有根据的。

弄清了文字的本来含义与发展轨迹,我们再回头结合注解分析。从上文可以看出,自魏晋到宋明,前人对"一以贯之"的理解有着一脉相承的联系,即把它上升到了本体论的高度,而解"贯"为"统"正是这一诠释的纽带所在。但这样的诠释看起来已经是对孔子思想的进一步的发展,而不再是当初孔子、曾子对话的原意。因为在《论语》中,忠恕本是作为一种人与人之间交往的基本准则来使用的,更多体现的是一种道德的践履工夫。而魏晋宋明诸儒将其上升到"以一理统万事"的本体论高度,未免脱离原意。他们所指的一以贯之是由上至下的贯,含统摄之义,一条绳统摄万事,其实还是一个整体。但《论语》里的一以贯之并非由上而下说,而是从最基本的意义上说的,即作为一种基本的行为准则可以贯穿于诸事之中。这种贯不是一种统摄,也并不包含其他事物。曾子并不是要用忠恕来概括统摄孔子之道,而只是认为忠恕是一种可以贯穿其中的行为准则。由一以贯之的理解便不难看出,魏晋乃至宋明对儒学的发展作出了很大的贡献,但是在发展的过程中亦有流弊产生,如后来清儒所深为诟病的好高骛远,空疏寡陋。其实宋儒自己也有察觉。朱熹对此曾多有批评:

> 今人只得许多名字,其实不晓。如孝弟忠信,只知得这壳子,其实不晓,也只是一个空底物事。须是逐件零碎理会。如一个桶,须是先将木来做成片子,却将一个箍来箍敛。若无片子,便把一个箍去箍敛,全然盛水不得。①

> "吾道一以贯之",譬如聚得散钱已多,将一条索来一串穿了。所谓一贯,须是聚个散钱多,然后这索亦易得。若不积得许多钱,空有一条索,把甚么来穿!吾儒且要去积钱。若江西学者都无一钱,只有一条索,不知把甚么来穿。

> 但学者稍肯低心向平实处下工夫,那病痛亦不难见。②

---

① (宋)黎靖德编,王星贤点校:《朱子语类》,北京:中华书局,1986年,第673页。
② (宋)黎靖德编,王星贤点校:《朱子语类》,北京:中华书局,1986年,第684页。

第十章 孔子忠恕思想考论

朱熹指出时人常空谈一贯，那样便如箍桶空有箍而无木片，串钱空有绳而无散钱，毫无益处，应该从平实处下工夫方为可行之道。这些话可谓正中时弊。清儒为了扭转这种空疏之弊，不再空谈心性，亦少谈理，而注重笃实之行。他们对"一以贯之"的诠释发生了明显的转向，也充分表明了这一点。

如王念孙《广雅疏证》曰：

> 贯，行也……一以贯之即一以行之也。《荀子·王制》篇云："为之贯之。"贯亦为也。《汉书·谷永传》云："以次贯行，固执无违。"《后汉书·光武十王传》云："奉承贯行。"贯亦行也。颜师古训贯为联续，失之。《尔雅》："贯，事也。"事与行义相近，故事谓之贯，亦谓之服，行谓之服，亦谓之贯矣。①

阮元《论语一贯说》亦云：

> 《论语》"贯"字凡三见，曾子之一贯也，子贡之一贯也，闵子之言仍旧贯也。此三"贯"字，其训不应有异。元按：贯，行也，事也。(《尔雅》："贯，事也。"《广雅》："贯，行也。"《诗·硕鼠》"三岁贯女。"《周礼·职方》："使同贯利。"《论语·先进》："仍旧贯。"传、注皆训为事……)三者皆当训为行事也。孔子呼曾子告之曰："吾道一以贯之。"此言孔子之道皆于行事见之，非徒以文学为教也。"一"与"壹"同，("一"与"壹"通，经史中并训为"专"，又并训为"皆"……)壹以贯之，犹言壹是皆以行事为教也……故以"行事"训"贯"，则圣贤之道归于儒。以"通彻"训"贯"，则圣贤之道近于禅矣。②

应该说清儒纠正宋儒的方向是对的，即把空谈"以一理统万事"的一以贯之转到"壹是皆以行事为教"的一以贯之上来，这样的诠释转向似乎又有了些转回到离孔子原意更近的趋势。但是清儒对一以贯之的诠

---

① （清）王念孙著，钟宇讯点校：《广雅疏证（附索引）》，北京：中华书局，2004年，第15页。
② （清）阮元撰，邓经元点校：《揅经室集》，北京：中华书局，1993年，第53—54页。

释是不是就符合孔子的原意呢？

贯解释为行、事，于经典中确实有据可寻，王念孙和阮元均给出了很多例证，虽然所举部分例证值得商榷，但大体还算准确。可为什么原意为钱串与贯穿的贯字会有行、事的含义呢？我们还是应该具体地分析一下。

段玉裁《说文解字注》释贯字曰：

> 其字皆可作毌。叚借为摜字，习也。如《孟子》：'我不贯与小人乘'是也。亦借为宦字，事也。如《毛诗》：'三岁贯女。'《鲁诗》作宦是也。"①又曰："古事、士、仕通用，贯、宦通用。②

马瑞辰《毛诗传笺通释》释"三岁贯女"条云：

> "三岁贯女"，《传》："贯，事也。"《笺》："我事女三岁矣。"瑞辰按："贯，《鲁诗》作宦，贯即宦之假借。《释文》：'贯，徐音宦。'《说文》：'宦，仕也。'《玉篇》：'官，宦也。'《说文》：'官，吏事君也。'仕与事亦同义。'三岁贯女'犹《左传》云'宦三年矣'。"③

这样看来，贯作"行、事"义应为它的假借义，即贯为宦的假借字。《说文解字》曰："宦，仕也。"④仕盖非其本义，按其金文形，本义应"是在室内劳作的奴隶。后来成为小官之称。引申为学习做官吏。"⑤《国语·越语下》："（越王）令大夫种守于国，与范蠡入宦于吴。"韦昭注："宦，为臣隶。"⑥这里用的正为宦之本义的动词化，而仕应为其引申义，也可看成行事之义。那么如果将一以贯之的原意理解为一以行之，即把此处的贯看作与宦相通的话，也可权当一说，但这样的解释未免稍显牵强，过于迂曲。因此，从训诂方面看，清儒之说仍有值得商榷

---

① （清）段玉裁：《说文解字注》，上海：上海古籍出版社，1988年，第316页。
② （清）段玉裁：《说文解字注》，上海：上海古籍出版社，1988年，第340页。
③ （清）马瑞辰撰，陈金生点校：《毛诗传笺通释》，北京：中华书局，1989年，第332页。
④ （汉）许慎：《说文解字》，北京：中华书局，1963年，第151页。
⑤ 邹晓丽：《基础汉字形义释源》，北京：中华书局，2007年，第128页。
⑥ 徐元诰撰，王树民、沈长云点校：《国语集解》，北京：中华书局，2002年，第577页。

第十章 孔子忠恕思想考论

的地方。然而清儒如此作解,并不是没有原因的。

孔子向来对作为实践的"行"十分重视,《论语》关于"行"也多有记载。如:"先行其言而后从之"①"君子欲讷于言,而敏于行"②君子耻其言而过其行"③。孔子自己亦尝自谦:"文莫吾犹人也。躬行君子,则吾未之有得。"④清儒准确地认识到这一点,因而提倡躬行实践,对一以贯之的解释可谓发前人之蒙。然而,所谓过犹不及。清儒试图力纠旧说脱离实际的弊端,却不知空谈心性玄理是一偏,只重笃实之行亦是一偏。《论语》中的忠恕是作为人与人交往的行为准则而言的,而这样的关系准则固然可以看成外在的行为,但同样也是内在的品德,两者是密不可分的。若只看到行的一面,而避而不谈心,则与《论语》原意仍有未合。顾炎武尝云:"彼章句之士,既不足以观其会通,而高明之君子,又或语德性而遗问学,均失圣人之指矣"⑤,顾氏此言可谓切中肯綮。综上所述,孔子所说的"一以贯之"既非魏晋及宋明儒所说的一以统之,亦非清儒所说的一以行之,还是应当理解为以一种准则贯穿全部或始终更为平实妥贴——当然,这种准则肯定不是朱子所说的理了。

四、"忠"与"恕"的关系

既然是"一",而这个"一"曾子又明确指称为忠恕,那么忠、恕两个观念是如何合二为"一"且又"一"以贯之的呢?它们之间又有着什么样的关系呢?

前文已经列举分析了《论语》里的忠和恕作为两个观念在不同地方所表达的大致含义:忠为尽心尽己,恕为推己及人。忠、恕均可作为人与人之间交往的关系准则来看待,虽然看上去有所不同,但两者之间实

---

① (清)刘宝楠撰,高流水点校:《论语正义》,北京:中华书局,1990年,第56页。
② (清)刘宝楠撰,高流水点校:《论语正义》,北京:中华书局,1990年,第159页。
③ (清)刘宝楠撰,高流水点校:《论语正义》,北京:中华书局,1990年,第588页。
④ (清)刘宝楠撰,高流水点校:《论语正义》,北京:中华书局,1990年,第281页。
⑤ (清)顾炎武著,黄汝成集释,栾保群、吕宗力校点:《日知录集释》,上海:上海古籍出版社,2006年,第414页。

际上存在着内在而必然的联系。《国语·周语上》曰:"考中度衷以莅之。"韦注:"莅,临也。考中,省己之中心以度人之衷心,恕以临之也。"又曰:"考中度衷,忠也。"韦注:"忠,恕也。"① 这里的省己心以度人心类似于推己及人,故注曰"恕以临之",后面又直接以恕注忠,由此可以看出忠恕之间的密切关系,即二者是一个不可分的整体。如果在这个整体中仔细再辨析一下的话,忠应更偏重于省己之中心,而恕应更偏重于度人之衷心。

《大戴礼记·小辨》亦记孔子言曰:

> 知忠必知中,知中必知恕,知恕必知外,知外必知德……内思毕必(心)②曰知中,中以应实曰知恕,内恕外度曰知外,外内参意曰知德。"③

这段话即使不能确定是否为孔子所言,但大体也是符合孔子思想的。而这些阐述可谓是一环扣一环,更是十分清楚地体现了忠恕之间的紧密联系。他认为:知道竭诚尽己就能知道自己的内心;知道自己的内心就能知道以己之心推及人之心;知道以己之心推及人之心就能知道外界的人与事物;知道外界的人与事物就能知道德。德,原作悳,今假借为德。"悳""德""得"三字古音同,《管子·心术》云:"德者,得也"④。《说文解字》曰:"悳,外得于人,内得于己也。"⑤ 正所谓"外内参意曰知德",故德即内与外、己与人的统一,而这种统一也恰恰体现了忠与恕二者的统一。

再来看看历代学者关于忠、恕关系的看法。在唐代韩愈、李翱合撰的《论语笔解》中,韩愈就认为:"忠与恕一贯无偏执也。"李翱亦曰:"仲尼尝言忠必恕,恕必忠,阙一不可,故曾子闻道一以贯之,便

---

① 徐元诰撰,王树民、沈长云点校:《国语集解》,北京:中华书局,2002年,第32页。
② (清)王聘珍撰,王文锦点校:《大戴礼记解诂》云:"'必'当为'心',形近讹也。"
③ (清)王聘珍撰,王文锦点校:《大戴礼记解诂》,北京:中华书局,1983年,第208页。
④ 黎翔凤撰,梁运华整理:《管子校注》,北京:中华书局,2004年,第770页。
⑤ (汉)许慎:《说文解字》,北京:中华书局,1963年,第217页。

第十章 孔子忠恕思想考论

晓忠恕而已。"①这里，韩、李二人便将忠恕看做一个统一的整体。而到了宋儒，对于忠恕的关系无疑阐释得更为详细。朱熹与其门人曾多次谈及忠恕，如："忠是体，恕是用，只是一个物事""忠、恕只是体、用，便是一个物事……忠与恕不可相离一步"②。又如："忠是本根，恕是枝叶。非是别有枝叶，乃是本根中发出枝叶，枝叶即是本根。"③再如："忠只是一个忠，做出百千万个恕来。"④还有："主于内为忠，见于外为恕""忠因恕见，恕由忠出"⑤。他总结说："忠恕只是一件事，不可作两个看。"⑥又说："忠恕两个离不得。方忠时，未见得恕；及至恕时，忠行乎其间。'施诸己而不愿，亦勿施诸人'，非忠者不能也。故曰：'无忠，做恕不出来。'"⑦朱熹分别从体用、本枝、一多、内外多个方面来谈忠、恕之间的关系，虽不出其理学之窠臼，但这也体现出了他对忠、恕二者密不可分的清楚认识。清儒刘宝楠在《论语正义》里也认为："君子忠恕，故能尽己之性；尽己之性，故能尽人之性。非忠则无由恕，非恕亦奚称为忠也？……二者相因，无偏用之势。"⑧

上述这些引文都体现出前人对《论语》中忠恕的统一理解。忠即尽笃实无欺之内心，恕即由己之内心推及于人。忠和恕虽各有区别，但本来就是一体之两面。恕必然以忠为起点和前提，而忠又必须由恕的层层推扩得以实现。无恕之忠是空洞的，而无忠之恕则是盲目的。正因为二者是不可分的，所以孔子提到的可终身行之的恕实际上也就是忠恕。除此之外，我们还应该看到忠恕作为一个整体亦是心与行的统一，因为在由内而外、由己及人的过程中，思维与行为同样也是一个无法分割的统一体。虽然忠恕从本义上均是就心而讲，但是最终还是要落实到行上。

---

① （唐）韩愈、李翱：《论语笔解》，转引自程树德撰，程俊英、蒋见元点校：《论语集释》，北京：中华书局，1990年，第265页。
② （宋）黎靖德编，王星贤点校：《朱子语类》，北京：中华书局，1986年，第672页。
③ （宋）黎靖德编，王星贤点校：《朱子语类》，北京：中华书局，1986年，第672页。
④ （宋）黎靖德编，王星贤点校：《朱子语类》，北京：中华书局，1986年，第672页。
⑤ （宋）黎靖德编，王星贤点校：《朱子语类》，北京：中华书局，1986年，第671页。
⑥ （宋）黎靖德编，王星贤点校：《朱子语类》，北京：中华书局，1986年，第672页。
⑦ （宋）黎靖德编，王星贤点校：《朱子语类》，北京：中华书局，1986年，第1543页。
⑧ （清）刘宝楠撰，高流水点校：《论语正义》，北京：中华书局，1990年，第153页。

心与行的统一方能体现忠恕的真正价值和意义。因此，我们可以说忠恕是为"一"的，可以一以贯之。

第三节 "忠恕"与"仁"的关系

上面我们讨论了忠恕与一以贯之的含义。那么再回到之前提出的一个问题，即夫子之道是否就是曾子所说的忠恕呢？或者说它们之间有着什么样的关系呢？《论语》中"道"之所见甚多，其义也并不相同。孔子之道究竟为何，《论语》未有明言。然而仔细考量，亦非无迹可寻。孔子重仁，通观《论语》，此为不争之事实。仁即使不是孔子思想的核心，那至少也是核心之一。孔门弟子明确地理解认识到这点，屡次问仁于孔子。而将夫子之道概括为忠恕的曾子也说过："士不可以不弘毅，任重而道远。仁以为己任，不亦重乎？死而后已，不亦远乎？"① 仁的重要性在这句话中也展现无遗。另外，《论语·学而》记有若语云："君子务本，本立而道生。孝弟也者，其为仁之本与！"② 有若的话大体是符合孔子的思想的，从他的话里可以看出，此处所说的道即使不完全同于仁，与仁也是有着十分密切的关系的。又《礼记·中庸》引孔子曰："道不远人，人之为道而远人，不可以为道。"③《论语·述而》记孔子曰："仁远乎哉？我欲仁，斯仁至矣。"④ 将此两篇合而观之亦可互参。这样看来，以仁称孔子之道，虽不中，亦不远矣。⑤ 说明了这一点，我们再来看曾子所说的忠恕是否能够阐述孔子之道。《礼记·中庸》引孔子语曰："忠恕违道不远。施

---

① （清）刘宝楠撰，高流水点校：《论语正义》，北京：中华书局，1990年，第296—297页。
② （清）刘宝楠撰，高流水点校：《论语正义》，北京：中华书局，1990年，第7页。
③ （汉）郑玄注，（唐）孔颖达等正义：《礼记正义》，（清）阮元校刻：《十三经注疏》，北京：中华书局，1980年影印本，第1627页。
④ （清）刘宝楠撰，高流水点校：《论语正义》，北京：中华书局，1990年，第278页。
⑤ 《孟子·尽心下》中也进一步阐述了仁与道的密切联系："仁也者，人也；合而言之，道也。"

诸己而不愿，亦勿施于人。"①"施诸己而不愿，亦勿施于人"意即《论语》里孔子所说的"己所不欲，勿施于人"。而既言"忠恕违道不远"，可见忠恕虽近于道，却又不完全等同于道。段玉裁《说文解字注》亦云："为仁不外于（忠）恕，析言之则有别，浑言之则不别也。"②那么忠恕和道，即仁，究竟是一个什么样的关系呢？

《论语·雍也》记：

> 子贡曰："如有博施于民而能济众，何如？可谓仁乎？"子曰："何事于仁，必也圣乎！尧、舜其犹病诸。夫仁者，己欲立而立人，己欲达而达人。能近取譬，可谓仁之方也已。"③

关于"仁之方"的"方"字，孔安国的注解释为"道也"④，意即方法、途径。孔子的话表明，实现仁的途径就是己立立人，己达达人。而"己欲立而立人，己欲达而达人"正符合我们所说的由己及人的忠恕之义。析而言之，己立、己达便是忠，立人、达人便是恕。⑤如果说"己所不欲，勿施于人"是忠恕的一种否定形式的表达，那么"己欲立而立人，己欲达而达人"就是忠恕的一种肯定形式的表达。⑥子贡直接从事功效果上理解仁，已失仁之本义。仁固为成己成人之事，但从根本上说它是一种道德修养与践履，至于最终的效果如何，则属于"命"的范畴，非单纯由人主观所能决定。所以孔子认为圣人都很难达到这一点，教育子贡还是应由忠恕之途切实做起。

《论语·颜渊》所记仲弓问仁亦充分体现了仁与忠恕的密切关联：

---

① （汉）郑玄注，（唐）孔颖达等正义：《礼记正义》，（清）阮元校刻：《十三经注疏》，北京：中华书局，1980 年影印本，第 1627 页。
② （清）段玉裁：《说文解字注》，上海：上海古籍出版社，1988 年，第 504 页。
③ （清）刘宝楠撰，高流水点校：《论语正义》，北京：中华书局，1990 年，第 248—249 页。
④ （魏）何晏等注，（宋）邢昺疏：《论语注疏》，（清）阮元校刻：《十三经注疏》，北京：中华书局，1980 年影印本，第 2479 页。
⑤ 刘宝楠亦云："己立己达，忠也；立人达人，恕也。"参见（清）刘宝楠撰，高流水点校：《论语正义》，北京：中华书局，1990 年，第 153 页。
⑥ 虽然这里用了肯定形式和否定形式这样的说法，但只是一种说明而已，并不代表它们是一对对称的正反命题，其实它们所表述的层次有一定的差异，详见本文结尾部分。

仲弓问仁。子曰："出门如见大宾，使民如承大祭。己所不欲，勿施于人。在邦无怨，在家无怨。"①

孔子这次解答仁又是采取了举例说明的方式。细析之，"出门如见大宾，使民如承大祭"是敬，其实亦是尽心之忠。"己所不欲，勿施于人"自然是恕。"在邦无怨，在家无怨"意即"求仁而得仁，又何怨"②。此章孔子以忠恕论仁，也明确表明了忠恕可以作为实现仁的方法途径。可为什么说忠恕即是实现仁的方法途径呢？下面我们具体分析一下。

"仁"字屡见于《论语》。然而孔子对仁的解说，因人因事每次看上去都有所不同，且基本是以举例说明，而非明确下定义。而这其中以回答樊迟问仁的一次最具概括性。此处，孔子将仁解释为"爱人"③。通观孔子论仁，"爱人"之说确实能够大致体现仁之核心内容，虽然这样的定义还不够明确、严格。

段玉裁《说文解字注》云：

仁，亲也。见部曰："亲者，密至也。"从人二。会意。《中庸》曰："仁者，人也。"《注》："人也，读如相人偶之人，以人意相存问之言。"《大射仪》："揖以耦。"《注》："言以者，耦之事成于此，意相人耦也。"《聘礼》："每曲揖。"《注》："以相人耦为敬也。"《公食大夫礼》："宾入三揖。"《注》："相人耦。"《诗·匪风》笺云："人偶能烹鱼者，人偶能辅周道治民者。"《正义》曰："人偶者，谓以人意尊偶之也。"《论语》注："人偶，同位人偶之辞。"《礼》注云："人偶相与为礼，仪皆同也。"按人耦犹言尔我亲密之词。独则无耦，耦则相亲，故其字从人二。④

可以看出，段注所引的郑玄注将"仁者，人也"的人解释为"相人

---

① （清）刘宝楠撰，高流水点校：《论语正义》，北京：中华书局，1990年，第485页。
② （清）刘宝楠撰，高流水点校：《论语正义》，北京：中华书局，1990年，第265页。
③ （清）刘宝楠撰，高流水点校：《论语正义》，北京：中华书局，1990年，第511页。
④ （清）段玉裁：《说文解字注》，上海：上海古籍出版社，1988年，第365页。

偶之人"。而人偶即为同位之人。《礼》注的说法也表明同位之人交往时要相互尊重、以礼（待人之道）待之。因此相人偶便可看成人与人之间的交际，这样的话仁便同样是就人与人之间的关系而言的。正所谓"独则无耦，耦则相亲，故其字从人二。"

阮元《论语论仁论》亦云：

> 春秋时，孔门所谓仁也者，以此一人与彼一人相人偶而尽其敬礼忠恕等事之谓也。相人偶者，谓人之偶之也。凡仁，必于身所行者验之而始见，亦必有二人而仁乃见。若一人闭户齐居，瞑目静坐，虽有德理在心，终不得指为圣门所谓之仁矣。盖士庶人之仁，见于宗族乡党，天子诸侯卿大夫之仁，见于国家臣民，同一相人偶之道，是必人与人相偶而仁乃见也。①

阮元此说指出了仁必由人与人之间的关系方能体现，甚有见地。而忠恕讲的正是人我关系，且体现了己与人的统一，这说明了仁与忠恕在一定层次上是相通的。既然忠恕是能由自己推及他人，那么它首先以一种人的自然情感作为基础，或者说是人天生所具有的一种"同情"。这样来看忠恕所体现的仁，便可以称之为"爱人"。然而仁又不等同于简单的自然情感层次上的爱人，因为忠恕是由己及人以达到己与人的统一。要达到己与人的统一，就必须源于自然情感却又高于自然情感，必须对人的本质产生一种理性的自觉，即把人当作人来看待。只有将人当作人来爱，才是真正意义上的爱人，方称得上是孔子所说的仁。而这也正是人的类意识觉醒的一种体现。②仁既是爱人，那么其爱由己及人之外推必有赖于忠恕。因此，忠恕可以作为实现仁的方法与途径便不难理解了。

此外，忠恕是由自己推及他人，以达到己与人的统一。但在这样的统一中又包含着由近及远的外推过程中所自然产生的等差。所以，仁的确内在地包含着差等之爱的属性。孟子的话对此有很好的概括："君子

---

① （清）阮元撰，邓经元点校：《揅经室集》，北京：中华书局，1993年，第176页。
② 刘家和：《论古代的人类精神觉醒》，《古代中国与世界》，北京：北京师范大学出版社，2010年，第412—413页。

之于物也，爱之而弗仁；于民也，仁之而弗亲。亲亲而仁民，仁民而爱物。"①孟子此言虽然对孔子的仁已经有了进一步的发展，但同样体现了仁的推扩虽无界限，但却有层次的区分。而这种层次的区分又是以礼为标准的。②对于仁和礼二者的内涵与关系，刘家和先生有着十分独到的见解："孔子的仁和礼的概念的内涵，就其质而言，是相当的：均为爱；就其量而言，也是相当的：均为层次不等的爱。不过，如果进一步把这种量作为向量（Vector quantity）来考察，那么仁为爱的外伸，礼为爱的节制，二者就适成相反了。"③人与人之间既有共同性又有差异性。人与人的共同性使得爱的外推成为可能，而人与人的差异性又使得爱的外推存在着等差。无等差的博爱并不符合人的自然情感，也缺乏客观的可实行性。"礼不是以它的区分来扼制'仁'的外推，相反，却变成了'仁'借之以外推的连接点。这是孔子的'礼'与原始传统的'礼'的不同之一"④所以，礼这样的差等并不影响己与人的统一，反而是忠恕在实现仁的过程中必不可少的环节。既然存在着差等，那么忠恕即是以自己为出发点，按着一定的层次与区分推及他人。若是停留在己的一端而不外推，那样便是执一，从而导致单纯的为我；但若是不首先肯定自己而只是没有任何区分地外推，那样亦是执一，从而导致无我。这两种情况都不符合忠恕实际的意义。只有在肯定人与人之间存在一定差异的前提下，由己进而有层次地及人，以达到内与外、己与人的统一，那样才称得上是"仁之方"也。

如此看来，忠恕即为实现仁的方法手段，或者说是行仁的工夫，单从这个角度来看，它并不等同于本体层次上的仁。但是，不由忠恕，就无以成仁。只有通过忠恕的途径才能成就仁，因此仁在用的层次上便可看作与忠恕相等同。而从这个角度来看的话，曾子平实地将夫子之道阐

---

① （清）焦循撰，沈文倬点校：《孟子正义》，北京：中华书局，1987年，第948—949页。
② 《礼记·中庸》云："仁者人也，亲亲为大；义者宜也，尊贤为大。亲亲之杀，尊贤之等，礼所生也。"
③ 刘家和：《先秦儒家仁礼学说新探》，《古代中国与世界》，北京：北京师范大学出版社，2010年，第273页。
④ 刘家和：《论中国古代轴心时期的文明与原始传统的关系》，《古代中国与世界》，北京：北京师范大学出版社，2010年，第331页。

述为"忠恕而已"又是再确切不过的了。

第四节 余 论

以上我们对孔子的忠恕思想及相关内容作了大致的解释。除了对其本身内涵的理解，我们还应看到，忠恕在当今依然有着它的普遍意义和现实价值。那么我们最后再来讨论一下与此相关的一些问题，也算是代这篇文章的结语吧。

作为孔子忠恕思想否定形式的一种表达，"己所不欲，勿施于人"至今仍为人所周知，甚至已经被看作一条道德金律[①]，可以普遍地为人所履行。这条准则是一种否定性的规定。可为什么不从肯定的角度说"己之所欲，施之于人"呢？那样不是更积极吗？其实不然。人作为一个类概念，人和人之间自然存在共同性。然而在同一个类中，同时也包含着多方面、多层次的不同成分。"己所不欲，勿施于人"之所以能够成为普遍实行的基本的道德原则，正是在于它既承认了人的共同性，又尊重了人的差异性。因为只有肯定了人的共同性，承认人与人是相通的，推己及人，才有可能知道他人不想要什么，才能避免将他人之不欲强加与人；而尊重了人的差异性，承认人与人之间是有所不同的，就应明白己所不欲，并不一定为他人所不欲，但这一原则也并未反对他人去争取所想要的。可如果是"己之所欲，施之于人"，恰恰是忽略了人与人之间存在的差异性，存在着将自己所欲强加于人的可能，反而会产生不好的结果。而"己所不欲，勿施于人"建立在理性的基础上，一方面不会因人的差异性而否定共同性；另一方面也不会因为人的共同性而忽略人的差异性。所以，正是由于采用了否定的方式，它才可能成为普遍性的道德原则。

[①] 于1993年芝加哥召开的世界宗教会议上讨论并通过的《走向全球伦理普世宣言》中，提出了全球伦理的构想，并把"己所不欲，勿施于人"作为其中最为基本的道德准则。

既然"己之所欲，施之于人"不适合作为普遍的道德原则实行，那么"己欲立而立人，己欲达而达人"不也表达了类似的意思吗？对此我们需要进行具体的分析。"立"字在《论语》中出现次数很多，总结一下大体有三种意思：一是站立；二是树立，如"本立而道生"[1]；三是立身、有所成[2]，如"三十而立"[3]。其实后两种意思都是第一种意思的引伸。"己欲立而立人"之立是第三种意思，而"己欲立而立人"的含义就应该是不仅自己要自立有所成，也要让别人自立有所成。相比之下，立的意思比较明显，而"达"字的含义要相对模糊一些。《说文解字》云："达，行不相遇也。"段注曰："今俗说不相遇尚有此言，乃古言也……训通达者，今言也。"[4]按《说文解字》之说，达的本义为人在路上行走不相遇，也就是行走畅通顺利、没有阻碍。进而可引伸为通到、到达；或引伸为通晓、明白；亦可引伸为一般意义上的通畅、通达。"达"字在《论语》中的含义大体都符合以上引伸出来的三种含义。结合原文理解，"己欲达而达人"之达应该为上述引伸出来的第三种意思。阮元《论语论仁论》亦曰："为之不厌，己立己达也。诲人不倦，立人达人也。立者，如三十而立之立。达者，如在邦必达、在家必达之达。"[5]那么究竟什么是"在邦必达、在家必达之达"呢？

《论语·颜渊》记：

> 子张问："士何如斯可谓之达矣。"子曰："何哉，尔所谓达者？"子张对曰："在邦必闻，在家必闻。"子曰："是闻也，非达也。夫达也者，质直而好义，察言而观色，虑以下人。在邦必达，在家必达。夫闻也者，色取仁而行违，居之不疑。在邦必闻，在家必闻。"[6]

从这段话可以看出，孔子认为所谓的"达"同单纯为了博取显贵声名的"闻"是有所区别的，达更大意义上是指有着良好的道德品

---

[1] （清）刘宝楠撰，高流水点校：《论语正义》，北京：中华书局，1990年，第7页。
[2] 在《论语》中，"立"通"位"的例子，也可归结到第三种意思里。
[3] （清）刘宝楠撰，高流水点校：《论语正义》，北京：中华书局，1990年，第43页。
[4] （清）段玉裁：《说文解字注》，上海：上海古籍出版社，1988年，第73页。
[5] （清）阮元撰，邓经元点校：《揅经室集》，北京：中华书局，1993年，第178页。
[6] （清）刘宝楠撰，高流水点校：《论语正义》，北京：中华书局，1990年，第507—508页。

质,且体谅他人、尊重他人的一种表现。这样看来,无论立人还是达人都是从人最为基本的需求层次上来说的,即不仅自己要自立有所成,也要让别人自立有所成;不仅自己能行得通,也要让别人能行得通。换句话说就是要尊重并帮助每个人享有在这个社会上生存与活动的基本权利,而并不是要将某种具体的事物强加于人。这也正是它与"己之所欲,施之于人"的区别所在。在这样最为基本的需求层次上,无论是什么人,都不至于有太大的歧异与冲突,所以才能够"己欲立而立人,己欲达而达人"。

"己欲立而立人,己欲达而达人"与"己所不欲,勿施于人"作为忠恕的肯定与否定的两种表达形式,看上去是正好对称的一对正反命题,其实它们是存在着层次上的不同的。"己所不欲,勿施于人"可以从所有层次上来实行,不过它只是否定性的表述。但也正因为它是否定性的规定,所以才能从所有层次上都可以普遍地实行。而"己欲立而立人,己欲达而达人"是肯定性的表述,所以只能在最基本的层次上实行,意即人在最为基本的欲求上,如生存的需要,被尊重的需要都是大体相同的。如果扩展到更具体的层次上,就应该明白"知己有所欲,人亦各有所欲;己有所能,人亦各有所能。"否则,就犯了"己之所欲,施之于人"的错误,忽略了人的差异性,从而可能产生强加于人的结果。然而"己欲立而立人,己欲达而达人"与"己所不欲,勿施于人"虽然存在着层次上的不同,但二者同样作为忠恕的表述形式却又是统一的,它们不是在最高价值意义层次上的统一,而是在基本价值意义层次上的统一。因此,忠恕是可以"一以贯之"且"终身行之"的。

弄清了以上这些问题,我们就不至于误解孔子的忠恕及其表述形式的本来含义,以使其在人与人交往的日常生活中发挥更为重要的作用。

---

① (清)焦循:《雕菰楼集》,转引自程树德撰,程俊英、蒋见元点校:《论语集释》,北京:中华书局,1990年,第259页。

参考文献

一、基本文献（含今人点校、译注本）

1. 春秋经传类

（日）安井衡：《左传辑释》，台北：广文书局，1967年。

（清）陈立撰，刘尚慈点校：《公羊义疏》，北京：中华书局，2017年。

（晋）杜预集解：《春秋经传集解》，上海：上海古籍出版社，1997年。

（晋）杜预：《春秋释例》，北京：中华书局，1985年。

（瑞典）高本汉：《高本汉左传注释》，陈舜政译，台北：编译馆中华丛书编审委员会，1972年。

（清）高士奇：《左传纪事本末》，北京：中华书局，1979年。

（清）顾栋高撰，吴树平、李解民点校：《春秋大事表》，北京：中华书局，1993年。

（清）洪亮吉撰，李解民点校：《春秋左传诂》，北京：中华书局，1987年。

（清）焦循、沈钦韩撰，郭晓东等点校：《春秋左传补疏 春秋左氏传补注》，上海：上海古籍出版社，2016年。

柯劭忞：《春秋穀梁传注》，桂林：广西师范大学出版社，2018年。

（清）廖平撰，郜积意点校：《穀梁古义疏》，北京：中华书局，2011年。

（清）凌曙撰，黄铭等点校：《春秋公羊礼疏》，上海：上海古籍出版社，2015年。

（清）刘逢禄撰，曾亦点校：《春秋公羊经何氏释例 春秋公羊释例后录》，上海：上海古籍出版社，2013年。

（清）刘逢禄著，顾颉刚校点：《左氏春秋考证》，顾颉刚主编：《古籍考辨丛刊》第一集，北京：社会科学文献出版社，2010年。

（清）刘文淇：《春秋左氏传旧注疏证》，北京：科学出版社，1959年。

（唐）陆淳：《春秋啖赵集传纂例》，北京：中华书局，1985年《丛书集成初编》本。

（宋）吕祖谦：《东莱博议》，北京：中国书店，1986年。

沈玉成：《左传译文》，北京：中华书局，1981年。

苏舆撰，钟哲点校：《春秋繁露义证》，北京：中华书局，1992年。

（清）王闿运：《春秋公羊传笺》，长沙：岳麓书社，2009年。

王叔岷：《左传考校》，北京：中华书局，2007年。

吴静安：《春秋左氏传旧注疏证续》，长春：东北师范大学出版社，2005年。

吴闿生著，白兆麟点注：《左传微》，合肥：黄山书社，1995年。

杨伯峻：《春秋左传注》，北京：中华书局，1990年。

赵生群：《春秋左传新注》，西安：陕西人民出版社，2008年。

（清）钟文烝撰，骈宇骞、郝淑慧点校：《春秋穀梁经传补注》，北京：中华书局，1996年。

钟肇鹏主编：《春秋繁露校释》，石家庄：河北人民出版社，2005年。

（日）竹添光鸿：《左传会笺》，台北：天工书局，2005年。

（清）庄存与、孔广森撰，郭晓东等点校：《春秋正辞 春秋公羊经传通义》，上海：上海古籍出版社，2014 年。

2. 其他

（汉）班固撰：《汉书》，北京：中华书局，1962 年。

（宋）晁公武著，孙猛校证：《郡斋读书志校证》，上海：上海古籍出版社，1990 年。

陈鼓应：《老子注译及评介》，北京：中华书局，1984 年。

陈鼓应：《庄子今注今译》，北京：中华书局，1983 年。

（清）陈康祺著，晋石点校：《郎潜纪闻初笔二笔三笔》，北京：中华书局，1984 年。

（清）陈澧著，钟旭元、魏达纯校点：《东塾读书记》，上海：上海古籍出版社，2012 年。

（清）陈立撰，吴则虞点校：《白虎通疏证》，北京：中华书局，1994 年。

陈奇猷校释：《吕氏春秋新校释》，上海：上海古籍出版社，2002 年。

（晋）陈寿撰，陈乃乾校点：《三国志》，北京：中华书局，1959 年。

陈文和主编：《嘉定钱大昕全集》，南京：江苏古籍出版社，1997 年。

（宋）程颢、程颐著，王孝鱼点校：《二程集》，北京：中华书局，1981 年。

程俊英、蒋见元：《诗经注析》，北京：中华书局，1991 年。

程千帆：《史通笺记》，北京：中华书局，1980 年。

程树德撰，程俊英、蒋见元点校：《论语集释》，北京：中华书局，1990 年。

（清）崔述撰，顾颉刚编订：《崔东壁遗书》，上海：上海古籍出版社，1983 年。

（清）戴震著，赵玉新点校：《戴震文集》，北京：中华书局，

1980 年。

（清）段玉裁撰，钟敬华校点：《经韵楼集》，上海：上海古籍出版社，2008 年。

（清）段玉裁：《说文解字注》，上海：上海古籍出版社，1988 年。

（汉）刘向集录，范祥雍笺证：《战国策笺证》，上海：上海古籍出版社，2006 年。

（南朝·宋）范晔：《后汉书》，北京：中华书局，1965 年。

方诗铭，王修龄：《古本竹书纪年辑证》，上海：上海古籍出版社，2005 年。

方向东：《大戴礼记汇校集解》，北京：中华书局，2008 年。

（唐）房玄龄等撰：《晋书》，北京：中华书局，1974 年。

高明：《帛书老子校注》，北京：中华书局，1996 年。

顾颉刚，刘起釪：《尚书校释译论》，北京：中华书局，2005 年。

（清）顾炎武著，黄汝成集释，栾保群、吕宗力校点：《日知录集释》，上海：上海古籍出版社，2006 年。

（清）桂馥：《说文解字义证》，北京：中华书局，1987 年。

陈奇猷校注：《韩非子新校注》，上海：上海古籍出版社，2000 年。

（清）郝懿行：《尔雅义疏》，上海：上海古籍出版社，1983 年。

（宋）洪兴祖撰，白化文等点校：《楚辞补注》，北京：中华书局，1983 年。

（清）胡承珙撰，郭全芝校点：《毛诗后笺》，合肥：黄山书社，1999 年。

（汉）桓谭撰，朱谦之校辑：《新辑本桓谭新论》，北京：中华书局，2009 年。

（唐）陆德明撰，黄焯汇校，黄延祖重辑：《经典释文汇校》，北京：中华书局，2006 年。

黄怀信，张懋镕，田旭东：《逸周书汇校集注》，上海：上海古籍出版社，1995 年。

（清）黄以周撰，王文锦点校：《礼书通故》，北京：中华书局，2007 年。

季旭升：《说文新证》上册，台北：艺文印书馆，2002年。

季旭升：《说文新证》下册，台北：艺文印书馆，2004年。

（汉）贾谊撰，阎振益、钟夏校注：《新书校注》，北京：中华书局，2000年。

（清）焦循撰，沈文倬点校：《孟子正义》，北京：中华书局，1987年。

荆门市博物馆：《郭店楚墓竹简》，北京：文物出版社，1998年。

（宋）黎靖德编，王星贤点校：《朱子语类》，北京：中华书局，1986年。

黎翔凤撰，梁运华整理：《管子校注》，北京：中华书局，2004年。

（清）李慈铭撰，由云龙辑：《越缦堂读书记》，北京：中华书局，1963年。

（清）李道平撰，潘雨廷点校：《周易集解纂疏》，北京：中华书局，1994年。

（宋）李昉等：《太平御览》，北京：中华书局，1960年。

李笠遗著，李继芬整理：《广史记订补》，上海：复旦大学出版社，2001年。

（清）梁玉绳：《史记志疑》，北京：中华书局，1981年。

（清）刘宝楠撰，高流水点校：《论语正义》，北京：中华书局，1990年。

（西汉）刘向、刘歆撰，（清）姚振宗辑录，邓骏捷校补：《七略别录佚文·七略佚文》，上海：上海古籍出版社，2008年。

（南朝·宋）刘勰著，黄叔琳注，李详补注：《增订文心雕龙校注》，北京：中华书局，2000年。

（唐）刘知几著，（清）浦起龙通释：《史通通释》，上海：上海古籍出版社，2009年。

（西汉）司马迁撰，（日）泷川资言考证，水泽利忠校补：《史记会注考证附校补》，上海：上海古籍出版社，1986年。

（清）马国翰：《玉函山房辑佚书》，扬州：广陵书社，2004年。

（清）马瑞辰撰，陈金生点校：《毛诗传笺通释》，北京：中华书局，1989年。

（清）纳兰性德编：《通志堂经解》，扬州：江苏广陵古籍刻印社，1996年。

（清）皮锡瑞著，周予同注释：《经学历史》，北京：中华书局，2004年。

（清）皮锡瑞撰，盛冬铃、陈抗点校：《今文尚书考证》，北京：中华书局，1989年。

（清）皮锡瑞：《经学通论》，北京：中华书局，1954年。

吴仰湘编：《皮锡瑞全集》，北京：中华书局，2015年。

（清）钱曾撰，管庭芬、章钰校证：《读书敏求记校证》，上海：上海古籍出版社，2007年。

钱穆：《论语新解》，北京：生活·读书·新知三联书店，2002年。

（清）全祖望撰，朱铸禹汇校集注：《全祖望集汇校集注》，上海：上海古籍出版社，2000年。

（清）阮元撰，邓经元点校：《揅经室集》，北京：中华书局，1993年。

（清）阮元：《清经解》，上海：上海书店出版社，1988年。

（清）阮元校刻：《十三经注疏》，北京：中华书局，1980年。

上海师范大学古籍整理研究所校点：《国语》，上海：上海古籍出版社，1998年。

（清）沈钦韩：《汉书疏证》，上海：上海古籍出版社，2006年。

世界书局排印：《诸子集成》，北京：中华书局，1954年。

（宋）司马光编著，（元）胡三省音注：《资治通鉴》，北京：中华书局，1956年。

（汉）司马迁：《史记》，北京：中华书局，1959年。

（清）宋翔凤撰，梁运华点校：《过庭录》，北京：中华书局，1986年。

宋元人注：《四书五经》，北京：中国书店，1998年。

（清）孙希旦撰，沈啸寰、王星贤点校：《礼记集解》，北京：中华书局，1989年。

（清）孙星衍撰，盛冬铃、陈抗点校：《尚书今古文注疏》，北京：中华书局，1986年。

（清）孙诒让撰，孙启治点校：《墨子间诂》，北京：中华书局，2001年。

（清）孙诒让著，梁运华点校：《札迻》，北京：中华书局，1989年。

（清）孙诒让撰，王文锦、陈玉霞点校：《周礼正义》，北京：中华书局，1987年。

（清）唐晏著，吴东民点校：《两汉三国学案》，北京：中华书局1986年。

（元）脱脱等：《宋史》，北京：中华书局，1977年。

（清）汪中著，田汉云点校：《新编汪中集》，扬州：广陵书社，2005年。

（清）汪中著，李金松校笺：《述学校笺》，北京：中华书局，2014年。

（汉）王充撰，黄晖校释：《论衡校释》，北京：中华书局，1990年。

（清）王夫之：《读通鉴论》，北京：中华书局，1975年。

（清）王筠：《说文句读》，北京：中华书局，1988年。

（清）王鸣盛著，顾美华标校：《蛾术编》，上海：上海书店出版社，2012年。

（清）王鸣盛著，黄曙辉点校：《十七史商榷》，上海：上海书店出版社，2005年。

（清）王念孙：《读书杂志》，南京：江苏古籍出版社，2000年。

（清）王念孙著，钟宇讯点校：《广雅疏证（附索引）》，北京：中华书局，2004年。

（清）王聘珍撰，王文锦点校：《大戴礼记解诂》，北京：中华书局，1983年。

王天海校释：《荀子校释》，上海：上海古籍出版社，2005年。

（清）王先谦：《汉书补注》，北京：中华书局，1983年。

（清）王先谦撰集：《释名疏证补》，上海：上海古籍出版社，1984年。

（清）王先谦撰，吴格点校：《诗三家义集疏》，北京：中华书局，1987年。

（清）王先谦撰，沈啸寰、王星贤点校：《荀子集解》，北京：中华书局，1988年。

（清）王先谦：《清经解续编》，上海：上海书店出版社，1988年。

（清）王先慎撰，钟哲点校：《韩非子集解》，北京：中华书局，1998年。

（清）王引之：《经义述闻》，南京：江苏古籍出版社，2000年。

（宋）王应麟著，（清）翁元圻等注，栾保群、田青松、吕宗力校点：《困学纪闻》，上海：上海古籍出版社，2008年。

（北齐）魏收：《魏书》，北京：中华书局，1974年。

（唐）魏徵等：《隋书》，北京：中华书局，1973年。

（清）吴大澂：《说文古籀补》，北京：中华书局，1988年。

吴汝纶：《尚书故》，上海：中西书局，2014年。

（唐）徐坚等：《初学记》，北京：中华书局，1962年。

徐元诰撰，王树民、沈长云点校：《国语集解》，北京：中华书局，2002年。

（汉）许慎：《说文解字》，北京：中华书局，1963年。

许维遹：《韩诗外传校释》，北京：中华书局，1980年。

《续修四库全书》编纂委员会编：《续修四库全书》，上海：上海古籍出版社，2002年。

（唐）颜师古原著，刘晓东平议：《匡谬正俗平议》，济南：山东大学出版社，1999年。

杨树达：《论语疏证》，上海：上海古籍出版社，2006年。

（清）永瑢等：《四库全书总目》，北京：中华书局，1965年。

（清）于鬯：《香草校书》，北京：中华书局，1984年。

（清）俞樾等：《古书疑义举例五种》，北京：中华书局，2005年。

（清）俞正燮：《俞正燮全集》，合肥：黄山书社，2005年。

（北周）庾信撰，（清）倪璠注，许逸民校点：《庾子山集注》，北京：中华书局，1980年。

张沛：《中说校注》，北京：中华书局，2013年。

（清）章学诚著，叶瑛校注：《文史通义校注》，北京：中华书局，1985年。

（清）昭梿撰，何英芳点校：《啸亭杂录》，北京：中华书局，1980年。

赵尔巽等撰：《清史稿》，北京：中华书局，1977年。

（清）赵翼：《陔余丛考》，北京：中华书局，1963年。

（清）赵翼著，王树民校证：《廿二史札记校证》，北京：中华书局，1984年。

周生春：《吴越春秋辑校汇考》，上海：上海古籍出版社，1997年。

（清）周悦让著，任迪善、张雪庵校点：《倦游庵椠记》，济南：齐鲁书社，1996年。

（清）朱彬撰，饶钦农点校：《礼记训纂》，北京：中华书局，1996年。

（清）朱骏声：《说文通训定声》，北京：中华书局，1984年。

朱谦之：《老子校释》，北京：中华书局，1984年。

（宋）朱熹：《四书章句集注》，北京：中华书局，1983年。

（清）朱彝尊：《经义考》，北京：中华书局，1998年。

宗福邦等主编：《故训汇纂》，北京：商务印书馆，2003年。

二、近现代研究著作

（美）安德鲁·菲尔德，（美）格兰特·哈代主编：《牛津历史著作史》第一卷，陈恒、李尚君、区伯文等译，上海：上海三联书店，2017年。

白寿彝：《中国史学史》第一卷，上海：上海人民出版社，2006年。

（意）贝奈戴托·克罗齐：《历史学的理论和实际》，傅任敢译，北京：商务印书馆，1982年。

（日）本田成之：《中国经学史》，孙俍工译，上海：上海书店出版社，2001年。

柴德赓：《清代学术史讲义》，北京：商务印书馆，2013年。

柴德赓：《史学丛考》，北京：中华书局，1982年。

晁福林：《春秋战国史丛考》，苏州：苏州大学出版社，2015年。

晁福林：《夏商西周史丛考》，北京：商务印书馆，2018年。

晁福林：《先秦社会思想研究》，北京：商务印书馆，2007年。

晁福林：《先秦社会形态研究》，北京：北京师范大学出版社，2003年。

晁岳佩选编：《民国期刊资料分类汇编·春秋学研究》，北京：北京图书馆出版社，2009年。

陈恩林：《逸斋先秦史论文集》，长春：吉林文史出版社，2010年。

陈来：《古代思想文化的世界：春秋时代的宗教、伦理与社会思想》，北京：生活·读书·新知三联书店，2009年。

陈来：《古代宗教与伦理：儒家思想的根源》，北京：生活·读书·新知三联书店，2009年。

陈梦家：《西周年代考 六国纪年》，北京：中华书局，2004年。

陈槃：《左氏春秋义例辨》，上海：上海古籍出版社，2009年。

陈其泰：《清代公羊学》，北京：东方出版社，1997年。

陈启能，倪为国主编：《书写历史》，上海：上海三联书店，2003年。

陈苏镇：《〈春秋〉与"汉道"——两汉政治与政治文化研究》，北京：中华书局，2011年。

陈新：《历史认识——从现代到后现代》，北京：北京大学出版社，2010年。

陈新：《西方历史叙述学》，北京：社会科学文献出版社，2005年

陈直：《史记新证》，北京：中华书局，2006年。

陈智超编注：《陈垣史源学杂文》，北京：生活·读书·新知三联书店，2007年。

陈柱著，李静校注：《公羊家哲学》，上海：华东师范大学出版社，2014年。

程元敏：《尚书学史》，上海：华东师范大学出版社，2013年。

崔适著，张烈点校：《史记探源》，北京：中华书局，1986年。

戴君仁：《春秋三传研究论文集》，台北：黎明文化事业股份有限公司，1981年。

杜维运：《史学方法论》，北京：北京大学出版社，2006年。

杜维运：《中国史学史》，北京：商务印书馆，2010年。

段熙仲：《春秋公羊学讲疏》，南京：南京师范大学出版社，2002年。

（德）恩格斯：《家庭、私有制和国家的起源》，北京：人民出版社，1999年。

（美）恩斯特·布赖萨赫著：《西方史学史》，黄艳红、徐翀、吴延民译，北京：北京大学出版社，2019年。

方韬：《杜预〈春秋经传集解〉研究》，北京：中国社会科学出版社，2017年。

方孝岳：《左传通论》，上海：商务印书馆，1934年。

冯时：《百年来甲骨文天文历法研究》，北京：中国社会科学出版社，2011年。

（英）弗朗西斯·麦克唐纳·康福德著：《从宗教到哲学——西方思想起源研究》，曾琼、王涛译，上海：上海三联书店，2014年。

（英）弗朗西斯·麦克唐纳·康福德：《修昔底德——神话与历史之间》，孙艳萍译，上海：上海三联书店，2006年。

傅隶朴：《春秋三传比义》，北京：中国友谊出版公司，1984年。

傅修延：《先秦叙事研究：关于中国叙事传统的形成》，北京：东方出版社，1999年。

（瑞典）高本汉：《左传真伪考》，陆侃如译，上海：商务印书馆，1936年。

（英）葛瑞汉：《论道者：中国古代哲学辩论》，张海晏译，北京：中国社会科学出版社，2003年。

葛志毅：《谭史斋论稿六编》，哈尔滨：黑龙江人民出版社，2016年。

古国顺：《〈史记〉述〈尚书〉研究》，台北：文史哲出版社，1985年。

顾德融，朱顺龙：《春秋史》，上海：上海人民出版社，2001年。

顾颉刚：《秦汉的方士与儒生》，上海：上海书店出版社，1998年。

顾颉刚等编著：《古史辨》，上海：上海古籍出版社，1982年。

顾颉刚讲授，刘起釪笔记：《〈春秋〉三传及〈国语〉之综合研究》，成都：巴蜀书社，1988年。

（美）桂思卓：《从编年史到经典：董仲舒的春秋诠释学》，朱腾译，北京：中国政法大学出版社，2010年。

郭沫若：《十批判书》，北京：东方出版社，1996年。

过常宝：《原史文化及文献研究》，北京：北京大学出版社，2008年。

（美）海登·怀特：《话语的转义——文化批评文集》，董立河译，郑州：大象出版社，2011年。

（美）海登·怀特：《形式的内容：叙事话语与历史再现》，董立河译，北京：文津出版社，2005年。

（美）海登·怀特：《元史学：十九世纪欧洲的历史想象》，陈新译，南京：译林出版社，2004年。

何乐士：《左传虚词研究》，北京：商务印书馆，2004年。

何兆武：《历史理性批判论集》，北京：清华大学出版社，2001年。

洪业：《洪业论学集》，北京：中华书局，1981年。

侯外庐主编：《中国思想通史》第一卷，北京：人民出版社，1957年。

胡宝国：《汉唐间史学的发展》，北京：商务印书馆，2003年。

胡适：《中国哲学史大纲》，北京：东方出版社，1996年。

黄焯编：《毛诗郑笺平议》，武汉：武汉大学出版社，2008年。

姜广辉主编：《中国经学思想史》第一卷，北京：中国社会科学出版社，2003年。

姜广辉主编：《中国经学思想史》第二卷，北京：中国社会科学出版社，2003年。

蒋伯潜：《十三经概论》，上海：上海古籍出版社，1983年。

蒋庆：《公羊学引论》，沈阳：辽宁教育出版社，1995年。

金春峰：《汉代思想史》，北京：中国社会科学出版社，2006年。

金德建：《经今古文字考》，济南：齐鲁书社，1986年。

金其源：《读书管见》，上海：商务印书馆，1957年。

金毓黻：《中国史学史》，北京：商务印书馆，1999年。

（日）津田左右吉：《左伝の思想史的研究》，日本：东洋文库，1935年。

康有为：《新学伪经考》，北京：中华书局，1956年。

（英）柯林武德：《历史的观念（增补版）》，何兆武、张文杰、陈新译，北京：北京大学出版社，2010年。

劳思光：《新编中国哲学史》，桂林：广西师范大学出版社，2005年。

雷家骥：《中国古代史学观念史》，北京：北京师范大学出版社，2018年。

（美）李惠仪：《〈左传〉的书写与解读》，文韬、徐明德译，南京：江苏人民出版社，2016年。

李纪祥：《时间·历史·叙事》，新北：华艺学术出版社，2013年。

李零：《简帛古书与学术源流》，北京：生活·读书·新知三联书店，2004年。

李学勤：《缀古集》，上海：上海古籍出版社，1998年。

李学勤：《走出疑古时代》，沈阳：辽宁大学出版社，1997年。

李耀仙主编：《廖平选集》，成都：巴蜀书社，1998年。

（英）理雅各：《中国经典》，上海：华东师范大学出版社，2010年。

梁启超：《中国近三百年学术史》，北京：东方出版社，1996年。

林义正：《春秋公羊传伦理思想与特质》，台北：台湾大学出版社，2003年。

刘操南：《史记春秋十二诸侯史事辑证》，天津：天津古籍出版社，1992年。

刘家和：《古代中国与世界》，北京：北京师范大学出版社，2010年。

刘家和：《史学、经学与思想》，北京：北京师范大学出版社，2005年。

刘家和：《史苑学步：史学与理论探研》，北京：北京大学出版社，2019年。

刘家和主编：《中西古代历史、史学与理论比较研究》，北京：北京师范大学出版社，2013年。

刘节：《中国史学史稿》，郑州：中州书画社，1982年。

刘黎明：《春秋经传研究》，成都：巴蜀书社，2008年。

刘师培：《刘申叔遗书》，南京：江苏古籍出版社，1997年。

刘咸炘：《推十书》，成都：成都古籍书店，1996年。

刘小枫，陈少明主编：《修昔底德的春秋笔法》，北京：华夏出版社，2007年。

刘笑敢：《诠释与定向——中国哲学研究方法之探究》，北京：商务印书馆，2009年。

刘源：《商周祭祖礼研究》，北京：商务印书馆，2004年。

柳诒徵：《国史要义》，上海：华东师范大学出版社，2000年。

罗根泽：《罗根泽说诸子》，上海：上海古籍出版社，2001年。

吕思勉：《吕思勉读史札记》，上海：上海古籍出版社，2005年。

吕思勉：《吕著史学与史籍》，上海：华东师范大学出版社，2002年。

吕思勉：《中国文化思想史九种》，上海：上海古籍出版社，2009年。

马勇：《汉代春秋学研究》，成都：四川人民出版社，1992年。

马宗霍：《中国经学史》，北京：商务印书馆，1937年。

（澳）麦卡拉：《历史的逻辑：把后现代主义引入视域》，张秀琴译，北京：北京师范大学出版社，2008年。

蒙文通：《经学抉原》，上海：上海人民出版社，2006年。
蒙文通：《中国史学史》，上海：上海人民出版社，2006年。
（法）米歇尔·德·塞尔托：《历史书写》，倪复生译，北京：中国人民大学出版社，2012年。
（意）莫米利亚诺：《现代史学的古典基础》，冯洁音译，上海：华东师范大学出版社，2009年。
牟润孙：《注史斋丛稿》，北京：中华书局，1987年。
牟宗三：《历史哲学》，桂林：广西师范大学出版社，2007年。
（日）内藤湖南：《中国史学史》，马彪译，上海：上海古籍出版社，2008年。
（美）倪德卫：《儒家之道：中国哲学之探讨》，周炽成译，南京：江苏人民出版社，2006年。
潘万木：《左传叙事模式论》，武汉：华中师范大学出版社，2004年。
彭刚：《精神、自由与历史——克罗齐历史哲学研究》，北京：清华大学出版社，1999年。
彭刚：《叙事的转向——当代西方史学理论的考察》，北京：北京大学出版社，2009年。
平飞：《经典解释与文化创新——〈公羊传〉"以义解经"探微》，北京：人民出版社，2009年。
浦卫忠：《春秋三传综合研究》，台北：文津出版社，1994年。
钱穆：《两汉经学今古文平议》，北京：商务印书馆，2001年。
钱穆：《先秦诸子系年》，北京：商务印书馆，2001年。
钱穆：《中国史学名著》，北京：生活·读书·新知三联书店，2000年。
钱钟书：《管锥编》，北京：中华书局，1979年。
邱峰：《〈春秋〉及"三传"历史观研究》，新北：花木兰文化出版社，2014年。
阮芝生：《从公羊学论〈春秋〉的性质》，上海：华东师范大学出版社，2013年。

上海人民出版社编：《章太炎全集》，上海：上海人民出版社，1982年。

单周尧：《勉斋论学杂著》，上海：上海古籍出版社，2017年。

单周尧：《左传学论集》，台北：文史哲出版社，2000年。

邵东方：《竹书纪年研究论稿》，北京：高等教育出版社，2011年。

沈玉成，刘宁：《春秋左传学史稿》，南京：江苏古籍出版社，1992年。

（美）本杰明·史华慈：《古代中国的思想世界》，程钢译，南京：江苏人民出版社，2004年。

（美）J.W.汤普森：《历史著作史》上卷，谢德风译，北京：商务印书馆，1988年。

（美）唐纳德·R.凯利：《多面的历史：从希罗多德到赫尔德的历史》，陈恒、宋立宏译，北京：生活·读书·新知三联书店，2003年。

（美）唐纳德·卡根：《伯罗奔尼撒战争的爆发》，曾德华译，上海：华东师范大学出版社，2014年。

童书业：《春秋史》，北京：中华书局，2006年。

童书业：《春秋史料集》，北京：中华书局，2008年。

童书业著，童教英校订：《春秋左传研究》，北京：中华书局，2006年。

童书业：《童书业史籍考证论集》，北京：中华书局，2005年。

（美）汪荣祖：《史传通说——中西史学之比较》，北京：中华书局，2003年。

王葆玹：《今古文经学新论》，北京：中国社会科学出版社，1997年。

王贵民，杨志清：《春秋会要》，北京：中华书局，2009年。

王国维：《观堂集林》，北京：中华书局，1959年。

王和：《左传探源》，北京：社会科学文献出版社，2019年。

王锦民：《古学经子》，北京：华夏出版社，2008年。

（美）王靖宇：《中国早期叙事文研究》，上海：上海古籍出版社，2003 年。

王力：《同源字典》，北京：中华书局，1982 年。

王晴佳，李隆国：《外国史学史》，北京：北京大学出版社，2017 年。

王天然：《〈穀梁〉文献征》，北京：社会科学文献出版社，2014 年。

吴承仕：《经典释文序录疏证·附经籍旧音二种》，北京：中华书局，2008 年。

吴晓群：《西方史学通史》第二卷，上海：复旦大学出版社，2011 年。

（美）夏含夷：《兴与象：中国古代文化史论集》，上海：上海古籍出版社，2012 年。

谢维扬：《周代家庭形态》，哈尔滨：黑龙江人民出版社，2004 年。

（古希腊）修昔底德：《伯罗奔尼撒战争史》，何元国译，北京：中国社会科学出版社，2017 年。

徐复观：《两汉思想史》，上海：华东师范大学出版社，2001 年。

徐复观：《徐复观论经学史二种》，上海：上海书店出版社，2005 年。

徐复观：《中国人性论史（先秦篇）》，上海：上海三联书店，2001 年。

徐复观：《中国思想史论集》，上海：上海书店出版社，2004 年，

徐仁甫：《左传疏证》，北京：中华书局，2013 年。

许雪涛：《公羊学解经方法——从〈公羊传〉到董仲舒春秋学》，广州：广东人民出版社，2006 年。

许兆昌：《先秦史官的制度与文化》，哈尔滨：黑龙江人民出版社，2006 年。

许倬云：《求古编》，北京：新星出版社，2006 年。

许倬云：《西周史》，北京：生活·读书·新知三联书店，2001 年。

杨宽：《西周史》，上海：上海人民出版社，1999 年。

杨适：《古希腊哲学探本》，北京：商务印书馆，2003 年。

杨树达：《卜辞求义》，上海：上海古籍出版社，2006 年。

杨树达：《积微居读书记》，上海：上海古籍出版社，2007 年。

杨树达：《积微居金文说》，北京：中华书局，1997 年。

杨树达：《积微居小学金石论丛》，上海：上海古籍出版社，2007 年。

杨希枚：《先秦文化史论集》，北京：中国社会科学出版社，1995 年。

杨向奎：《绎史斋学术文集》，上海：上海人民出版社，1983 年。

姚曼波：《〈春秋〉考论》，南京：江苏古籍出版社，2002 年。

（波）耶日·托波尔斯基：《历史学方法论》，张家哲等译，北京：华夏出版社，1990 年。

（日）伊藤道治：《中国古代王朝的形成——以出土资料为主的殷周史研究》，江蓝生译，北京：中华书局，2002 年。

于省吾：《甲骨文字释林》，北京：中华书局，1979 年。

于省吾：《双剑誃群经新证 双剑誃诸子新证》，上海：上海书店出版社，1999 年。

余嘉锡：《四库提要辨证》，昆明：云南人民出版社，2004 年。

俞志慧：《古"语"有之：先秦思想的一种背景与资源》，上海：华东师范大学出版社，2010 年。

张尔田著，黄曙辉点校：《史微》，上海：上海书店出版社，2006 年。

张高评：《〈春秋〉书法与〈左传〉史笔》，台北：里仁书局，2011 年。

张高评：《春秋书法与〈左传〉学史》，上海：上海古籍出版社，2005 年。

张光直：《青铜时代》，北京：生活·读书·新知三联书店，1999 年。

张舜徽：《周秦道论发微 史学三书平议》，武汉：华中师范大学出版社，2005 年。

张素卿：《叙事与解释——〈左传〉经解研究》，台北：书林出版公司，1999年。

张心澂：《伪书通考》，上海：上海古籍出版社，1998年。

张亚初，刘雨：《西周金文官制研究》，北京：中华书局，1986年。

张以仁：《春秋史论集》，台北：联经出版事业公司，1990年。

张以仁：《张以仁先秦史论集》，上海：上海古籍出版社，2010年。

张政烺：《张政烺文史论集》，北京：中华书局，2004年。

（清）张之洞撰，范希曾补正：《书目答问补正》，上海：上海古籍出版社，2001年。

章太炎撰，庞俊、郭诚永疏证：《国故论衡疏证》，北京：中华书局，2008年。

（清）章学诚著，仓修良编注：《文史通义新编新注》，杭州：浙江古籍出版社，2005年。

赵伯雄：《春秋学史》，济南：山东教育出版社，2004年。

赵光贤：《古史考辨》，北京：北京师范大学出版社，1987年。

赵光贤：《亡尤室文存》，北京：北京师范大学出版社，2001年。

赵生群：《春秋经传研究》，上海：上海古籍出版社，2000年。

郑开：《德礼之间——前诸子时期的思想史》，北京：生活·读书·新知三联书店，2009年。

郑良树：《竹简帛书论文集》，北京：中华书局，1982年。

周光庆：《中国古典解释学导论》，北京：中华书局，2002年。

周建漳：《历史哲学》，北京：北京大学出版社，2015年。

朱维铮编：《周予同经学史论著选集》，上海：上海人民出版社，1983年。

周远斌：《儒家伦理与春秋叙事》，济南：齐鲁书社，2008年。

朱本源：《历史学理论与方法》，北京：人民出版社，2007年。

朱凤瀚：《商周家族形态研究》，天津：天津古籍出版社，2004年。

朱腾：《早期中国礼的演变：以春秋三传为中心》，北京：商务印书馆，2019年。

朱维铮：《中国史学史讲义稿》，上海：复旦大学出版社，2015年。

朱渊清：《书写历史》，上海：上海古籍出版社，2009年。

邹晓丽：《基础汉字形义释源》，北京：中华书局，2007 年。

（日）佐藤正幸：《历史认识的时空》，郭海良译，上海：上海三联书店，2019 年。

Burton Watson, *Early Chinese Literature*, New York, Columbia University Press, 1962.

David Schaberg, *A Patterned Past：Form and Thought in Early Chinese Historiography*, Cambridge, Mass.：Harvard University Asia Center, 2001.

三、相关研究论文

卞朝宁：《论〈左传〉作者的思想倾向》，《江苏社会科学》1992 年第 3 期。

曹顺庆：《"〈春秋〉笔法"与"微言大义"——儒家经典的解读模式及话语言说方式》，《北京大学学报》（哲学社会科学版）1997 年第 2 期。

晁天义：《〈春秋〉为史学著作说质疑——兼论杜预的"经承旧史"说及其影响》，《人文杂志》2002 年第 6 期。

晁天义：《关于〈春秋〉性质的再思考》，《史学理论研究》2006 年第 3 期。

晁岳佩：《〈春秋〉说例》，《古籍整理研究学刊》2000 年第 1 期。

晁岳佩：《杜预"礼经"说驳议》，《山东师范大学学报》（社会科学版）1996 年第 2 期。

晁岳佩：《孟子〈春秋〉说分析》，《山东师范大学学报》（社会科学版）1999 年第 4 期。

陈恩林：《评杜预〈春秋左传序〉的"三体五例"问题》，《史学集刊》1999 年第 3 期。

陈茂同：《〈左传〉的作者及其成书的年代问题——兼与杨伯峻商榷》，《厦门大学学报》（哲学社会科学版）1984 年第 1 期。

陈其泰：《春秋公羊学说体系的形成及其特征》，《山东大学学报》(哲学社会科学版)2002年第6期。

陈其泰:《〈左传〉为古代史学树立的范例》,《浙江学刊》1995年第3期。

陈其泰:《〈左传〉在古代史学上的地位》,《人文杂志》1995年第3期。

陈苏镇:《商周时期孝观念的起源、发展及其社会原因》,中国哲学编辑部:《中国哲学》第10辑,北京:生活·读书·新知三联书店,1983年。

戴晋新:《〈春秋〉书法与历史书写:一个历史观点》,《辅仁历史学报》2006年第17期。

戴晋新:《论孟子述史的不可尽信》,《辅仁历史学报》1989年第1期。

戴晋新:《司马迁与班固对〈春秋〉的看法及其历史书写的自我抉择》,彭林主编:《中国经学》第5辑,桂林:广西师范大学出版社,2009年。

单周尧:《读杜预〈春秋经傅集解序〉"五情"说小识》,侯仁之、周一良主编:《燕京学报》新二期,北京:北京大学出版社,1996年。

邓军:《〈公羊传〉正文训诂新探》,《陕西师范大学学报》(哲学社会科学版)1995年第1期。

郜积意:《论"〈春秋〉无达辞"的解释学意义》,《人文杂志》2004年第3期。

郜积意:《论〈公羊传〉的阐释策略》,《人文杂志》2000年第5期。

葛志毅:《〈春秋〉例论》,《管子学刊》2006年第3期。

葛志毅:《〈春秋〉义例的形成及其影响》,《中华文化论坛》2006年第2期。

顾涛:《论"孔子未作〈春秋〉"说的生成逻辑》,《史学月刊》2010年第3期。

过常宝:《"春秋笔法"与古代史官的话语权力》,《北京师范大学学报》（社会科学版）2003年第4期。

过常宝：《〈左传〉虚饰与史官叙事的理性自觉》，《北京师范大学学报》（社会科学版）2006年第4期。

过常宝：《〈左传〉源于史官传闻制度考》，《北京师范大学学报》（社会科学版）2004年第4期。

胡念贻：《〈左传〉的真伪和写作年代问题考辨》，中华书局编辑部编：《文史》第11辑，北京：中华书局，1981年。

胡念贻：《论〈左传〉叙事的倾向性》，《江海学刊》1963年第2期。

黄开国：《公羊学的历史哲学》，《孔子研究》2005年第6期。

黄开国：《赵汸的〈春秋〉学》，《中国哲学史》2004年第2期。

江湄：《"直笔"探微——中国古代史学求真观念的发展与特征》，《史学理论研究》1999年第3期。

蒋重跃：《董仲舒〈春秋〉学的通史精神初探》，《求是学刊》2010年第3期。

黎知谨：《论〈春秋〉与〈左传〉的史学特点》，任继愈主编：《文津学志》第一辑，北京：北京图书馆出版社，2003年。

李纪祥：《〈春秋〉中的"空白"叙事："阙文"与"不书"》，《文史哲》2015年第4期。

李纪祥：《中国史学传统中的"实录"意涵及其现代意义》，《北京师范大学学报》（社会科学版）2004年第5期。

李学勤：《孔子与〈春秋〉》，吕绍刚：《金景芳九五诞辰纪念文集》，长春：吉林文史出版社，1996年。

李学勤：《〈春秋事语〉与〈左传〉流传》，《古籍整理与研究学刊》1989年第4期。

李颖科，符均：《论孔子的"春秋笔法"》，《云梦学刊》1997年第3期。

李永明：《修昔底德〈伯罗奔尼撒战争史〉中的演说辞及其真实性问题研究》，《史学史研究》2019年第1期。

李裕民：《殷周金文中的"孝"和孔丘"孝道"的反动本质》，

《考古学报》1974年第2期。

李洲良：《春秋笔法的内涵外延与本质特征》，《文学评论》2006年第1期。

梁涛：《20世纪以来〈左传〉、〈国语〉成书、作者及性质的讨论》，《邯郸学院学报》2005年第4期。

林璧属：《历史认识的主体性与客观真理性》，《史学理论研究》1997年第3期。

刘家和，陈新：《历史比较初论：比较研究的一般逻辑》，《北京师范大学学报》（社会科学版）2005年第5期。

刘家和：《从"三代"反思看历史意识的觉醒》，《史学史研究》2007年第1期。

刘家和：《关于"以史为鉴"的对话》，《北京师范大学学报》（社会科学版）2010年第1期。

刘家和：《关于历史发展的连续性与统一性问题——对黑格尔曲解中国历史特点的驳论》，《北京师范大学学报》（社会科学版）2009年第1期。

刘家和：《论断代史〈汉书〉中的通史精神》，《北京师范大学学报》（社会科学版）2012年第3期。

罗军凤：《〈左传〉"经""史"性质之辨正》，《学术论坛》2008年第3期。

吕绍纲：《何休公羊"三科九旨"浅议》，《人文杂志》1986年第2期。

马瑞克·塔姆：《历史书写中的真理、客观性和证据》，《天津社会科学》2018年第4期。

马铁浩：《刘知几以"例"论史》，《史学史研究》2009年第3期。

米顺寿：《论〈左传〉的民本思想》，《河南师范大学学报》（哲学社会科学版）1982年第1期。

牛鸿恩：《论〈左传〉的成书年代》，《首都师范大学学报》（社会科学版）1994年第5期。

浦卫忠：《论〈左传〉"君子曰"的思想》，《中国史研究》1990

年第 2 期。

戚立煌：《〈左传〉的历史观初探》，《文史哲》1963 年第 6 期。

邵东方，金雯：《〈管锥编·杜预序〉"尽而不汙"及"五情"说辨析》，《北京师范大学学报》（社会科学版）2019 年第 1 期。

邵英：《〈左传〉之"非礼"窥探》，《西北大学学报》（哲学社会科学版）2006 年第 3 期。

施丁：《刘知几实录论》，《史学理论研究》2003 年第 4 期。

孙开泰：《从〈左传〉的史学思想看其作者》，《史学理论研究》1999 年第 4 期。

孙开泰：《试论〈公羊传〉的大一统思想》，《中国史研究》1993 年第 2 期。

汤仁泽：《日本的公羊学研究》，《史林》1997 年第 2 期。

田河，赵彦昌：《"六经皆史"源流考论》，《社会科学战线》2004 年第 1 期。

汪高鑫：《中国古代史学的思维特征》，《求是学刊》2014 年第 5 期。

汪受宽：《〈左传〉史学理论初探》，《兰州大学学报》（社会科学版）1996 年第 1 期。

王春淑：《论〈春秋〉记事的讳书笔法》，《西南民族学院学报》（哲学社会科学版）1999 年第 6 期。

王春淑：《论孔子〈春秋〉笔法》，《四川师范大学学报》（哲学社会科学版）2000 年第 3 期。

王贵民：《春秋"弑君"考》，尹达等主编：《纪念顾颉刚学术论文集》，成都：巴蜀书社，1990 年。

王国雨：《试论〈左传〉中的孔子言行》，《船山学刊》2009 年第 1 期。

王和：《〈左传〉的成书年代与编纂过程》，《中国史研究》2003 年第 3 期。

王和：《〈左传〉材料来源考》，《中国史研究》1993 年第 2 期。

王和：《孔子不修〈春秋〉辨》，《史学理论研究》1993年第2期。

王和：《论〈左传〉预言》，《史学月刊》1984年第6期。

王基伦：《"〈春秋〉笔法"的诠释与接受》，《国文学报》2006年第39期。

王晓天：《"春秋笔法"是曲笔吗？》，《求索》1984年第6期。

王玉哲：《〈左传〉解题》，《历史教学》1957年第1期。

卫聚贤：《〈春秋〉的研究》，《国学月报》1927年第6期。

卫聚贤：《〈左传〉之研究》，《国学论丛》1927年第6期。

吴秉坤：《事与义之间——〈左传〉与〈春秋〉之间的张力》，《郧阳师范高等专科学校学报》2006年第4期。

向燕南：《说历史编纂学：一个中西史学文化比较的立场》，《史学史研究》2019年第3期。

向燕南：《从"是/应该"问题看传统史学理论中的现代因素》，《史学月刊》2009年第12期。

肖锋：《百年"春秋笔法"研究述评》，《文学评论》2006年第2期。

小仓芳彦：《〈左传〉中的霸与德——"德"概念的形成与发展》，刘俊文主编：《日本学者研究中国史论著选译》第七卷《思想宗教》，北京：中华书局，1993年。

谢贵安：《直书与曲笔：传统修史原则的一体两翼》，《学术月刊》1999年第3期。

徐难于：《试论春秋时期的信观念》，《中国史研究》1995年第4期。

徐中舒：《〈左传〉的作者及其成书年代》，《历史教学》1962年第11期。

许子滨：《〈左传〉所释〈春秋〉书法考辨三则》，《孔子研究》1999年第2期。

杨茂义：《〈左传〉之礼与孔子之礼》，《北京青年政治学院学报》2007年第4期。

姚大力：《把过程归还历史书写——论司马迁对中国历史编纂学的

突破》，上海社会科学院《传统中国研究集刊》编辑委员会编：《传统中国研究辑刊》第二辑，上海：上海人民出版社，2006年。

易宁，易平：《〈史记〉"实录"新探》，《史学史研究》1995年第4期。

易宁：《关于西方古代史学"实质主义"的思考》，《史学史研究》2008年第4期。

易平，黎传纪：《杜预乱〈左传〉说辨正》，《南昌大学学报》（哲学社会科学版）1987年第3期。

于省吾：《岁、时起源考》，《历史研究》1961年第4期。

查昌国：《西周"孝"义试探》，《中国史研究》1993年第2期。

詹子庆：《论〈左传〉的政治思想倾向》，《史学史研究》1983年第4期。

张金梅：《近三十年来国内外"〈春秋〉笔法"研究的回顾与展望》，《兰州学刊》2006年第8期。

张金梅：《孔子与〈春秋〉"义"——〈孟子·离娄下〉"其义则丘窃取之"辨》，《经济与社会发展》2006年第6期。

张京华：《简论中国史学的"实录"与"春秋笔法"》，《大众文艺》2008年第11期。

张振：《试论春秋公羊学派对历史文本的认识》，《山东师范大学学报》（人文社会科学版）2009年第3期。

赵伯雄：《〈春秋〉记事书时考》，《文史》编辑部：《文史》第3辑，北京：中华书局，2006年。

赵伯雄：《〈春秋〉学中的"日月时例"》，彭林主编：《中国经学》第1辑，桂林：广西师范大学出版社，2005年。

赵伯雄：《〈公羊〉、〈左传〉记事异同考》，《人文杂志》1991年第6期。

赵辉，崔显艳：《〈左传〉叙事体式与"礼"之关系考》，《中州学刊》2008年第6期。

赵立行：《西欧中世纪认知过去的方式：以史学编纂为视角》，陈新主编：《史与诗：世界诸文明的历史书写》，上海：复旦大学出版社，2007年。

赵生群：《论孔子作〈春秋〉》，中华书局编辑部编：《文史》第2辑，北京：中华书局，1998年。

郑君华：《论〈左传〉的民本思想》，《中国哲学》第10辑，北京：生活·读书·新知三联书店，1983年。

郑良树：《孔子作〈春秋〉说的形成》，彭林主编：《中国经学》第1辑，桂林：广西师范大学出版社，2005年。

郑良树：《论〈春秋〉"春正月"记时例》，李国章、赵昌平主编：《中华文史论丛》第2辑，上海：上海古籍出版社，2002年。

郑良树：《论孔子讲〈春秋〉》，彭林主编：《中国经学》第2辑，桂林：广西师范大学出版社，2006年。

郑良树：《论孔子讲〈春秋〉》，彭林主编：《中国经学》第3辑，桂林：广西师范大学出版社，2007年。

周书灿：《经学传统下的〈左传〉学研究》，《学习与探索》2007年第5期。

朱本源：《"《诗》亡然后〈春秋〉作"论》，《史学理论研究》1992年第2期。

朱本源：《"《诗》亡然后〈春秋〉作"论（续）》，《史学理论研究》1992年第3期。

朱本源：《孔子史学观念的现代诠释》，《史学理论研究》1994年第3期。

Joel Fineman, The History of the Anecdote: Fiction and Fiction, In Harold Veeser, *The New Historicism*, New York: Routledge, 1989.

附录　授人以鱼不如授人以渔——读《陈垣史源学杂文》随札[①]

《陈垣史源学杂文》一书，重视史料考证并体现了其在历史学中的地位和作用。所谓授人以鱼不如授人以渔。援庵先生的这本书正是把"史源"金针度与人，告诉了我们读史与考史的基本方法，并让我们通过亲手实践来逐步掌握这些方法，可谓惠及后学多矣。今就其中《书〈十七史商榷〉第一条后》一文，谈谈学习之后的一些总结和体会，并对相关背景材料稍作一些补充。

陈先生此文开篇说道：

> 王西庄好骂人，昔贤每遭其轻薄，如谓刘向为西汉俗儒；谓李延寿学识浅陋、才短位卑；谓杜元凯剽窃；蔡九峰妄谬；又谓陈振孙为宋南渡后微末小儒；王应麟茫无定见。其于时贤如顾亭林、戴东原，亦力斥之，又谓朱竹垞学识不高。皆见其所著《蛾术篇》（按：此当作《蛾术编》，疑印刷错误）及《十七史商榷》。盖其天性如此，又乏修养，自以为是，而不知人之窃笑之也。《十七史商榷》第一

[①] 本文初作于2008年，原为受刘家和先生"古典研读与考证"课程启发所作之随札，现结合一些新的认识重加增订成文。

条讲目录学，谓宋之晁公武，下迄明之焦弱侯，"皆学识未高"；讲校勘则谓钱遵王"但可云能藏书，未敢许为能校书"。①

此段所列人物，不乏鼎鼎大名之前辈大学者，可在王鸣盛眼里都有毛病。其实王书中所诋之前贤，何止于此，什么"赵岐汉之俗儒"②"（颜）师古之妄谬如此"③"（陆）德明、（张）守节皆无知之辈，谬妄殊甚"④，特别是说到吴仁杰《两汉刊误补遗》的时候，说唯其"人生世上，何苦吃饱闲饭作闲嗑牙"⑤，简直是损到了家。而问题是王氏在其书中却又谈到"大凡人学问精实者必谦退，虚伪者必骄矜。生古人后，但当为古人考误订疑，若凿空翻案，动思掩盖古人以自为功，其情最为可恶。"⑥前后对照，真可谓是如出两人之手，读其书可见王氏其为人。

王鸣盛的口碑不佳，清人笔记尝有记载，如昭梿《啸亭续录》卷三云：

> 王西庄未第时，尝馆富室家，每入宅时必双手作搂物状。人问之，曰："欲将其财旺气搂入己怀也。"及仕宦后，秦诼楚谣多所干没，人问之曰："先生学问富有，而乃贪吝不已，不畏后世之名节乎！"公曰："贪鄙不过一时之嘲，学问乃千古之业。余自信文名可以传世，至百年后，口碑已没而著作常存，吾之道德文章犹自在也。"故所著书多慷慨激昂语，盖自掩贪陋也。⑦

王氏之形象于此刻画无疑。此条亦多被他书转引。可是历史往往是多面的，人亦如是。《清史稿》记：

> 鸣盛性俭素，无声色玩好之娱，晏坐一室，呫唔如寒士。尝

---

① 陈智超编注：《陈垣史源学杂文》，北京：生活·读书·新知三联书店，2007年，第79—80页。
② （清）王鸣盛著，黄曙辉点校：《十七史商榷》，上海：上海书店出版社，2005年，第172页。
③ （清）王鸣盛著，黄曙辉点校：《十七史商榷》，上海：上海书店出版社，2005年，第169页。
④ （清）王鸣盛著，黄曙辉点校：《十七史商榷》，上海：上海书店出版社，2005年，第377页。
⑤ （清）王鸣盛著，黄曙辉点校：《十七史商榷》，上海：上海书店出版社，2005年，第49页。
⑥ （清）王鸣盛著，黄曙辉点校：《十七史商榷》，上海：上海书店出版社，2005年，第933页。
⑦ （清）昭梿撰，何英芳点校：《啸亭杂录》，北京：中华书局，1980年，第442页。

附录 授人以鱼不如授人以渔——读《陈垣史源学杂文》随札

言:"汉人说经必守家法,自唐贞观撰诸经义疏而家法亡,宋元丰以新经学取士而汉学殆绝,今好古之儒皆知崇注疏矣,然注疏惟《诗》、《三礼》及《公羊传》犹是汉人家法,他经注则出魏、晋人,未为醇备。"①

这里的王鸣盛与以上所见俨然两人,当然,《清史稿》此条史料基本抄自钱大昕所撰《西沚先生墓志铭》②,以钱大昕与王鸣盛二人之间众所周知的关系以及墓志铭的特殊性质,这样的评价倒也不难理解。还有一条故事,来自陈康祺《郎潜纪闻二笔》"王西庄之涵养"条:

> 光禄王西庄先生鸣盛,家居时,有无赖子与人赌胜,醉骂王氏之门。门者不能忍,先生力止之。次日,无赖子酒醒,其母挈之诣先生家请罪。笑谢之曰:"昨汝酒醉,我却不怪,但以后醉了,若骂他人,恐致获咎。"无赖子惶恐而归,戒酒终身,卒无事。先生涵养如此,宜其瞽目复明,年跻大耋也。③

若不见王氏书所云与前所述王氏贪财之事,一高洁之士形象岂不跃然纸上。抑此亦为阿谀虚美之词乎?

其实这些都无关痛痒,人本身也是历史性的存在,而非一成不变。哪怕假设上面所举之事均为事实,放在王鸣盛一个人身上,也并不存在根本的矛盾。如所述其缺点主要是:一、好诋毁前贤;二、贪财。而所述其优点无非是说:一、刻苦;二、有涵养,无非是不跟耍酒疯的一般见识而已。没有勤奋刻苦的读书写作,便没有王鸣盛后来的成就,这是

---

① 《清史稿》,北京:中华书局,1977年,第13196—13197页。
② (清)钱大昕《西沚先生墓志铭》记:"(西沚)性俭素,无玩好之储,无声色之奉,宴坐一室,左右图书,呀唔如寒士。卜居苏州阊门外,不与当事通谒,亦不与朝贵通音问,唯好汲引后进,一篇一句之工,奖赏不去口,或评述其佳者,刊而行之。尝言:'汉人说经必守家法,亦云师法,自唐贞观撰诸经义疏而家法亡,宋元丰以新经义取士而汉学殆绝。今好古之儒,皆知崇注疏矣,然注疏惟《诗》、《三礼》及《公羊传》犹是汉人家法,它经注则出于魏晋人,未为醇备。'"(清)钱大昕撰,吕友仁标校:《潜研堂集》,上海:上海古籍出版社,2009年,第840页。
③ (清)陈康祺著,晋石点校:《郎潜纪闻初笔二笔三笔》,北京:中华书局,1984年,第388页。

必然的道理。王氏不以贪财为病，且视其为理所当然，不避道德之闲言，而以文名为借口，实际也是其对自身学术水准的一种自信，而这种自信正是来自于他平日的刻苦勤奋与精心著述的学术成果。王氏尝云："我于经有《尚书后案》，于史有《十七史商榷》，于子有《蛾术编》，于集有诗文，以敌弇州四部，其庶几乎！"①由此言可见其自负，若不以他苛求前人的标准来衡量，却也未为过誉之词。

以上看似闲话，却也未为无益。孟夫子所谓知人论世，读其书，不知其人，可乎？到此进入正题，下面先把王鸣盛的原文和陈老的批评意见结合起来，加以摘录归纳，并随文谈谈到底如何学习陈老的治学方法。

《十七史商榷》第一条首云："《汉志》《史记》百三十篇，无卷数。裴骃《集解》则分八十卷，见司马贞《史记索隐》序。"②此开篇之两句，陈老谓其"不知此条于目录学则开口便错，于校勘亦讹字不一也"③，两句便有两错，"错固为人恒有，胡为开口骂人耶？"④王氏错在何处？不如先用王鸣盛自己的话来解释一下原因，就是："目录之学，学中第一要紧事，必从此问途，方能得其门而入，然此事非苦学精究，质之名师，未易明也"⑤。《汉志》即《汉书·艺文志》，可上面明明白白写着《太史公》百三十篇。有些历史与目录学基本知识的人应该了解，司马迁的《史记》至少在东汉以前并不被称为《史记》，而往往被称为《太史公》或《太史公书》，《史记》在东汉以前多是指代古史的通名。虽后世已习惯称司马迁所作《太史公》为《史记》，但单说则可，而这里王鸣盛既然明言引于《汉书·艺文志》就绝不能称之为《史记》，此开门即错也。紧接着第二句"裴骃《集解》则分八十卷"，独言此则无误，而连百三十篇而言则误，由多而少谓之合。且王氏直言见《史记索隐》序，可查《史记索隐》序却明白写着"合为八十

---

① （清）王鸣盛著，顾美华标校：《蛾术编》，上海：上海书店出版社，2012年，第35—36页。
② （清）王鸣盛著，黄曙辉点校：《十七史商榷》，上海：上海书店出版社，2005年，第1页。
③ 陈智超编注：《陈垣史源学杂文》，北京：生活·读书·新知三联书店，2007年，第80页。
④ 陈智超编注：《陈垣史源学杂文》，北京：生活·读书·新知三联书店，2007年，第82页。
⑤ （清）王鸣盛著，黄曙辉点校：《十七史商榷》，上海：上海书店出版社，2005年，第1页。

卷"①。王氏口口声声说目录学要紧,而自己却开篇就错,还都是目录学的错误,岂不是天大的讽刺。可见审慎地核查原书是学术工作避免低级错误的一项基本工作。

后面王鸣盛又说:"自宋之晁公武,下迄明之焦弱侯一辈人,皆学识未高,未足剖断古书之真伪是非,辨其本之佳恶,校其讹谬也。有某氏者,藏书最称奥博……自夸集诸宋板《史记》共成一书,凡一百三十卷,小大长短咸备,因李沂公取桐丝精者杂缀为一琴名百衲琴,故亦戏名此为'百衲《史记》'。"②换作普通读者,这段读完就完了,能发现什么问题?发现王鸣盛詈诟前贤了?是。可还有呢?不知道了。那来看看陈老怎么说:"此条所骂之某氏,即指钱遵王。遵王曾集诸宋本《史记》为一书,因李汧公尝取桐孙精者杂缀为琴,名百衲琴,故亦戏名此为'百衲《史记》',语见钱所著《读书敏求记》。《商榷》引其言,据误本《敏求记》,称李汧公为李沂公,又误桐孙为桐丝。"③换我们如果有些版本目录学的知识,想知道王鸣盛所说的"某氏"是指钱曾(遵王)不难,但是你会不会接着去查这个百衲《史记》典故的出处呢?会不会问桐丝到底是什么呢?这就是问题意识,有了问题意识,才有可能刨根问底去解决它们。查钱曾《读书敏求记》卷 2"《史记》一百三十卷"条下作:"李沂公取桐丝之精者,杂缀为一琴,谓之'百衲'",和王鸣盛所说一样,怎么知道是错了呢?章钰据管庭芬校本与沈会侯钞本指出:"沂"当作"汧"④。可见王鸣盛所据的正是误本。陈老又说:"李汧公者李勉,大历中封汧国公,见两唐书一三一本传。唐时李姓无封沂国公者。《商榷》之误,此其一。"⑤原来陈老还没罢休,接着去查李沂公在历史上到底是如何的记载,遍查唐史,并无一人姓李而封沂公,只有一个汧国公李勉,李沂公是李汧公之误。王鸣盛不知道?他作了《十七史商榷》,熟读诸史,怎么能不知道这个呢?他是

---

① 《史记·史记索隐序》,北京:中华书局,1959 年,第 10 册,第 7 页。
② (清)王鸣盛著,黄曙辉点校:《十七史商榷》,上海:上海书店出版社,2005 年,第 1 页。
③ 陈智超编注:《陈垣史源学杂文》,北京:生活·读书·新知三联书店,2007 年,第 80 页。
④ 钱曾著,管庭芬、章钰校证:《读书敏求记校证》,上海:上海古籍出版社,2007 年,第 87—88 页。
⑤ 陈智超编注:《陈垣史源学杂文》,北京:生活·读书·新知三联书店,2007 年,第 80 页。

没有查原书核校,此学术一忌也。陈老接着说:

> 李勉百衲琴事,出唐人李绰撰《尚书故实》,韦绚《刘宾客嘉话录》亦载之。今《学海类编》本《刘宾客嘉话》作李汧公勉取桐丝之精者杂缀为琴。桐丝当作桐孙,草书相似而讹也,《宝颜堂秘笈》本《尚书故实》正作桐孙。桐孙者桐之幼枝,《太平御览》九五六引《风俗通》云:"梧桐生于峄山阳岩石之上,采东南孙枝为琴,声甚清雅。"《庾子山集》五《咏树》诗,"枫子留为式,桐孙待作琴",以孙对子,是也。《商榷》之误,此其二。海山仙馆本《敏求记》更误作丝桐,丝、桐是二物,桐孙是一物。校者习见丝桐,以桐丝为误,遂臆改之。不知桐丝固误,丝桐更误,此又在《商榷》下矣!《商榷》未敢许遵王能校书,然则西庄可云能校书乎?一眼前习见故事,而误者二字。翻刻本《商榷》如此,固可委为手民之误也,乾隆五十二年洞泾草堂原刻本《商榷》亦如此,西庄能辞其责乎?且在全书第一条,正是骂人不能校书,何自疏忽如此。①

看了陈老的这段,普通读者难免有点傻眼。这么多书,或许都不算熟悉,从哪儿查出来的,又怎么知道哪本书有"桐丝"?现在有了电脑网络,检索那么方便,查起来都不易,更何况陈老那个年代呢?有人会说,这正是陈老的功夫所在,不错,这是陈老的功夫,可陈老难道真的把这些书都读过一遍才知道的么?你若是这么认为,恐怕读上一辈子都不一定会看到这些。所以我们宁可认为不是这样,还是应该从思考陈老为学之方法入手。那么陈老是怎么找到这些的呢。这就是一个文献目录学的知识和史料检索的方法与能力的问题了。查词语典故,用什么工具书?可以试试《佩文韵府》与《骈字类编》,两部清人作诗查典的重要武器。但二书有所不同,前书以单字为字头,单字下注明音训,下列以该字为词尾的词汇,词语下有出典。出处只注书名,不注篇名,引诗只注作者。后书则均为骈语即双音词或双音词组按首字排列,关键是出典

---

① 陈智超编注:《陈垣史源学杂文》,北京:生活·读书·新知三联书店,2007年,第80—81页。

附录　授人以鱼不如授人以渔——读《陈垣史源学杂文》随札

不仅给出作者、篇名，还给出原文。如果你熟悉这些工具书的作用，这里马上会想到去利用它们检索。此处选择《骈字类编》应更为方便清楚些，查"桐丝"条，根本没有与百衲琴相关的资料。好在桐字为首的骈语不多，稍稍翻了遍，很快发现"桐孙"条下有相关记载："《宾客嘉话》：'李汧公勉取桐孙之精者，杂缀为之，谓之百衲琴。'"下面又有一条，庾信《咏树诗》："枫子留裁式，桐孙待作琴。"①陈老所说的两条史料当时是不是就这样发现了呢？权当一种可能吧。至少换我们在那个时代是可以通过这种方法发现的。而陈老又云："今《学海类编》本《刘宾客嘉话》作李汧公勉取桐丝之精者杂缀为琴。"《学海类编》是清末民初的一部大型丛书，裒辑唐、宋以至民国初诸书零篇散帙本，而这里所辑的《刘宾客嘉话》的"孙"便讹为"丝"。为何讹误，陈老眼光锐利，说"草书相似而讹也"。的确，繁体的"孫"与"絲"形近而易讹。那又何以确定桐孙为正而桐丝为误呢？陈老举出了庾子山的《咏树诗》，"以孙对子，是也"，桐孙指的就是桐树的幼枝。而这里《骈字类编》又有讹误，"为"误作"裁"，查今中华书局本《庾子山集》亦作"为"②，此亦可见校勘之不易。

另外陈老还举了《太平御览》卷九五六引《风俗通》一段，对《风俗通义》这本书有所了解的都知道这部书是研究古代特别是汉代社会风俗的重要资料，在史学研究中也具有不菲的价值。其现在流传下来的本子尚存十卷，附录一卷。而这其中有声音一卷，内多记乐器相关。可是陈老又为什么说引自《太平御览》呢。这还是个关于文献目录的问题，《风俗通义》于《隋书·经籍志》著录三十一卷（录一卷）③，而今日所见已非当初原貌，多有亡佚，所存者，劣及三分之一，对此，清人做了许多辑佚的工作，从其他古籍类书中辑出相关佚文，而陈老所举的这条也正是佚文，最早见于《太平御览》。而《太平御览》作为北宋四大类书之一，保留了大量宋以前的文献资料，其中大部分原书今天已经亡

---

① （清）张廷玉等编：《骈字类编》卷195，北京：中国书店，1984年，第2页下页。
② （北周）庾信撰，（清）倪璠注，许逸民校点：《庾子山集注》，北京：中华书局，1980年，第365页。
③ 《隋书》，北京：中华书局，1973年，第1006页。

265

佚，此更凸显此书之珍贵的史料价值。查《太平御览·卷九百五十六·木部五·桐篇》则作："梧桐生于峄山阳岩石之上，采东南孙枝为琴，声甚清雅。"①此与陈老《史源学杂文》一书所引不尽相同，按《尚书·禹贡》有"峄阳孤桐"②语，则陈老书作"峰山"误，同前面的《蛾术篇》的"篇"一样，疑为手民误植，因形近而讹。陈老对类书的重视，从他极其看重《册府元龟》于唐史研究之价值就可见一斑。所以，既然以"竭泽而渔"作为目标，到《太平御览》这样的资料宝库中相关部类去查览一下也是理所应当之事。

总之从这段，我们可以得知，如何利用目录学知识来找到自己的所需。但目录学绝不仅仅是单纯的帮你找书找材料，如果这样的话，我们在电脑网络检索技术如此发达的今天，按理说已经远远超出了前人。但实际远非这么简单，目录学的知识也是有结构和层次的。只见片段的材料，不了解材料背后的典籍的特点、作者的生平和所处的时代背景，那你所检索到的材料只是一堆杂乱无章的半成品，使用起来很容易曲解、割裂，检索材料代替不了读原书，读书不易，做不到系统阅读就无法系统理解，理解材料的价值也未免大打折扣。目录学不是光背背什么方面有些什么书就行了，而是要进一步去了解这些书的内容和作用，史料价值如何，怎样去更好地利用，这样才算是入了门。

陈老于此文末说："又书名《商榷》，'榷'当从'手'不从'木'，西庄亦辨之于《蛾术编》三十，认前此误引'木'部，其书已行，不及追改云。昔人每自悔其少作，然《商榷》之刊行，在乾隆丁未，时西庄年六十六，不可谓少矣！书此一为吾老年人著书者戒。"③陈老提到的《十七史商榷》书名的用字错误，查王鸣盛《蛾术编》卷三十，有如下考辨订正文字：

"榷"字注："敲击也。从手，雀声。苦角切。"案刘知几《史通

---

① （宋）李昉等：《太平御览》，北京：中华书局，1960年，第4244页。
② （汉）孔安国传，（唐）孔颖达等正义：《尚书正义》，（清）阮元校刻：《十三经注疏》，北京：中华书局，1980年影印本，第148页。
③ 陈智超编注：《陈垣史源学杂文》，北京：生活·读书·新知三联书店，2007年，第82页。

附录 授人以鱼不如授人以渔——读《陈垣史源学杂文》随札

·自序》："商榷史篇,遂盈筐箧",《通鉴》："周世宗闲暇召儒者读史,商榷大义",司马光与范祖禹《论修通鉴体例帖》："思与足下相见,熟共商榷",可见"商榷"乃史家语。颜师古《汉书叙例》："粗陈指例,式存扬榷",扬榷即商榷意。予《十七史商榷》窃取其义,但诸书皆从木,予前误引《木部》"榷,水上横木,所以渡者",谓初学观之,不啻涉水得渡。震泽姚元槼云:"当从手"。极是。搉有敲击意,作榷者非。其书已行,不及追改,故记于此。①

王氏这里谈及之前书名作"榷"者非,当作"搉"为是,故补记于此。人非圣贤,孰能无过？王氏知错能改,本当称许。然而给《蛾术编》作注的连鹤寿却依然穷追不舍,继续补刀,批评认为他不但字用错,而且音也读错。

先生所著《十七史》评论名曰《商榷》,不但字形写错,而且字音读错。榷,独木桥也,《汉武帝纪》："初榷酒酤",韦昭曰："以木渡水曰榷",师古曰："禁民酤酿,独官开置,如道路设木为榷,独取利也。"此系古岳切,音觉,亦借用搉字。班固《答宾戏》："般输搉巧于斧斤","搉"即"榷"也,谓专于此也。搉,敲击也。《汉（书）·五行志》："高后支断戚夫人手足,搉其眼,以为人彘",注云："搉谓敲击,去其精也"。此系苦角切,音确。又"搉",商量也。《庄子·徐无鬼》篇："可不谓有大扬搉乎",注云："发挥商量也"。又搉,粗举大略也。《汉书·叙传》："扬搉古今",注云："扬,举也。搉,引也"。《广雅》云："扬搉,都凡也"。此皆古岳切,音觉,与榷酤之榷字异而音同。今先生于此条但悔从木之非,而仍引苦角切,不言古岳切,则竟读商搉之"搉"为"确"矣。不知"搉"之本义为敲击,而"敲"平声,其入声为"确",故音确也。"搉"之别义为商量,商量者必讲究,而"讲"上声,其入声为"觉",故音觉也。其义、其音尚未辨明,何遽以名其书哉？②

---

① （清）王鸣盛著,顾美华标校：《蛾术编》,上海：上海书店出版社,2012年,第424页。
② （清）王鸣盛著,顾美华标校：《蛾术编》,上海：上海书店出版社,2012年,第424页。

连氏所言直指要害,可谓王氏之诤友。下面就结合其言来分析总结一下,王鸣盛究竟错在何处。榷,《说文》云:"敲击也"①,盖为其本义,苦角切,中古音属溪母觉韵,音同确。榷另有一义为"商讨",则读古岳切,中古音属见母觉韵,音同觉。故榷有两音,视义而定。権,《说文》云:"水上横木,所以渡者"②,就是独木桥的意思,江岳切,中古音属见母觉韵,音同"商榷"之"榷",读作觉。二者字异而音同,本不相涉,后"商榷"之"榷"亦借为"権",久而混之。故権有商権之义实为后起,本应作"商榷"。当然,今日来说,商榷已经远不如商権通用了。按王鸣盛在《十七史商権序》中对"商権"的解释是:"商権者,商度而扬権之也"③,此书名曰《商権》本无可厚非,因两词早已混用,古人"商榷"亦多写作"商権",但问题在于,王氏在是书卷一百"《史通》"条中又记述了他以"商権"作为书名的原因是源自刘知几《史通》中的"商権史篇"语,然而后面他还补充了一句"'権,水上横木,所以渡者也。'商度虽仅粗略,而初学观之,不啻涉水之得渡矣"④,这便露出了马脚。前已言明"商権"之"権"本作"榷",王氏却引"権"之本义解"商権"之"権",实为张冠李戴,画蛇添足,此乃王氏书名用字之误,也是后来他在《蛾术编》里承认并予以订正的。可连鹤寿觉得王氏改了旧错,又添新错。王氏既已明"権"本作"榷",却只言"榷"作"敲击"义的"确"音(苦角切),只字不提"榷"作"商榷"义的"觉"音(古岳切)。实际上,无论是"商榷"还是"商権"均应读"觉"而非"确",这体现了他只知其一,不知其二,此乃王氏书名字音之误。

上面的故事体现出了小学(文字、音韵、训诂)功底的重要性,所

---

① (汉)许慎:《说文解字》,北京:中华书局,1963年,第257页。
② (汉)许慎:《说文解字》,北京:中华书局,1963年,第124页。
③ (清)王鸣盛著,黄曙辉点校:《十七史商権》,上海:上海书店出版社,2005年,第1页。
④ 刘知几《自序》云:"余历事二主,从官两京。遍居司籍之曹,久处载言之职。商権史篇,遂盈筐箧。"予体例与知几异而"商権"之义亦窃取之。《文选》第二十八卷陆机《吴趋行》结句"商権为此歌",李善注:"《广雅》曰:'商,度也。'许慎《淮南子》注曰:'商権,粗略也。'言商度其粗略也。"《说文》卷六上《木部》:"権,水上横木,所以渡者也。"商度虽仅粗略,而初学观之,不啻涉水之得渡矣。参见(清)王鸣盛著,黄曙辉点校:《十七史商権》,上海:上海书店出版社,2005年,第943页。

附录 授人以鱼不如授人以渔——读《陈垣史源学杂文》随札

谓"由小学入经学者,其经学可信,由经学入史学者,其史学可信,由经学史学入理学者,其理学可信,以经学史学兼词章者,其词章有用,以经学史学兼经济者,其经济成就远大。"①张之洞认为小学是史学与经学的基础,而史学、经学又是搞好其它学科的前提,此语今日看来未免有其时代的局限性,但不得不说,语言文字是一切人文学科的基础,由此入,则所言可信,所说有据,不然动辄闹出笑话,也是不好的。

读了陈老此文,再结合王鸣盛的实际情况,实在是再好不过的教育素材了。笔者主要总结了下面三点体会:

首先,为学要有端正谦逊的态度,绝不可自以为是,王鸣盛的确很有学问,也可称得上是个大家,可是他错误也很多。有错误那很正常,没有人能不犯错,但是他那种态度不可取。随着学习越深入就越应该发现自己的不足和渺小,王鸣盛的例子是每个人都应引以为戒的。我们可以虚心学习他的学问,而不是他为学的态度。

其次,时刻不忘穷本探源的怀疑追问精神。陈老常说两句话:"毋信人之言""人实诳女",陈老这话看起来很可怕,好像每个人都在骗你,其实不是这个意思。陈老是让我们对任何权威都不要轻信,而是自己要有独立思考求证的精神。没有这个精神,就不能有陈老。陈老不是不尊重前辈,是讲究独立思考和怀疑的精神,对任何权威都不盲从轻信。

最后,重视史源学的方法。史源学方法是陈垣先生治学非常重视的一个法宝,而史源学方法的背后又需要更多的知识作为基础,如前文提到的目录学、小学等。和陈老他们一辈比起来,我们这一代在旧学上的根底多为云泥之别。在书中看到陈老对各种材料信手拈来,运用自如,让人在钦佩之余也不免会感叹自己差距太大。但其实时代不同了,要我们都像前辈学者那样也是不现实的。新时代有新时代的发展和要求。今天,我们有着很多前辈学者当年所无法想象的便利条件,举个最简单的例子就是文献的检索。陈老讲究史料的搜集要尽量做到竭泽而渔,可比起清人为了找一条材料而动辄多年之功而不得,我们现在在先进科技的

---

① (清)张之洞撰,范希曾补正:《书目答问补正》,上海:上海古籍出版社,2001年,第258页。

帮助下又是何其幸运呢。然而有了科学技术的辅助并不代表你就能超越前人，找到了材料不代表能很好地使用材料。刘家和先生就指出："现在的确可以看到一些文章，其所引据的材料数量惊人。不过仔细一看，就能觉到其中许多材料引得颇不自然，或是作者对所引史料的理解不够准确，从而与所论问题对不上口径，或是所引史料系从他处转引，从而取材武断，割裂了所引之文与其上下文之间的有机联系，属于裁引不当。问题不一而足。出现此类现象的根本原因在于，误以为我们对于历来文献是可以不系统阅读并系统理解的，只要能从其中查出对己有用的断片材料即可。白寿彝先生曾经一再强调，很多书(除备查找的工具书外)是要系统读的，不读而简单地从中寻觅、截取材料来抄卡片是不可取的。白先生的意思不是说不可以抄卡片，而是要在通体把握原文的情况下恰当地引取材料或做卡片。问题在于读书要花时间，在一些比较重功利的人看来，这样会降低效率，不如走捷径来得快。可是，这样追求来的最多是量上之多，而很难是质上之深。所以很难说求得了真正的效率。……要能在史学研究上'竭泽而渔'，那么就必须既自觉地拓展自己的知识结构，又自觉地不断提高自己的思维能力。这是一项极其艰难的工作，可是，如果不能有所突破，那么在哪一点上有不足，就会哪一路走不通。我们每一个人都必然或多或少地具有自己的局限，而且永远如此，所以只能长到老学到老，永远保持谦逊与精进，如此而已。"①诚哉斯言! 前人所依靠的既是他们对文献史料的谙熟，也有很多宝贵的治学方法依然值得我们去借鉴学习。比如今天所谈的这篇文章，你如果光知道用电脑检索，又能解决多少问题呢？还是要打好坚实的基础，熟悉目录学知识，目录学绝不仅仅是知道些书名，而是有结构和层次的，对各种常用文献都要做到一定程度的阅读和理解，知道其重要性与可靠性以及各自的功能，并学会熟练运用，那样再结合计算机网络检索技术的辅助，我们方有可能在前人的基础上，走得更远些。

---

① 刘家和：《试谈研究史学的一些基本功》，柴德赓编：《清代学术史讲义》，北京：商务印书馆，2013年，第14—15页。